고종의 미관파천(美館播遷) 시도와 한미관계(1894~1905)

고종의 미관파천(美館播遷) 시도와
한미관계(1894~1905)

장 경 호 지음

경인문화사

서문

우리나라는 언제부터 미국과 가깝게 지냈을까? 영어 잘하는 사람을 보면 왜 박식해 보이는 걸까? 미군과 함께 군 복무를 마치고 나서 항상 드는 저자의 의문이었다.

저자는 이 의문을 해결하기 위해 대학원에 입학한 이래 한미관계의 시초를 공부해왔다. 제너럴서먼호사건, 신미양요부터 시작하여 조미수호통상조약에 이르는 한미관계를 살펴보다가 미 국무부문서에 고종이 "기뻐서 춤을 추었다."라는 문장을 보고 아연실색했다. 이는 예나 지금이나 미국을 믿고 따르는 한국인의 모습을 보여주는 것이 아닐까?

초대 주한미국공사를 맡은 루시우스 푸트(Lucius H. Foote) 또한 "미국은 조선과 가장 먼저 조약을 체결한 국가이며, 마지막까지 조선에 머무르는 나라가 될 것이다."라는 기록을 남겼다. 이러한 미국인들의 호의적인 태도는 고종을 비롯한 조선인으로 하여금 친미인식을 불러일으켰다. 그런데 푸트가 호언장담했던 것과는 달리 미국은 가장 먼저 조약을 체결한 국가이기는 했지만, 조선에서 가장 먼저 공사관을 철수시킨 국가가 되었다. 그럼에도 불구하고 고종은 알렌과 헐버트를 비롯한 미국인에게 끝까지 의지하여 조선의 독립을 요청하였지만 모두 실패로 끝났다.

고종이 이렇게 미국에 의지했던 이유는 무엇일까? 저자는 미 국무부문서를 살펴보다가 'asylum'이라는 단어가 1894년부터 1905년까지 연속적으로 등장하는 것을 흥미롭게 생각하였다. 이 단어의 사전적 의미는 '망명'이지만, 당시의 상황으로 보아서 이는 '미국공사관으로 피신'을 의미하는 것이었다. 고종이 청일전쟁 직전, 대한제국 선포 직후, 러일전쟁 직전, 전쟁 도중 지속적으로 미국공사관으로 피신하려 했다는 점은 언제부터 우리가 미국을 호의적으로 바라보았는지에 대한 저자의 오랜 의문을 해결할 중요한 사실이었다(지금 학계에서는 "춘생문사건 당시 고종이 미국공사관으로 피신하려고 했다."고 알려져 있는데, 고종이 궁궐 밖으로 탈출하려고 했던 시도는 있었으나, 미국공사관으로 가려고 했던 시도는 미국공사관이 열려 있다는 '정황적' 근거가 있을 뿐이지, 자료에 '직접적'으로 드러나지는 않는다. 본서 4장 2절 참조).

하지만 고종의 이 계획이 국내 자료에는 드러나 있지 않기 때문에 저자는 해당 단어가 등장한 날짜 전후를 중심으로 하여 당시의 상황을 살펴보았다. 그 결과 고종이 미국공사관으로의 피신을 계획하게 된 날짜를 전후하여 그의 군주권이 위협받거나, 국가 존립에 위태로운 상황이 발생했다는 점을 확인할 수 있었다. 고종은 왕위 정통성이 없었던 그를 후원해주던 조대비(신정왕후) 장례식을 치르며 위기감을 느끼자 미국 해병대를 통해 신변을 보호받기를 미국에 요청하였고, 1893년 선조의 환도 300주년을 기념하여 경운궁과 정동 주변 선교사들 주거지를 살피며 유사시 미국공사관으로의 피신을 생각해두었다. 또한 아관파천 이후 러시아 세력이 득세하자 미국공사관 바로 옆에 왕실도서관을 짓고, 바로 윗길은 미국공사관이 소유하도록 매도하여 언제라도 미국공사관으로 대피할 수 있도록 사전적 조처를 해두었다.

지금 서울시와 문화재청에서는 미국공사관 윗길을 '고종의 길'이라며 '아관파천'과 관련 깊다고 했는데, 이는 잘못된 사실이다. 이 길은 고종이 유사시 미국공사관으로 피신하기 위하여 미국공사관에게 매도한 '미국공사관의 길'이며 '미관파천 시도'와 관련이 깊다(본서 5장의 각주 35번 참조)

이렇게 잘못된 정보가 알려진 것은 대중들에게 아관파천이 더 익숙하기 때문이다. 그동안 러시아공사관으로 피신에 성공한 '아관파천'에 비해 미국공사관으로의 피신 시도인 '미관파천' 시도가 주목받지 못한 까닭은 이 사건이 '시도'에 그쳤기 때문이 아닐까 싶다. 저자는 이러한 점에 주목했다. 고종이 피신하려고 했던 곳은 러시아공사관이 아니라 사실 그가 호의적 인식을 가지고 있던 미국의 공사관이었다. 고종이 러시아공사관에서 경운궁으로 환궁한 이후 러시아 세력이 고종의 군주권을 위협하자 결국 다시 미국공사관으로 피신하려고 한 점에서도 보이듯 고종에게 남겨진 최후의 보루는 러시아가 아닌 미국이었다. 하지만 이는 중립을 지키려는 미국의 입장에서는 꽤 성가신 일이었기 때문에 고종의 시도는 번번이 거절당히였다.

그런데, 여기에서 저자는 또 다른 의문이 생겼다. 그렇게 몇 번을 거절당하면서도 미국공사관으로 피신하려고 하는 고종의 행위는 무엇으로 설명할 수 있을까? 그것은 자국의 이익을 최대한 가져가려고 하는 미국 외교관들의 외교술에 있었다. 고종이 미국공사관으로의 피신을 타진할 때 마다 미국공사관에서는 우회적 거절을 하면서도, 조선에 대한 우호적인 제스처를 잊지 않았다. 철도 부설, 수도, 금광 등 조선에서 가져갈 이익이 아직 남아 있기 때문이었다. 알렌이 모스에게 보내는 편지에 "짜낼 스펀지가 아직 마르지 않았다."라는 표현이 이를 단적으로 보여준다. 게다가 일본은 고종의 미국공사관 피신이 자칫 그들이 계획한 한일병탄에 장애가 될까 두려워 이를 방해하였다.

따라서 과거 고종의 미관파천 시도와 좌절은 현재 대한민국이 중국, 러시아, 그리고 일본 사이에서 어떻게 한미관계를 정립하고 나아가야 할지와 관련하여 중요한 시사점을 보여준다. 영원한 우방은 없다. 한 국가에 대한 성찰 없는 호의적 인식은 결국 그 국가의 외교관들에게 좋은 먹잇감이 될 뿐이다. 당시 대내외적으로 혼란한 상황이었음은 충분히 이해하지만, 고종에게 조금 더 성숙한 외교적 판단이 있었으면 어땠을까 하는 아쉬움이 든다.

본서는 저자의 박사학위논문(『고종의 미관파천(美館播遷) 시도와 한미관계(1894~1905)』, 한국학중앙연구원 한국학대학원, 2018)을 가필한 것이다. 박사학위 논문 발표 후 학술지에 투고한 논문(3장, 4장, 5장)을 수록하였고, 일부는 최근 탈초·번역되어 공개된 『알렌문서』를 추가하여 보충했다. 이 문서에서 미국공사관으로의 피신과 관련된 추가적 정황을 발견하지 못했지만, 고종의 상황을 옆에서 지켜본 알렌의 여러 서한 및 전문, 미국공사관 관련 사진 자료 및 기록 등을 보충할 수 있었다.

본서가 나오기까지 많은분들의 도움이 있었다. 먼저, 지도교수님 권오영 교수님의 은혜를 잊을 수 없다. 지도교수님은 논문 작성 도중 어려움을 겪어 학위 논문 주제를 바꾸려는 저자에게 "하던 공부를 계속해야 의의가 있다."고 격려해주셨다. 막상 책을 출판하려다 보니 두려움이 컸지만, 교수님은 "논문을 쓰면 연구자이고, 책을 써야 비로소 학자가 될 수 있다."라고 하시며 단행본 출간을 강조하셨고, 이제야 비로소 마무리를 지어 지도교수님 앞에 학자로 떳떳하게 설 수 있게 되었다.

박사논문 심사과정에서 심사위원장 심재우 교수님을 비롯해 심사위원 이완범, 한철호, 김영수 교수님으로부터 많은 도움을 받았다. 그리고 논문을 쓰는 동안 한국학중앙연구원 한국학대학원 교수님들과 여러 선·후배님들께도 은혜를 입었다. 지면을 빌어 깊은 감사의 말씀을 올린다.

다음으로 감사의 인사를 드리고 싶은 분들은 학부와 석사과정 당시 사사 받은 강원대학교 사학과 교수님들이다. 먼저, 학부와 석사시절 학문에 임하는 태도부터 논문 작성법까지 지도해주신 손승철 명예교수님은 본서 출간을 주선해주셨다. 본서 출간이 그동안 교수님께 받은 학은(學恩)에 보답하는 계기가 되었으면 한다. 또한 한미관계사를 공부하는 연구자가 어떤 시각을 가져야 할지 알려주신 권오신 교수님, 학부 때부터 한문 강독과 역사학에 대한 기초지식을 알려주시고 석사논문을 지도해주신 유재춘 교수님, 저자를 잊지 않고 늘 격려해주시는 남의현, 김대기 교수님, 저자 졸업후 부임하신 김규운, 한성주 교수님께도 깊이 감사드린다. 그리고 석사과정기 인문대 105호에서 동고동락하며 저자를 챙겨주신 강원대학교 사학과 선배님들께도 감사의 말씀을 전하고 싶다.

일머리 없는 저자가 5년 넘게 서울역사편찬원에서 공직생활을 하면서 무리 없이 일과 공부를 병행할 수 있게 된 것은 이상배 원장님을 비롯한 여러 연구원 선생님들의 배려 덕이다. 올해 초 갑자기 회사를 떠나게 되어 선생님들에게는 감사하면서도 죄송한 마음이 공존한다.

회사를 떠나 시간강사로의 첫발을 디딜 때 따뜻하게 맞아주신 강원대학교 자유전공학부 차장섭 교수님과 학부 시절 제자였던 저자를 강사로 흔쾌히 받아주신 윤은숙 교수님 덕분에 마음 편히 강의를 할 수 있게 되었다. 그리고, 두 교수님은 소속이 따로 없는 저자가 강원전통문화연구소에서 한국연구재단 연구교수 과업을 수행할 수 있도록 배려해주셨다. 두 교수님께도 마음 깊이 감사드린다.

회사를 그만둔 저자를 이해해준 아내와 이제 막 세상의 빛을 본 딸은 항상 내 마음의 안식처다. 저자를 믿고 아내를 맡겨주신 장인어른과 장모님, 항상 외동아들 걱정을 하시는 어머께서도 저자의 공부를 격려해주시고 지켜봐 주시고 계신다. 그리고 출판을 허락해주신 경인문화사 한정희 대표님, 책을 보기 좋게 꾸며주신 편집부 직원 제위, 교정·교열에 힘써준 후배 심예인 학형에게도 감사의 말씀을 전한다.

마지막으로 저자가 가장 감사드리고 싶은 분은 선친(故 장득진님)이시다. 떠나실 때는 몰랐지만, 시간이 갈수록 더욱 슬픔이 커져간다. 특히 딸이 태어나고 아버지의 입장이 되어보니 선친을 향한 그리움은 더욱 커졌다. 학창시절 장래에 대해 아무런 고민이 없던 저자가 대학에 들어가 역사를 공부하게 된 것은 국사편찬위원회에서 평생 역사 대중화를 위해 일하신 선친의 권유에서였다. 선친의 도움으로 어려움이 있어도 도중에 그만두지 않고 계속 공부할 수 있었다. 못난 불효자는 "아버지가 가장 자랑스러웠어요."라는 말을 임종 직전에서야 할 수 있었다. 본서가 저자 인생에서 가장 존경하는 선친께 하늘나라에서 커다란 선물이 되었으면 한다.

2021년 8월
저자 장경호 씀

목 차

제1장

서론

1. 연구 동향과 문제 제기

고종은 청일전쟁 직전과 아관파천, 러일전쟁 전후 미국공사관으로 파천하려고 했다. 청일전쟁 직전에는 미국공사관에 여러 차례 파천을 타진하였고, 이에 대한 회신을 받기도 전에 영국공사관에 파천을 요청했다. 또한 아관파천 이후 경운궁으로 환궁한 이후에 여전히 러시아세력이 고종을 위협하자 미국공사관으로의 파천을 요청하였는데, 이는 고종이 대한제국을 선포한 지 얼마 되지 않은 시점이기 때문에 그 의미가 더욱 주목된다. 러일전쟁 직전에 미국공사관에 다시 한 번 파천을 시도하였고, 이때는 프랑스공사관에도 파천을 시도하였다. 러일전쟁 종전 직전에도 고종은 미국공사관1)으로의 파천을 시도하였다.

고종의 여러 차례 타국 공사관으로의 파천한 사실, 특히 미국공사관으로의 파천 시도는 당시 청일전쟁 이후 급변하는 정세에 고종, 혹은 조선2)의 친미외교 정책을 극명하게 보여주는 것이었다.

고종이 이렇게 미국에 의존하려 했던 근본적 이유는 朝美修好通商條約 체결에 있었다. 서구 국가 최초로 미국과 맺은 조미수호통상조약 체결 당

---

1) 초대주미공사 푸트(Lucius H. Foote)는 1883년 5월 12일 조선에 도착하였고, 묄렌도르프의 집에 거주하다가, 조선 왕실의 도움을 받아 민영교의 기와집 141칸, 빈대지 250칸, 그리고 閔啓鎬의 기와집 120칸과 빈대지 300칸, 김감역의 기와집 9칸과 초가집 6칸 및 빈대지를 사들여 한옥 그대로 공사관을 사용하였다. 1902년 미국공사관 지도(Despatches from United States Ministers to Korea(이하 DUSMK(한림대학교 아시아문화연구소, 『주한미국공사관·영사관기록』, 2000)), Vol 13. No. 29, Mr Allen to Secretary of State)에 의하면 면적은 3.5에이커(약 1만 4천㎡)이다.

2) 1897년 10월 대한제국 선포 이전은 '조선', 그 이후는 '대한제국'으로 표기하였다.

시 居中調整3)을 제1항으로 내세웠기 때문에 유사시 미국이 조선을 도와줄 것이라고 생각했기 때문이다. 이러한 믿음은 '한국 지식인의 전통적 낙관과 구미 도의에 대한 과대평가에 의한 것에 의한 것'이라고 평가되기도 하지만,4) 이 책에서는 조금 다른 견해를 담고 있다.

1871년 辛未洋擾 이후 미국에 대한 부정적 인식을 가지고 있었던 고종은 친정 이후 점차 대외인식이 변해갔지만, 미국에 대한 인식이 호의적으로 변한 것은 아니었다. 그러다가 1880년 9월 8일을 기점으로 고종의 미국 인식은 변하게 되었다. 슈펠트(Robert W. Shufeldt)가 고종의 미국에 대한 인식을 호의적으로 변화시키는 것에 일조하였고,5) 미국에 대한 호의적인

---

3) Good offices 혹은 居中調整이라고도 한다. 조미수호통상조약의 제1항인 Good offices의 내용은 "대조선국군주와 대미국대통령 및 그 인민들은 각각 모두 영원히 화평하고 우애 있게 지낸다. 타국의 어떠한 불공평이나 경멸하는 일이 있을 때에 한번 살펴본 다음 반드시 서로 도와주며, 중간에서 잘 조처하여 두터운 우의를 보여준다."…大朝鮮國君主 大美國伯理璽天德 竝其人民 各皆永遠和平友好 若他國有何不公輕蔑之事 一經照知 必須相助 從中善爲調處 以示友誼關切(『고종실록』, 19년(1882) 4월 6일)라고 되어 있다. 영문은 There shall be perpetual peace and friendship between the President of the United States and the King of Korea(Chosen) and the citizens and subjects of their respective Governments. If other Powers deal unjustly or oppressively with either Government, the other will exert their good offiices, on being informed of the case, thus showing their friendly feelings(『구한말조약휘찬(중)』, 국회도서관 입법조사국, 1965, 294~307쪽). 조선에서는 Good offices 에 대해 제대로 이해하지 못하여 이 조항을 동맹으로 생각했다(강상규,『조선정치사의 발견』, 창비, 2013, 469~471쪽). 미국인들에게 있어 Good offices라는 용어는 특별한 의무를 암시하는 것이 아니었다. 즉 Good offices는 미국이 조선의 독립과 통합을 위한 도덕적·외교적 지원을 하는 것이지 조선의 독립과 자치에 대한 물리적 보장이나 헌신하는 것을 의미하는 것은 아니었다(Yur-Bok Lee and Wayne Patterson, *One Hundred Years of Korean-American Relations, 1882-1982*, The University of Albama Press, 1882, p.21 ; 손정숙,「구한말 주한 미국공사들의 활동과 개인문서 현황」,『이화사학연구』 30, 2002, 283~285).
4) 趙景達,『20世紀を生きた朝鮮人』, 大和書房, 1998, 50쪽.
5) 박일근,「韓美修好條約에서 본 美·中의 大韓外交政策－高宗의 秘密外交를 中心으로」『한국정치학회보』 11, 1977, 김원모,「슈펠트의 探問航行과 朝鮮開港計

의견을 다룬『朝鮮策略』이 도입된 까닭이다. 이후 조미수호통상조약이 체결되었고, 고종은 조선 주재 미국공사관원 및 미국인 고문관들을 통하여 청국과의 전통적인 조공책봉관계를 탈피하려 시도하였다.[6] 고종이 신뢰하던 알렌 등 조선 주재 미국인들은 오히려 고종의 미국에 대한 호의적 태도를 역이용하여 자국의 이익을 최대화 하는 것에 힘썼다. 즉, '한국 지식인의 전통적 낙관'에 의한 것이 아니라 고종의 친미인식을 역이용한 미국인들의 외교책으로 인해 고종은 끝까지 미국에 의지하려했고, 공사관을 철수하기까지 미국은 대한제국에서 나름의 이익을 취하고 떠날 수 있었던 것이다.

고종은 미국과 조약을 체결하기 이전 주일 청국공사관 관리 黃遵憲이 저술한『조선책략』을 통하여 미국이 영토욕심이 없는 국가라고 인식 했다.[7] 조미수호통상조약 이후 미국의 루시우스 푸트(Lucius H. Foote)[8]가 특명전권공사 자격으로 조선에 부임하였다. 특명전권공사는 조선에 영·공사 등 직함을 주었던 다른 서구 국가와는 달리 미국이 유일하게 조선을 국가 대 국가로 인식하는 것을 보여주는 직함이었다.

또한 조선에서는 미국에 閔泳翊을 전권대신으로 한 報聘使를 파견하기로 결정하였고,[9] 이어 조선은 청국의 방해에도 불구하고 1887년 미국에 주미한국공사 사절단을 보내어 워싱턴에 공사관을 설치하였다. 여기에는 미국인 고문관 오웬 데니(Owen Denny)와 주청미국공사관 덴비(Denby)의 도움도 있었다. 이러한 호의적인 미국인식을 바탕으로 고종은 신정왕후 사후 미국에게 군대를 파견해 줄 것과 미 군함이 인천에 자주 내항해 올 것

劃(1867)」,『연세대학교 국학연구원』35, 1983 등이 참조된다.

6) 장경호, 「고종의 반청인식과 조선주재 미국인들(1880-1894) – 슈펠트·조선 주재 미국공사관원·미국인 고문관을 중심으로 – 」,『강원사학』26, 2014.

7) 조선책략의 "전략적 가치"를 발견한 고종이 이를 현실정치에서 공론화시켰다는 선행연구의 지적도 있다(강상규, 앞의 책, 2013, 463쪽).

8) 재임기간 1883.5~1885.1이다.

9)『승정원일기』고종 20년(1883) 6월 5일.

을 요청하였고, 청일전쟁 직전을 기점으로 여러 차례 미국공사관으로 파천
하려고 했던 것이다.

한미관계의 주요 연구는 서구에서 먼저 시작되었는데, 1920년대 테일러
데넷(Tylor dennett)과 1950년대에 레이몬드 에스터스(Raymond A. Esthus)
등에 의해 가쓰라 태프트 밀약에 대한 논쟁이 심화되었고,[10] 1940년대와
1960년대에 조지 포크(George Foulk), 호레이스 알렌(Horace Allen) 등 주한
미국공사에 관한 연구가 진행되었다.[11]

국내에서의 고종대 한미관계 연구는 1960년대 박일근을 시작으로 1990
년대까지 김원모에 의해 꾸준히 진행되었다. 이 연구들은 주로 신미양요
시기의 연구, 조미수호통상조약 전후 조선의 보빙사 파견과 파견되었던 홍
영식·서광범 등에 대한 연구로 국내 한미관계 연구의 선구라는 평가를 받
고 있다.[12]

---

10) Tyler Dennett, "President Roosevelt's Secret Pact With Japan," *Current History* XXI
(1924), pp.15~21 ; Raymond A., Esthus, "The Taft-Katsura Agreement - Reality or
Myth?", *Journal of Modern History* Vol. XXXI(1959), pp.46~51.

11) Fred Harvey Harrington, *God Mammon and the Japanese ‐Dr. Horace N. Allen and
Korean-American Relations, 1884-1905*, The University of Wisconsin Press Madison,
Wisconsin, 1944(해링턴 著 이광린 校註, 『개화기의 한미관계』, 일조각, 1973).
Robert E. Reordan, "The Role of George Clayton Foulk in United States-Korean
Relations, 1884-1887", Ph. D. Dissertation, Fordham University, 1955. 포크의 재임기
간은 1885.1~1886.6, 1886.9~1886.12이다. 알렌의 활동에 대해 국내 연구성과로는
민경배, 『알렌의 선교와 근대한미외교』, 연세대 출판부, 1991가 주목된다. 알렌의
재임기간은 1893.8~1894.4, 1897.7~1905.6이다.

12) 박일근, 『근대한미외교사』, 박우사, 1968 ; 박일근, 『미국의 개국정책과 한미외교
관계』, 일조각, 1981 ; 김원모, 「미국의 대한 거중조정(居中調停)(1882-1905)」, 『사
학지』 8, 1974 ; 김원모, 「시워드(William Henry Seward)의 팽창주의정책 연구
(1861-69)」, 『사총』 20, 1976 ; 김원모, 「미국의 최초 조선개항시도(1866-69)」, 『사
학지』 10, 1976 ; 김원모, 「초기 한·미 교섭의 전개(1852~66)」, 『논문집』 10, 단국
대학교, 1976 ; 김원모, 「그란트行政府의 朝鮮遠征 決行計劃 : 1869~71」, 『논문
집』 12, 1978 ; 김원모, 「미국의 조선원정과 제1차 조미전쟁(1871)」, 『동양학』 8,
1978 ; 김원모, 「로저스함대의 내침과 어재연의 항전」, 『동방학지』 29, 1982 ; 김

1980년대에는 한미수교 100주년을 기념하여 한국과 미국에서 한미관계 연구 성과를 집대성한 『한미수교 100년사』를 간행하여 한미관계 연구를 집대성 하였다.13) 서구에서도 한미관계 연구자인 이여복과 웨인 페터슨

원모, 「페비거의 탐문항행(探問航行)과 미국의 대한포함외교(1868)」, 『동방학지』 35, 1983 ; 국방부군사편찬위원회, 『병인·신미양요사』, 1982 ; 김원모, 「슈펠트의 탐문항행과(探問航行) 조선개항계획(1867)」, 『동방학지』 35, 1983 ; 김원모, 「조선 보빙사의(報聘使) 미국사행 (1833) 연구(상)」, 『동방학지』 49, 1985 ; 김원모, 「서 광범 연구(1859~1897)」, 『동양학』 15, 1985 ; 김원모, 「조선 보빙사의(報聘使) 미 국사행 (1833) 연구(하)」, 『동방학지』 50, 1986 ; 김원모, 「미국의 친일정책이 일본 의 한국침략에 미친 영향」, 『미소연구』 1, 1987 ; 김원모, 「건청궁(乾淸宮) 멕케전 등소와 한국 최초의 전기 점등(1887)」, 『사학지』 21, 1987 ; 김원모, 「장인환의 스 트븐즈 사살사건 연구」, 『동양학』 18, 1988 ; 김원모, 「알렌의 한국독립보전정책 (1903)」, 『동양학』 20, 1990 ; 김원모, 「이홍장의 열국입약통상권고책과 조선의 대 응(1879~1881)」, 『동양학』 24, 1994 ; 김원모, 「견미사절 홍영식 연구」, 『사학지』 28, 1995 ; 김원모, 「견미 조선보빙사 수원 최경석·오예당·로우엘 연구」, 『동양학』 27, 1997. 김원모는 이후에 기존의 연구성과들을 모아 다음과 같은 저서들을 남겼 다(김원모, 『한·미 외교관계 100년사』, 철학과 현실사, 2002 ; 김원모, 『한미수교 사』, 철학과 현실사, 2003 ; 김원모, 『개화기 한미 교섭관계사』, 단국대학교 출판 부, 2003).

13) 이 책의 1장 수교 이전의 한미교섭에서는 고병익이 「19세기 후반의 동아시아 정 세」를 통하여 당시 상황을 개설적으로 설명하였고, 이어 김원모가 「미국의 대미 접근 시도」에서 제너럴셔먼호 사건부터 신미양요에 이르기 상황을 설명하였는데, 여기서 그는 신미양요라는 용어가 아닌 한미전쟁이라는 용어를 사용하였다. 2장 한미수호통상조약 체결편에서는 이보형이 「한미수호조약 체결」에서 조미수호통 상조약의 체결조약과 그것이 조선과 청에 가져오는 의미에 대해 밝혔고, 최문형이 「수교 직후의 한미관계와 사절교환」에서 당시 미국의 대한정책과 조선의 보빙사 파견을 밝히면서 수교가 이루어진 1882년부터 2년간이 당시 조미관계에 있어 가 장 돈독하였던 시기라고 평가하였다. 3장 한미관계의 변화에서는 최문형이 「한미 우의의 변화」에서 조선에 대한 미국의 관심이 떨어져 미국에 대한 고종의 일방적 인 기대가 어긋난 과정에 대해 설명하고, 이보형이 「청일전쟁 직전의 미국의 거중 조정과 한국」에서 청일전쟁 당시 미국의 역할에 대해 밝혔다. 최문형은 「청일전 쟁 이후의 한국과 미국」에서 조선의 독립과 이권을 놓고, 미국정부와 조선주재미 국인들의 견해에 차이가 있었다는 점에 주목하여 주한미국공사관들의 역할이 적 극적이었다는 점을 밝히고 있다(국제역사학회의 한국위원회, 『한미수교 100년사』,

(Wayne Patterson)이 한미관계 연구를 남겼고,[14] 경남대학교 극동문제연구소에서는 여러 서구학자들의 논문을 모은 논문집 등을 간행하였다.[15]

1982, 6~127쪽).

14) 이 책의 1장 Duality and Dominance : A Century of Korean-American Relations는 한미관계 100주년을 회고하고, 당시 조선이 미국에 의존한 이유에 대해 과거 몇백년 간 청국에 의존한 조선의 의존성은 자연스러운 것이며, 일본과 러시아를 믿을 수 없는 상황에서 오직 미국만이 조선을 식민지화 하지 않는 나라라고 믿었기 때문이라는 점을 밝혔다. 이 장은 제목에서도 보이듯 조선에 거짓 희망을 주고 결국엔 아무런 조치를 취하지 않거나, 공사관 알렌이 고종이 미국과의 끈을 놓지 않고 연결하고 싶어 하는 점을 이용하여 자신의 친구가 정부처에 관료라고 속이고 하와이로의 이주를 알선하여 개인적으로 이득을 취한 경우를 들며 미국의 이중성을 강조하였다. 2장 Korean-American Diplomatic Relations, 1882-1905에서는 이여복은 고종이 친미인식을 가지게 된 이유를 미국에 호의적인 조선책략의 도입, 조선과 미국이 거리가 멀어 미국이 영토욕심을 가지 않게 되었다는 점, 서구 열강 중 처음 조약을 체결한 국가라는 점을 들면서 1882년 조미수호통상조약 이후부터 1905년 을사늑약까지 거문도 점령, 청일전쟁, 명성황후 시해사건, 러일전쟁 당시 조선의 Good offices 요청에 대한 미국의 거부와 미국인 고문관들, 공사관들, 선교사들에 대해 개괄적으로 설명하였다. 프레드 하베이 해빙턴(Fred Harvey Harrington)은 American View of Korean-American Relations, 1882-1905에서 초기 과도한 내부 농업생산물들을 팔기 위한 해외시장이 필요했던 미국의 대한정책의 기대에서 환멸로 바뀌는 변화 과정에 대해서 설명하였다. 특히 미국이 1880년부터 1896년까지 민주당과 공화당의 균형이 팽팽하여 각 당이 선거 승리를 위해 국내 문제를 국외 문제보다 우선시했고, 당시 정치가들과 사업가들이 국내의 문제를 바깥으로 돌리려고 하면서도 조선의 이권에 대해서는 그 중요성을 낮다고 생각했다(Yur-Bok Lee and Wayne Patterson, *One Hunred Years of Korean-American Relations, 1882-1982*, The University of Albama Press, 1882).

15) John Chay는 1장 U.S.-KOREAN RELATIONS 1882-1982에서 1866년 제너럴셔먼호 사건부터 1910년 한일병탄에 이르는 한미관계를 정리하였는데, 특히 미국의 포함외교가 개항 이전에 있었던 것이 아니라 1890년 초반까지 있었으며 그것은 자국민들을 보호하고, 미국의 이권을 증진하기 위한 목적이었다고 밝히고 있어 주목된다. 그는 당대의 한미관계를 한마디로 정의하자면 "순수 언어"라고 했는데, 이는 미국이 조선에 대한 구체적인 정책을 명확하게 정의하지 않았기 때문이다. 특히 그는 청일전쟁 당시 그레샴(Gresham), 이후 올니(Richard Olney), 존 셔먼(John Sherman), 윌리엄 데이(William R. Day), 존 헤이(John Hay) 등의 국무장관이 조선에 대해 개입하지 않을 것을 강조하면서 당시의 한미관계를 중요하게 여기지 않았다는 점을

1990년대에는 청일전쟁 이전까지의 한미관계,[16] 1887년 주미한국공사단으로 파견되었다가 조선으로 귀국한 인물들의 정부와 독립협회에서의 활동,[17] 『조선책략』 유입 후 '연미론'에 의거한 조미수호통상조약 체결과정에 대한 심화 연구 등이 이루어졌다.[18]

2000년대에 들어오면 朴定陽·李采淵·李夏榮·李承壽·鄭敬源·姜璡熙 등이 친미파 및 미국을 경험한 인물들의 활약상을 통해 당시 한미관계에 대해 보다 넓은 시각의 연구를 진행하였다.[19] 그리고 초기 조미관계 연구자들이 범했던 사료 해석상의 오류 등을 세밀하게 검토하여 당시 한미관계에서 있었던 일련의 사건들을 재구성한 연구가 진행되었다. 제너럴셔먼호 사건·셰난도어호 내항·신미양요,[20] 주한미국공사의 활동,[21] 초대 주미공

밝혔다. 2장 U.S. POLICY AND THE JAPANESE ANNEXATION OF KOREA에서는 Andrew C. Nahm이 미국의 대한정책에 대해서 개괄하고 한일병탄 당시 루스벨트의 태도에 주목하였다. 이 책의 7장 AMERICAN IMAGE OF KOREA IN 1882: A BIBLIOGRAPHICAL SKETCH에서 Shannon McCune은 조약체결까지의 미국의 대한정책 결정 과정과 조미수호통상조약 당시 미국에서 발간된 3권의 조선 관련 서적을 통해 미국인의 눈에 비춰진 한국의 표상에 대해 밝혔다. 9장 AMERICAN PROTESTANT MISSIONS TO KOREA AND THE AWAKENING OF POLITICAL AND SOCIAL CONSCIOUSNESS IN THE KOREANS BETWEEN 1884 AND 1941 에서 신영일은 초기 선교의 과정과 서재필의 독립협회 활동을 다루었다(곽태환, 존 체이, 조순성, 섀넌 맥퀸 편저, U.S-Korean Relations 1882-1982, 경남대학교 극동문제연구소, 1982).

16) 이민식, 「19세기말 한미 관계 연구」, 한국교원대 박사학위논문, 1994.

17) 한철호, 「1880~90年代 親美 開化派의 改革活動 硏究 : 貞洞派를 중심으로」, 한림대학교 박사학위논문, 1996 ; 한철호, 『친미개화파연구』, 국학자료원, 1998.

18) 엄찬호, 「연미론을 통해 본 고종의 균세정책」, 『사학연구』 58·59합집, 1999.

19) 박정양에 대해서는 이민식, 『근대한미관계사』, 백산자료원, 2001, 321~344쪽을 이하영에 대해서는 345~374쪽, 이채연에 대해서는 375~404쪽, 강진희에 대해서는 405~424쪽, 이계필에 대해서는 425~478쪽, 정경원에 대해서는 479~582쪽, 이승수에 대해서는 445~478쪽을 각각 참조. 이들의 미국에 대한 인식을 정리한 것은 한철호, 「개화기 관료지식인의 미국 인식 - 주미 공사관원을 중심으로 - 」, 『역사와 현실』 58, 2005 참조.

20) 김명호, 『초기한미관계의 재조명』, 역사비평사, 2005.

사파견22) 상황들을 재구성하는 등 한미관계 연구의 외연을 한층 넓혀주었
다. 최근에는 알렌 문서를 중심으로 한 연구가 활발하게 진행되었다.23)

이 외에 20세기 미국의 아시아 팽창주의 정책에 따라 미 대통령 루스벨
트를 중심으로 당시 한미관계를 바라본 연구들도24) 진행되었다. 이 연구
들은 앞서 언급한 테일러 데넷과 레이몬드가 가쓰라 테프트 밀약을 놓고
논쟁한 것을 한층 심화시켰다는 점에서 큰 의의가 있다. 그리고 한미관계
를 중심으로 한 연구는 아니지만, 초기 지식인의 미국관을 분석하거나,25)
미국을 경험했던 인물에 집중한 연구들이 있다.26)

---

21) 손정숙, 「구한말 주한 미국공사들의 활동과 개인문서 현황」, 『이화사학연구』 30,
    2003 ; 손정숙, 「주한 미국 임시대리공사 포크 연구(1884-1887)」, 『한국근현대사연
    구』 31, 2004 ; 손정숙, 「주한 미국공사 알렌(H. N. Allen)의 외교활동(1897~1905)」,
    『이화사학연구』 31, 2004 ; 손정숙, 『韓國 近代 駐韓 美國公使 硏究(1883-1905)』,
    이화여자대학교 박사학위 논문, 2004 ; 손정숙, 『한국 근대 주한 미국공사 연구』,
    한국사학, 2005. 현광호, 「딘스모어 미국공사의 조선외교 인식과 활동」, 『역사학
    보』 210, 2011 ; 현광호, 「미국공사 허드의 조선 인식과 외교 활동」, 『인문과학』
    94, 2011.
22) 정경민, 「조선의 초대 주미조선공사 파견과 친청노선 강화」, 『역사와 현실』 96, 2015.
23) 이영미, 「을사조약 후 고종의 대미교섭 시도에 대한 알렌의 인식과 대응」, 『한국
    근현대사연구』 82, 2017 ; 김희연, 「대한제국기 한성수도부설권 문제」, 『한국근현
    대사연구』 88, 2019 ; 「주미공사관 참찬관 알렌의 활동」, 『이화사학연구』 59, 장
    영숙, 「알렌이 포착한 기회의 나라, 대한제국」, 『이화사학연구』 59.
24) 이우진, 「태프트·가쓰라 비망록의 평가」, 『한국정치외교사학회회보』 32, 1993 ;
    김기정, 『미국의 동아시아 개입의 역사적 원형과 20세기 초 한미 관계 연구』, 문
    학과지성사, 2004 ; 長田彰文, 『セオドア·ルーズベルトと韓國 韓國保護國化
    と米國』, 未來社, 1996(나가타 아키후미 저, 이남규 역, 『미국, 한국을 버리다』,
    기파랑, 2007) ; 최정수, 「태프트-가쓰라협정의 국제법적 기원-미일중재조약과
    헤이그협약(1899)-」, 『서양사론』 118, 2013.
25) 최한기의 미국관을 확인할 수 있는 연구(권오영, 『최한기의 학문과 사상연구』,
    1999, 집문당, 213~218쪽), 박규수의 미국관을 확인할 수 있는 연구(이완재, 『박규
    수연구』, 집문당, 1999 ; 김명호, 『환재 박규수 연구』, 창비, 2008 ; 강상규, 「박규
    수와 고종의 정치적 관계 연구」, 『동양정치사상사』 11-1, 동양정치사상사학회,
    2012)와 강위의 미국관을 확인할 수 있는 연구(이헌주, 「1880년대 초반 강위의 연
    미자강론」, 『한국근현대사연구』 39, 2006) 등이 있다.

　지금까지 한미관계의 연구는 괄목할 만한 성과를 보이고 있다. 그런데 이러한 연구 성과에도 불구하고 당시 고종이 청일전쟁 직전인 1894년 5~6월, 아관파천 이후 러시아 득세기인 1897년 12~1월, 러일전쟁 직전 1904년 1~2월, 러일전쟁 중인 1905년 1월 19일에 각각 미국공사관으로 파천을 시도한 美館播遷[27] 배경과 과정, 실패원인 등을 상세히 밝힌 연구는 없다. 그동안 미관파천은 한미관계사 연구 속에서 고종이 미국공사관으로 파천하려 했다고 하는 개략적인 설명에 그치고 있는 실정이다.

---

26) 미국을 경험했던 인물 혹은 친미파들에 대한 연구에 대해서는 앞서 언급한 김원모의 서광범, 홍영식 연구와 이민식의 박정양·이채연·이계필·이하영·강진희 연구 이외에 이를 심화시킨 연구들이 있다. 이에 대해서는 유영렬, 「개화기의 윤치호 연구」, 한길사, 1986 ; 이광린, 「한국 최초의 미국대학 졸업생 변수」, 『한국개화사의 제문제』, 일조각, 1986 ; 한철호, 「최초의 미국대학 졸업생 이계필의 일본·미국 유학과 활동」, 『동국사학』 37, 2002 ; 김윤희, 『이완용 평전』, 한겨레출판, 2011 ; 장경호, 「고종대 한성판윤 이채연의 정치성향과 활동」, 『향토서울』 85, 2013 등 참조

27) 美館播遷이라는 용어를 최초로 사용한 연구는 한철호의 연구에서다(한철호, 『친미개화파연구』, 국학자료원, 1998, 234~235쪽). 다른 책에서는 이러한 미관파천과 춘생문사건을 동일시하게 표현하고 있어서(역사학연구소 편, 『바로 보는 우리 역사(서해역사책방 4)』, 서해문집, 2004, 269쪽) 용어상의 혼란을 가져온다. 그런데 고종이 미국공사관으로 가려 했다는 점은 보이지 않기 때문에 춘생문사건을 미관파천이라고 하는 것은 무리가 있다. 다만, 이 사건이 실제로 춘생문사건이라고 명명된 이유는 당시의 기록 어디를 찾아봐도 춘생문사건이라고 하는 명칭을 찾을 수 없었지만, 고종이 경복궁 가장 뒤에 있는 건청궁에 머물렀고, 춘생문은 신무문을 나서면 대궐 후원이 있는데 후원 동쪽에 있는 협문이었기 때문에 춘생문사건이라고 불리는 것이었다(김영수, 「춘생문사건의 주도세력 연구」, 『사림』 25, 2006의 2쪽의 각주 3번 참조). 일본과 구미측에서도 이 사건을 놓고 국왕탈취사건, 경성시위대폭동, 18일사변, 왕성사변, 반일 음모, 반혁명, 반혁명 운동 등으로 불렀기 때문에(오영섭, 「고종과 춘생문 사건」, 『향토서울』 68, 2006, 187쪽) 용어의 개념정리가 되어 있지 않다. 播遷이라는 단어는 원래 임금의 피난을 의미하는 것이고 일제강점기 때부터 이 용어가 널리 사용되었다(김영수, 『미쩰의 시기－을미사변과 아관파천－』, 경인문화사, 2012, 146쪽). 저자가 확인한 결과 『태조실록』, 『선조실록』, 『승정원일기』 인조대에 이 용어가 여러 차례 등장하기 때문에 이 논문에서도 파천이라는 용어를 사용하였다.

고종이 처음 미국으로 파천하려고 했던 청일전쟁기 미관파천 시도에 대해서는 文一平의 선행연구에서 찾아볼 수 있다. 청일전쟁 직전 고종이 미국공사관으로 파천하려 했다는 사실에 대해서 밝혔지만, 그 전거가 없다.[28] 한미관계 연구의 선구인 해링턴(Fred Harvey Harrington)[29]이나 신복룡 역시 고종이 미국공사관으로 가려고 했다고 간략히 언급하는 것에 그쳤다.[30]

러시아 득세기의 미관파천에 대해서는 친미개화파 연구의 선구인 한철호에 의해서 처음 밝혀졌고,[31] 김윤희의 이완용 연구에서도 약술된 바 있다.[32] 러일전쟁 직전 미관파천에 대해서도 해링턴과 대한제국 정치사의 지평을 넓혀준 서영희에 의해 언급된 바 있다.[33] 다만, 1905년 러일전쟁 막바지의 미관파천을 언급한 연구는 아직 없었다. 비교적 최근에 고종이 파천을 요청한 상황에 대해 언급한 연구가 있어 주목을 요하기도 한다.[34] 이외에 고종이 타국 공사관으로 파천한 사실에 대해 언급한 연구도 보이는데, 1894년 7월에 시도로 끝난 영국[35]과 1905년 프랑스[36]가 그러하다.

하지만 미관파천만을 대상으로 집중적인 연구가 이루어진 것이 아니라 당시의 외교관계 속에서 미관파천이 있었다는 사실을 개설적으로 언급하는데 그치고 있다. 미관파천은 여러 차례 시도에도 불구하고 결국 실패로 끝났기 때문에 한미관계에 지대한 영향을 주지 못했던 것으로 평가하여

---

28) 문일평 저·이광린 교주, 『한미오십년사』, 탐구당, 2016, 267쪽.
29) 해링턴 저·이광린 역, 앞의 책, 1973, 271쪽.
30) 신복룡, 「갑오혁명 이후의 한미관계」『동학사상과 갑오농민혁명』, 선인, 2006, 263쪽.
31) 한철호, 앞의 책, 1998, 234~235쪽.
32) 김윤희, 앞의 책, 2011, 135~136쪽.
33) 해링턴, 앞의 책, 1973, 338~339쪽 ; 서영희, 『대한제국 정치사 연구』, 서울대학교 출판부, 2003, 180쪽.
34) 현광호, 『개항기 조선』, 유니스토리, 2015, 107~120쪽.
35) 한승훈, 「19세기 후반 조선의 대영정책 연구」, 고려대학교 박사학위 논문, 2015, 226쪽.
36) 서영희, 『대한제국 정치사』, 서울대학교 출판부, 2003, 180쪽.

당시 고종이 미관파천 시도에 대한 국내·외적 상황과 과정, 거기서 부여할 수 있는 의미가 일축된 것이 아닌가 생각된다. 첫 미관파천이 실패로 끝나고, 오히려 러시아의 압박으로 아관파천의 성사로 귀결되었다는 점이 미관파천 시도가 가지는 일련의 과정과 의미가 덜 주목되었던 이유 중 하나인 것으로도 인식된다.

특히 기존 한미관계 연구에서 고종의 미관파천 시도는 중립주의를 고수하는 미국의 정책기조와 더불어 일본과 러시아의 방해로 인해 시도에 그쳤던 것을 밝혔다.[37] 기존 연구에서 미국의 역할이 의례적으로만 언급되었던 까닭도 미국의 불간섭주의에 초점이 맞추어져 있기 때문이다. 즉 조선이 미국에 거중조정을 요청했으나, 이에 대해 미국이 불간섭주의를 강조하여 청일전쟁 당시에 조선에 도움을 주지 않았다는 의견이다.[38] 기존 연구에서는 거중조정 요청을 미국이 일방적으로 거부하였고, 고종은 이를 끝까지 믿었다고 보았지만, 실제로 주한미국공사들이 거중조정 및 미관파천 요청을 적극 이용하였고, 이 요청은 러시아와 일본에 의해 방해받았다. 따라서 비록 미관파천이 실패로 돌아갔으나 고종이 여러 차례 바란 것이었다는 점에서

---

37) 한편 대한제국이 러일전쟁 당시 반일, 친러적인 입장을 가지고 러시아를 통해 한반도 보호국화를 실현하려는 일본에 맞서 자주독립국임을 실현하려고 했다고 보고 이것이 '합리성을 갖는 시국대응'이라고 보고 있다는 연구가 있어 주목된다(서영희, 앞의 책, 2003, 133~144쪽).

38) 문일평 저·이광린 교주, 『한미오십년사』, 탐구당, 2016, 264~269쪽 ; 田保橋潔, 『近代日鮮關係の硏究(下卷)』, 1944(다보하시 기요시 저, 김종학 역, 『근대 일선관계연구 하』, 2016, 453~468쪽) ; 이보형 외, 『한미수교 100년사』, 국제역사학회의 조선위원회, 1982, 92~127쪽 ; 이민식, 『19세기말 한미관계 연구』, 한국교원대학교 박사학위 논문, 1994, 151~175쪽 ; 김현철, 「청일전쟁시 미국의 대한반도 전략분석 - 공사관 활동을 중심으로-」, 『軍史』 47, 2002 ; 최문형, 『러시아의 남하와 일본의 조선침략』, 지식산업사, 2007, 248~254쪽 ; 손정숙, 『한국 근대 주한 미국공사 연구』, 한국사학, 2005, 151~186쪽. 한편, 구미학계에서는 미국이 거중조정(Good offices)을 실천했다고 보고 있다(Dennett, Tyler, "American Good offices in Asia", *American Journal of International law*, Vol. 16. No. 1. 1922) 이 연구들은 청일전쟁 당시 미국의 조선정책에 대해서 밝힌 것으로 당시 조미관계를 파악하는데 도움을 준다.

그 이유와 과정 등을 다시 한 번 주목하지 않을 수 없는 것이다.

청일전쟁기 미관파천 시도는 고종의 거중조정 요청을 방해한 일본의 입장을 파악하고, 당시 동학농민운동과 청일전쟁 등 국내·외의 급박한 상황 속에서 이해되어야 한다. 미국공사관으로 도피하려고 했는지 불분명하지만, 미국인 및 친미세력들이 관련된 춘생문사건은 어쨌든 고종이 궁궐 밖으로 나가려고 했고, 미국공사관의 문이 하루종일 열려있다는 점에 있어서 중요하다.

또한 명성황후 시해사건 이후 미국의 조선에 대한 태도와 미국공사관으로 친미세력들의 대거 도피 등 아관파천 직전까지의 상황 속에서 살펴볼 필요가 있다. 러시아 득세기 미관파천 시도에 대해서는 러시아의 압박이 어떤 방식으로 이루어져서 미관파천이 실패했는지 추가적 요인을 친러파 김홍륙과 러시아 공사 쉬뻬이에르의 행보를 통해 밝혀 볼 필요가 있다.

그리고 러일전쟁 종전 직전 일본이 고종에게 더 이상 파천을 하지 말 것을 경고했음에도 불구하고 고종이 미관파천을 요청함과 동시에 프랑스공사관 파천까지 계획했던 전후 상황 속에서 당시의 한미관계를 파악해 보아야 한다. 고종은 러일전쟁 직전 미관파천 시도시 일본의 파천불가에 대한 강압적 경고를 재차 어기고 또다시 미관파천을 단행하려고 했다. 이후 러일전쟁 중 1905년의 미관파천의 전개 상황은 아직 언급된 바가 없기 때문에 밝힐 필요가 있다.

특히 고종이 실제로 조선 멸망에 책임을 지닌 亡國의 군주인지, 아니면 국권을 회복하려는 계몽군주 인지에 대해서는 여태까지 학계에 논란이 있어 왔다.39) 미관파천 시도의 과정과 의미가 상세히 밝혀지지 않은 상황에

---

39) 고종이 실제로 조선 멸망에 책임을 지닌 망국의 군주인지, 아니면 국권을 회복하려는 계몽군주 인지에 대해서는 여태까지 학계에 논란이 있어왔다. 송병기가 학계에 고종이 선포한 대한제국 관련 연구를 발표한 이후(송병기, 「광무개혁연구」, 『사학지』 6, 1972) 강만길과 신용하는 대한제국에 대하여 상반된 견해를 보였다. 강만길은 광무개혁의 주체를 농민으로 보고 광무개혁이 의의를 지닌다고 보았지만(강

서 보면, 고종의 미관파천 시도가 고종이 국가의 운명을 미국에 절대적으로 의존하려 했던 무능력한 군주로 오인시킬 수 있는 결정적 사건으로 보여질 수 있다. 청일전쟁 이후 고종은 신변안전을 위해 아관파천을 단행한 이후 다시 경운궁으로 환궁하여 외적으로 독립의지를 천명했다. 그리고 그 와중에도 미관파천을 요청했다.

만길, 「대한제국의 성격」, 『창작과 비평』 13-2, 1978), 신용하는 개화파에 중점을 두고 고종 중심으로 이루어진 광무개혁에 대한 문제점을 지적하였다(신용하, 「'광무개혁론'의 문제점 – 대한제국의 성격과 관련하여」, 『창작과 비평』 13-3, 1978). 이어 김홍식은 광무양전은 토지 소유권을 확인할 수 있는 것이 아니라 지세수취를 위한 징세대장이라고 하여 광무개혁을 낮게 평가했지만(김홍식 외, 『대한제국의 토지제도』, 민음사, 1990), 한국역사연구회에서는 징세의 성격도 있지만, 토지대장에 가깝다고 평가 하였다(한국역사연구회 근대사분과 토지대장연구반, 『대한제국의 토지조사사업』, 1995, 민음사). 2000년에 들어와 이태진은 "고종이 무능했다고 하는 설이 서양인들과 타보하시 기요시[田保橋潔] 등 일본 학자들의 견해를 그대로 답습한 것"이라고 비판하며. 실제로 고종은 독립협회, 당시 한성신보를 담당하던 기쿠치 겐죠[菊池謙讓] 등에 의해 긍정적인 평가를 받았다고 보고 있다. 또한 그는 고종이 백성과 군주가 곧 나라의 주체라고 하는 '민국정치'이념을 보여주었던 사례를 들면서 그가 영·정조대 민국이념을 계승한 근대적 계몽군주였음을 증명하려 했다(이태진, 『고종시대의 재조명』, 태학사, 2000, 95~134쪽·259~260쪽). 이태진의 이런 주장에 김재호, 이영훈 등의 경제사학자들은 당시 패망직전의 조선의 내장원 및 궁내부의 재정사항을 들며 실제로 고종이 계몽군주였던 것이 아니라 내장원 재정을 관리하며 매관매직을 했었으며 '민국'이념도 전근대적인 사상에 불과한 것이라고 비판하였다. 이에 다시 이태진은 재반박을 하였으며, 주진오·서영희·강상규·이헌창 등이 논쟁에 참여하여 논의를 풍성하게 하였다(이태진·김재호 외 9명, 『고종황제 역사 청문회』, 푸른역사, 2005). 여기서 고종이 러일전쟁 직전에 사건을 예견하고 나름의 군비축적을 했다는 주장이 주목되는데, 이는 그가 전쟁 직전에 미국공사관으로 가면서 나름의 준비를 했다는 평가로 귀결되기 때문이다. 최근 이민원은 청일전쟁 이후 고종이 신변안전과 국가안보를 위해 경운궁을 정비하고, 러시아에 민영환을 특사로 파견하였으며 황제즉위 선포를 하였으며 한청통상조약을 통해 청과 대등한 입지를 갖췄다는 점을 밝히며 그의 리더십이 당시엔 실패했지만, 결국 현재의 대한민국에 성공하는 것에 밑거름이 되었다고 보고 있다(이민원, 「19세기 말 조선의 위기와 고종의 대응」, 『고종시대 정치리더십연구』, 한국학중앙연구원 출판부, 2017).

또한 고종은 미관파천 요청이 번번이 좌절되었음에도 불구하고, 미국의 거중조정을 꾸준히 요청했다. 청일전쟁과 러일전쟁 당시 열강의 침탈을 예상한 고종은 미국이 중재역할을 해줄 것으로 생각했기 때문이다. 미국은 청일전쟁 이후 일본의 시모노세키에서 조약을, 러일전쟁 이후 미국 포츠머스에서 거중조정을 요청함으로써 전쟁을 마무리 시키는 것에 결정적인 역할을 하였고, 고종은 중대한 사건이 발생할 때마다 미국이 조선에서의 중재 역할을 해줄 것을 기대하였다.

즉 미관파천 시도는 미국에 대한 절대적 의존이 아니라 호의적 인식을 보인 미국과의 외교를 통한 국권수호 의지를 표명한 것으로도 이해할 수 있다. 다만 미국이 고종의 적극적인 협상요청에도 불구하고 일본과 러시아 등 주변 열강의 동향을 살피며 자국의 이권 보호를 위해 수세적 태도를 취했기 때문에 미관파천이 결국 실패로 돌아가는 결정적 원인이 된 것이다. 이 책은 이러한 문제의식을 바탕으로 미관파천을 요청하게 되는 내외적 원인과 경과를 세밀히 살피고 그 속에서 당시 고종의 국권수호에 대한 태도, 미관파천의 盧와 實을 논증하여 한미관계의 함의를 밝혀보고자 한다.

2. 책 구성

이 책은 한미관계에 있어서 기본적 자료가 되었던 미국 외무부 문서 Foreign Relations of United States(약자: FRUS)와 한국에 해당하는 자료를 중심으로 2차 편집한 Korean-American Relations(약자: KAR)을 살펴보고,[40)

---

40) FRUS는 University of Wisconshin에서 웹으로 전문 확인 가능하다. 또한 그동안 개항기 한미관계 연구의 핵심이 되었던 Korean-American Relations는 크게 3개로 나뉜다. George C. McCune and John A. Harrison, eds., *Korean-American Relations, 1883~1886*, Berkeley University of California Press, 1951(이하 *KAR I*로 약칭) ; Spencer J. Palmer, ed., *Korean-American Relations 1887~1895*, Berkeley: University of California Press, 1963(이하 *KAR II*로 약칭) ; Scott S. Burnett, ed., *Korean-American Relations, 1896~1905*, Honolulu University of Hawaii Press, 1989(이하 *KAR III*로 약칭) 등이 있다.

박일근이 편집한『근대한국관계 영미외교자료』,『주한미국공사관·영사관
기록』, Despatches from United States Ministers to Korea(약자: DUSMK)[41],
『알렌문서』[42] 등을 통해 조미관계를 살피고자 한다.[43] 또한 국가 대 국가
의 시각이 아닌 미국의 동아시아 정책을 파악하기 위해 기존 한미관계사
연구에서 주목하지 않았던 FRUS의 China, Japan, Russia 등의 부분과 매 해
마다 발표한 미국 대통령의 외교정책도 참고하였다.

 사료로는 박정양의『美行日記』,[44]『알렌의 일기』,[45]『윤치호일기』,『뮈
텔주교일기』 등의 견문록 및 일기류와『高宗實錄』,『承政院日記』,『구한
국외교문서(美案)』,『漢城旬報』 등에 나타난 미국기록을, 러시아측 사료로
는 러시아문서 번역집[46]을, 청국측 자료로는『淸季中日韓關係史料』를, 일
본측 자료로는『日本外交文書』,『駐韓日本公使館記錄』 등에 나타나는 미
국 관련 자료들을 살펴보았다.

 또한 각종 신문 자료와 황현의『梅泉野錄』 및 일본 외무대신 무쓰 무네
미쓰의『蹇蹇錄』, 일본 공사관 서기 스기무라 후카시[杉村濬]의『在韓苦心
錄』 등 외국인들의 회고록 또한 활용하여 당시 미국공사관으로 파천하려
고 했던 시기를 전후하여 있었던 상황들을 살펴보았다.

---

41) 한림대학교 아시아문화연구소,『주한미국공사관·영사관기록』, 2000. 마이크로필
   름화된 자료인 Despatches from U.S. Ministers to Korea, 1885-1905(M134) 22 Rolls,
   와 Despatches from United States Consuls in Seoul, 1886-1906(M167) 2 Rolls를 기초
   로 편집되었다.
42) 알렌이 1924년 뉴욕공립도서관에 기증한 문서고이다. 이 문서고는 일기와 서신, 메모,
   원고를 비롯한 개인 문서와 주한미국공사관 서류를 비롯한 각종 공문서, 지도, 사진,
   신문 기사 모두를 포함한다(http://waks.aks.ac.kr/rsh/?rshID=AKS-2016-KFR-1230009).
43) Park Il keun ed, "ANGLO-AMERICAN DIPLOMATIC MATERIALS RELATING TO
   KOREA", 집문당, 1982(박일근,『근대한국관계 영미외교자료집』, 1982, 집문당).
44) 박정양 저, 한철호 역,『미행일기』, 국외소재문화재재단, 2014.
45) 알렌(Horace N. Allen) 저, 김원모 역,『알렌의 일기』, 단국대학교 출판부, 2017.
46) 동국대학교 대외교류원에서 발간한 러시아문서 번역집은 현재까지 31권이 번역되
   어 나와있으며, 이 책에서는 1894년부터 1905년에 해당하는 부분을 인용하였다.

제2장에서는 조야의 미국인식 전환과정과 미국인들의 고종에 대한 인식을 살펴보고자 한다. 이를 위해 먼저 신미양요를 전후하여 미국 인식이 변화되는 과정에 주목하였다. 특히 洋夷로 표현되었던 미국이 고종의 친정과 1880년부터 조미수호통상조약 체결 이전에 이르러 인식이 전환되는 과정을 살펴보고, 최초의 신문인 『한성순보』에 나타난 미국관을 살펴서 고종의 미관파천 시도에 대한 근본적 배경을 파악하고자 했다.

제3장에서는 고종이 미관파천 요청을 했던 청일전쟁 발발 직전의 상황을 살펴보았다. 먼저 청일전쟁 직전에 고종이 미국공사관으로 피신하려고 했던 미관파천 시도에 대해 밝히고, 그 배경 및 전개과정, 그리고 이 사건의 의의에 대해 밝히고자 한다. 당시 강대국을 상대로 약소국 조선이 택한 均勢政策[47]은 미관파천 시도를 정당화할 수 있는 정책적 기조였다. 이 정책 속에서 고종이 시도한 미관파천은 아관파천과 춘생문사건 이전에 이미 고종이 타국 공사관으로 피신하려고 했다는 점을 보여주는 사건으로서, 당시의 조미관계를 보여줄 뿐만 아니라 학계에 논란이 되고 있는 고종의 평가에 대해서도 어느 정도 영향을 끼친다.

4장에서는 명성황후 시해사건 당시 미국의 태도에 대해 살펴보고, 이어 발생한 춘생문사건 당시 미국과의 연관성을 알아보고자 한다. 일본은 경복궁을 점령하였고, 청일전쟁에 승리하였다. 일본이 조선에서 우위를 점하자 이에 반발한 러시아, 독일, 프랑스 등이 일본의 이러한 행위에 간섭하였다. 이로 인해 일본의 영향력이 줄어들었다고 판단한 명성황후는 알렌과 러시아 공사 베베르(К. И. Вебер) 등의 힘을 입어 러시아를 끌어들여 일본을 배제하려고 하는 이른바 引俄拒日 정책을 펼쳤고, 새로 부임한 미우라 고로[三浦梧樓]는 일본의 방침에 따라 조선에서 일본의 영향력을 만회하기 위하여 명성황후 시해사건을 일으킨다. 명성황후 시해사건 이후 위협을 느

---

47) 엄찬호, 「연미론을 통해 본 고종의 균세정책」, 『사학연구』 58·59합집, 1999 ; 한승훈, 「19세기 후반 조선의 대영정책 연구」, 고려대학교 박사학위 논문, 2015, 42~43쪽.

긴 고종은 궁궐 밖으로 탈출하여 다른 곳으로 가려고 했지만 실패로 끝나게 되었다(春生門事件). 학계에서는 춘생문사건을 고종이 궁궐 밖을 탈출하여 미국공사관으로 가려고 했다고 하는데, 사실이 아니다. 춘생문사건은 이 사건 당시 미국인들이 대거 참여하였던 정황이 보이는 것은 사실이다. 그러나 고종이 미국공사관으로 가려고 했다는 결정적인 증거가 없다. 따라서 당시 춘생문사건과 미국의 연관관계를 밝힐 필요가 있다.

제5장에서는 아관파천 이후 경운궁으로 환궁한 고종이 친러파 김홍륙과 러시아 공사 쉬뻬이에르의 압박으로 인해 미국공사관으로의 파천을 요청했던 1897년 12월~1898년 1월에 있었던 미관파천 시도에 대해 살펴보고자 한다. 주일러시아공사로의 전근 이후 1897년 8월 주한러시아공사로 다시 부임한 쉬뻬이에르의 태도와 당시 친러파로 무소불위의 권력을 휘두르던 김홍륙의 월권 등은 고종이 더 이상 러시아에 의지하지 못하게 되는 계기가 되었다. 그러나 알렌은 이것을 기회로 삼아 고종의 친미인식은 유지하게끔 하여 미국의 이권을 최대한 높이도록 하였다.

제6장에서는 1898년 이후 고종이 반복적으로 친미파를 등용하고 다시금 미관파천 준비를 하는 과정을 살펴보았다. 미관파천 시도가 실패하였음에도 불구하고 고종은 여전히 미국에 의지하여 새로운 내각을 꾸미고자 하였다. 고종은 김홍륙을 한성판윤에서 해임시키는 등 친러파를 배척한 이후[48] 친미파 이채연을 한성판윤으로 등용하여 한성도시개조사업을 추진했다. 또한 미서전쟁 이후 적극적인 동아시아 개입정책을 시행하는 미국에 편승하려 시도하였고, 대한제국을 국제적으로 독립시키기 위해 노력하였다. 대표적인 사건이 내탕금 100만 원을 미국인에게 위탁하여 유사시 미국공사관으로 피신하려고 한 사건이다. 고종은 미국에 이권을 양도하며 거중

---

48) 김홍륙 독차사건은 여러 가지 정황으로 보아 왕권 강화를 위한 고종에 의해 조작된 사건이기 때문에 김홍륙 제거작전으로 보는 것이 맞지만(장경호, 「아관파천 전후 정치권력 변화와 김홍륙 독차사건 재검토」, 『한국근현대사연구』 81, 2017), 일반적으로 김홍륙 독차사건으로 알고 있기 때문에 그대로 쓰고자 한다.

조정 요청을 관철시키기 위하여 최대한의 노력을 기울였지만, 미국과 러시아는 자국의 이권 확보에만 더욱 박차를 가했다.

　제7장에서는 러일전쟁을 전후한 시기 미관파천을 요청하게 되는 배경과 과정, 그리고 이에 대한 미국의 대응을 살펴보고자 한다. 러일전쟁 직전 고종은 미관파천을 요청할 뿐만 아니라, 프랑스공사관으로도 파천을 요청할 정도로 사태가 심각했다. 고종의 미관파천 요청을 받은 미국공사관에서는 고종의 미관파천에 대해서 부정적인 입장을 피력하는 한편, 대한제국이 미국에 대한 관심을 완전히 끊지 않도록 모호한 외교적 태도를 취한다. 뿐만 아니라 미국은 일본과 러시아의 동향을 지켜보면서 자국민의 이권을 보장받기 위해 상대국에는 최소한의 할 일만 하고, 자국의 이익을 최대화 시키려는 외교적 면모를 보인다. 러일전쟁이 막바지에 접어드는 시점에 고종은 마지막으로 미관파천 요청을 했다. 이때는 동시에 러시아에 군사파견까지 요청한 상태였다. 이에 대해서 미국공사관 알렌은 모호한 태도를 보이지도 않고, 일말의 여지도 남기지 않은 채 부정하는 태도를 보인다. 미관파천 시도가 실패로 끝난 이후 알렌 공사의 미국 귀환은 대한제국의 주권 강탈을 더욱 가속화 시켰다.

제2장

朝美修好通商條約 체결 전후 미국 인식 변화

1. 조약 이전 조선의 對美인식

1) 신미양요 전후 反美인식 고조

辛未洋擾 이전 조선은 미국과 미온적 접촉이 있었다. 이에 대해 몇 가지 연구가 있는데, 우선 조선인들에게 미국에 대한 인식이 형성되는 시기를 1840년 후반 때부터로 보고, 그에 대한 이유로『海國圖志』와『瀛環志略』이 이전부터 들어오고 있었으며,『해국도지』에 미국이 부강하면서 공평한 나라임을 강조했다는 견해가 있다.1) 1858년『해국도지』와『영환지략』을 정리한 崔漢綺의『地球典要』에서 미국의 정치제도가 드러나 있던 것이 확인이 되지만,2) 사실 이것으로 조선에서 미국인식이 본격적으로 형성된 것은 아니었다.3) 다른 연구에서는 고종이 1870년대에 이르러서야『해국도지』와『영환지략』을 통해 서양서적의 중요성을 파악하고 있었다고 본다.4)

이는『高宗實錄』을 통해 1866년 당시 조선이 미국의 크기가 어느 정도인지도 인식하지 못하고 있었음을 보면 알 수 있다.5) 같은 해 7월, 황해도 감사 朴承輝가 장계를 올려 異樣船에 대하여 보고한 것을 보면, 서양의 세 나라 사람들 중 두 명이 영국 사람이며 나머지는 각각 미국 사람, 덴마크

---

1) 송병기,『한국, 미국과의 첫 만남』, 고즈윈, 2005, 14·22~27쪽.
2) 권오영,「최한기의 서구제도에 대한 인식」,『한국학보』62, 1991, 132~134쪽.
3) 최한기의『지구전요』와 朴珪壽, 吳慶錫, 劉大致 등의 활동으로 미국관은 초기에 호의적이었지만 조선 조야의 미국인식은 거의 이루어지지 않았다(한철호,『친미개화파연구』, 국학자료원, 1998, 25~26쪽).
4) 강상규「고종의 대외인식과 외교정책」,『한국사시민강좌』19, 1996, 209쪽.
5)『고종실록』3년(1866) 2월 25일.

사람이었다고 한다. 그리고 이마저도 서양인이 보낸 서면을 통해 간신히 파악하고 있다.6)

그런데, 고종의 강학자리에서 영의정 金炳學이『해국도지』에 나타난 미국에 대해서 고종에게 설명하고, 미국을 해적이나 다름없다고 생각하였다.7) 미국은 1818년 해적판으로 필라델피아에서 출간된 영국인 베실 홀(Basil hall)의 조선 서해안 여행기를 출간을 시작으로 조선에 대한 정보가 유입되었다. 이외에도 몇몇 영국인들의 조선에 대한 여행기가 출간되었는데, 이것들은 조선에 대한 피상적인 정보만을 제공하는 것이었다. 미국에 본격적으로 조선이 소개된 것은 1880년과 1882년 사이에 3권의 책들이 출간되었는데, 존 로스(John Ross)의 한국사,8) 어네스트 오페르트(Ernest Oppert)와 윌리엄 그리피스(William Elliot Griffis)의 책 등이 그것이다.9)

이처럼 미국과 조선 사이에 서로 정확한 정보를 가지고 있지 않던 상태에서 신미양요가 발생하였던 것이다. 그동안 신미양요의 발발 배경은 미국 국무장관 교체에 따른 대외정책 변경, 제너럴셔먼호 사건에 대한 보복,10) 셔먼호 선원들에 대해 진상 해명과 생존선원 인도 요구를 기반으로 한다는 점이나 군사 원정을 조선이 이미 알고 있는 상황에도 불구하고 조선의 일관된 협상 거부가 신미양요를 초래했다는 점11) 등으로 설명되기도 했다. 이와 같은 고종의 태도는 국가의 근본이 흔들리지 않으면 洋夷는 쉽게 침략해 오지 못한다는 인식이 전제되었던 까닭이었다.12)

---

6)『고종실록』3년(1866) 7월 15일.

7)『승정원일기』고종 8년(1871) 4월 20일.

8) 이는 선인에서 번역이 되어 출간되었다(존로스 저, 홍경숙 역,『존 로스의 한국사 (서양 언어로 기록된 최초의 한국 역사)』, 살림, 2010).

9) Shannon McCune, "American Image of Korea in 1882", U.S-Korean Relations 1882 -1982 U.S. -KOREAN RELATIONS 1882-1982, 경남대학교 극동문제연구소, 1982, 148~149쪽 ; 이민식, 앞의 책, 2001, 29~32쪽.

10) 김용구,『세계관 충돌과 한말외교사, 1866~1882』, 문학과 지성사, 2001, 129~132쪽.

11) 김명호,「신미양요기의 활동」,『초기 한미관계의 재조명』, 역사비평사, 2005, 281 ~287쪽.

신미양요는 1871년 4월[13])에 발발하여 미국과 조선간 전투를 벌인 사건으로 한미관계의 본격적 시작을 알리는 것이었다. 조선은 19세기 중후반에 걸쳐 각종 민란이 계속 발생했으나, 1860년대는 특히 심했다. 임술민란, 광양민란, 1871년 3월의 이필제의 난을 비롯한 내란과 외세의 침입이 일어났다. 당시 최고 집정자 홍선대원군의 아버지 남연군의 묘를 도굴하는 오페르트 도굴사건뿐만 아니라 프랑스 선교사 처형의 책임을 물어 발생한 프랑스의 조선 침략이 일어났다. 이처럼 내우외환의 시대가 계속되는 시기에 있었던 신미양요는 홍선대원군의 통상수호거부의도를 더욱 강화시키는 계기를 마련하기도 했다.[14])

1871년 2월 21일, 미국의 조선 원정에 앞서서 로저스(John Rodgers) 제독은 미 해군장관에게 다음과 같은 보고서를 남겼다.

> 저는 (조선 원정이) 성공적으로 끝마치기를 원합니다만, 우리보다 더 많은 군사를 가지고 온 프랑스가 실패한 것처럼 미국도 실패할 수도 있다고 생각합니다. 제가 600명의 병사를 선박에서 데리고 가지만, 인구가 1천만에서 2천만 정도로 추정되는 용감하고 강한 나라를 쳐들어가기에는 병사수가 적습니다.[15])

같은 날 청 주재 미국 공사 로우(Fredrick Low)의 서신을 북경을 통해 전

---

12) 장영숙, 『고종의 정치사상과 정치개혁론』, 선인, 2005, 61쪽.
13) 이 논문에서 표기하는 날짜는 태양력을 도입한 갑오개혁 이전에는 음력을, 태양력 이후에는 양력을 사용하였다. 필요한 경우에는 음력(양력)으로 표기하였다.
14) 1871년은 대원군이 철저한 개혁을 추진할 정도로 통치권과 기반이 강화되기도 하였다(김성혜, 『재위 전기 고종의 통치활동』, 선인, 2013, 282쪽).
15) I have strong hopes of success; but I foresee that failure is possible since the French failed with a greater force than we can bring. I can land some six hundred (600) men from the vessels, but this is a small army to invade a brave and hardy nation, variously estimated to consist of from ten (10) to twenty millions of people, defended moreover by a momentous and otherwise difficult country(National Archive Records Administration I, M89 R256, John Rodgers to Geo M Robenson, 1871. 4. 10)

달 받은 조선 정부의 입장은 이랬다.

우리나라가 바닷가의 한 구석에 있는 작은 나라라는 것은 세상 사람들이 다 아는 일입니다. 백성들은 가난하고 물산은 변변치 못하며 金銀·珠玉은 원래 우리나라에서 나지 않는 것이고 米粟과 布帛은 넉넉했던 적이 없으니, 국내에서 생산되는 것으로 국내의 소비도 감당할 수 없는데 만약 다시 다른 나라와 유통하여 나라 안을 고갈시킨다면 이 작은 강토는 틀림없이 위기에 빠져 보존되지 못할 것입니다. 더구나 나라의 풍속이 검박하고 기술이 조잡하여 한 가지 물건도 다른 나라와 교역할 만한 것이 없습니다. 우리나라가 절대로 교역할 수 없음이 이와 같고 외국 장사치들이 이득 볼 것이 없음이 또한 이와 같습니다. 그런데 매번 통상할 의사를 가지는 것은 대체로 멀리 떨어져 있는 다른 나라의 사람들이 똑똑히 알지 못해서 그러는 것입니다.16)

이처럼 서로의 입장이 첨예하게 달랐던 조선과 미국은 서로간의 정보를 제대로 공유하지 못하고 전쟁을 맞이하게 된다.

신미양요17) 직전, 미국은 로우와 로저스를 비롯한 5척의 함대와 병사를 이끌고 조선으로 향했다. 4월 7일, 영종방어사 李儒增은 팔미도 동남쪽 남양의 연흥도라는 섬에서 이양선을 발견했다고 보고했고,18) 다음날에는 배

---

16) 敝邦之海隅褊小 天下之共知也 民貧貨儉 金銀珠玉元非土産 米粟布帛未見其裕 一國之産 不足以支一國之用 若復流通海外 耗竭域內 則蕞爾疆土 必將岌岌而 難保矣 況國俗儉陋 工手麤劣 未有一件貨物 堪與別國交易 本國之決不可行如 此 客商之亦無所利如彼 而每有通商之意 蓋由別國遠人之未諳未詳而然爾(『고종실록』 8년(1871) 2월 21일).

17) 신미양요의 발발과정은 다음 자료와 연구에 잘 묘사되어 있다. 『고종실록』, 8년 (1871) 4월 24일 ; 『雙忠集』 「江都實記」 ; 『承政院日記』 고종 8년(1871) 5월 21 일 ; 『承政院日記』 고종 8년(1871) 6월 1일자 문서 및 Blake Paper, New York Public Library ; FRUS, 1871, China, pp.142~149 ; 다보하시 기요시 저, 김종학 역, 『근대일선관계의연구 상』, 일조각, 2013, 121~128쪽 ; 국방부군사편찬위원회, 『병인·신미양요사』, 1982 ; 김원모, 앞의 논문, 1982 ; 김명호, 앞의 책, 2005 ; 신효승, 「1871년 미군의 강화도 침공과 전황분석」, 『역사와 경계』 93, 2014.

4척이 측량하는 것과 물치도를 지나 부평경계에 정박한 것을 확인했다고 했다.[19] 당시 경기 감사 박영보[20]는 미국인과 직접적으로 마주했고, 미국인들은 납 그릇과 작은 칼, 말린 떡(빵)을 주었는데, 도로 돌려주었다.[21] 다음날 서양함대 3척, 47명의 미국인들이 조선과 통상 조약을 맺으려는 것을 확인하게 되었으며,[22] 다음날 미국의 의도를 재차 확인하였다.[23] 상황이 이렇게 되자 조선은 미국과의 의사소통을 위해서 역관을 찾기 시작했다.[24] 4월 12일, 영종 방어사 이유중은 미국의 다섯 함대가 정박해 있었고, 이 함대가 발포한 점을 확인하였다.[25]

신미양요가 발발하자 흥선대원군은 미국측에 협상할 뜻이 없음을 밝히면서, 음식물을 주면서 물러날 것을 강조하기도 하고,[26] 그날 경연에서 고종은 洪淳穆, 姜㳒와 더불어 이에 대해 논의했다. 홍순목과 강로는 고종과 『中庸』을 강독하는 자리에서 신미양요 당시 대처방안에 대해 논의하였다. 먼저 고종과 강로는 "청은 산이 없고 바다가 둘러싸여 있어서 공략이 용이했지만, 조선은 산천이 험하고 막혀있기 때문에 방어할 수 있다."고 했다. 또한 "조선이 외국과 통상하지 않기로 천명했는데, 이제 와서 통상 결의를 한다면 웃음거리가 될 것"이라고 했다.[27] 이처럼 조선 조정에서는 미국에 대한 강한 통상거부의 의지를 보였다. 한편, 신미양요와 관련한 이러한 모든 상황은 일본의 우라세 사이스케[浦瀨最助]에 의해 정탐되었고, 일본에

---

18) 『고종실록』, 8년(1871) 4월 7일.
19) 『고종실록』, 8년(1871) 4월 8일.
20) 박영보는 신미양요 이후 해안 요충지의 방비를 위해 인천부에 砲科를 설치해 매월 과시를 보아 거수 1인을 매년 뽑아 등용하는 제도를 만들기도 하였다.
21) 『고종실록』, 8년(1871) 4월 8일.
22) 『고종실록』, 8년(1871) 4월 9일.
23) 『고종실록』, 8년(1871) 4월 10일.
24) 『고종실록』, 8년(1871) 4월 10일.
25) 『고종실록』, 8년(1871) 4월 12일.
26) 『고종실록』, 8년(1871) 4월 17일.
27) 『승정원일기』, 고종 8년(1871) 4월 17일.

보고되었다.28)

고종의 대외인식이 신미양요를 통해 바뀌었는지에 대한 논란이 있지만,29) 신미양요 이후 경각심을 가지고 고종에게 개혁의 의지를 심어준 것은 분명하다. 조선은 신미양요 이후 군비강화를 위해 힘쓰기 시작한 점이 확인된다. 우선, 沁都砲粮米라는 명목으로 하여 전국 1결당 1말을 더 거두어 5만 석을 충족시킨 후 이것을 강화도 군량으로 쓰게 하였다.30) 또한 의정부에서는 비상시 임시 저장하도록 정책화 한 耗穀 2,000석을 탕감해주기도 하였는데,31) 이는 전쟁이 한창이던 4월에 농사철을 놓친 까닭도 있었다.32) 또한 鎭撫營33)의 군사를 증액했는데, 전투의 중심지였던 손돌목에 포를 설치하였고 각 진의 숫자도 늘렸다. 뿐만 아니라 제주도에서 공납 받은 말 80마리를 강화도에 보냈으며 內需司에서 보내던 철물들을 곧바로 진무영으로 보내어 직접 무기를 제조하게끔 하였다.34) 또한 선혜청의 돈 10만 냥을 진무영의 군기 조성소에 보내기도 하였고,35) 화포의 중요성을

---

28) 『朝鮮事務書』 8冊 「米韓關係」. 신미양요 발발 직전 미국은 일본에 조선과 전쟁에 관련한 정보를 제공하려고 했고, 일본 역시 이를 수용했다. 일본 병부성에 고용된 하우스(A. J. S. Hawes)는 일본 요코하마에 있는 브루크(J. H. Brooke)를 첩자(special and private reporter)로 활용할 것을 권유했다(『일본외교문서』 권4-171, 274~276쪽).

29) 이완재와 주진오는 무비와 부국강병을 중시하는 인식의 전환이 일어나게 되는 것이 신미양요로 본 반면(이완재, 『초기개화사상연구』, 민족문화사, 1989 ; 주진오, 「개화파의 성립과 정치·사상적 동향」, 『1894년 농민전쟁연구 3』 역사비평사, 1993, 156~157쪽) 장영숙은 운요호[雲楊號]사건으로 보고 있다(장영숙, 『고종의 정치사상과 정치개혁론』, 2005, 64쪽 각주 39번).

30) 『승정원일기』 8년(1871) 5월 25일.

31) 『승정원일기』 8년(1871) 10월 5일.

32) 정기원의 보고에 의하면 "양요 당시 씨를 뿌리지 못한 곳이 많으며, 그 후 어지간히 씨를 뿌린 곳도 흉작을 면치 못하였습니다."라고 하였다(『승정원일기』 고종 8년(1871) 9월 12일).

33) 이 진무영의 위치 격상은 대원군 시기 군사정책의 핵심이었지만, 고종의 친정 이후에는 기존의 지위로 되돌아간다(최진욱, 「고종 능행의 정치적 의미」, 『鄕土서울』 91, 2015, 103쪽).

34) 『승정원일기』 고종 8년(1871) 5월 25일.

깨달은 조선은 인천부에 포과를 설치하기도 하였다.³⁶⁾ 또한 삼군부의 인
사권이 더욱 확대되었던 점을 확인할 수 있었다.³⁷⁾ 이를 보면 고종이 친정
직전에도 일정 부분 권한을 행사하였다는 점을 볼 수 있다.³⁸⁾

2) 『조선책략』 도입 후 親美인식 형성

그렇다면 미국에 대한 인식이 전환된 것은 언제였던 것일까? 고종의 강
학 내용을 보면 전통적인 華夷觀에서 벗어나지 못하고 있음을 알 수 있
다.³⁹⁾ 그러다 1872년 고종은 현실적인 대외인식을 갖추기 시작하였다. 고
종은 서양에 대해 피상적으로 물어보는 것이 아니라 구체적으로 물어보았
고, 그 질문 횟수 또한 증가했다. 또한 청국의 恭親王이 친정을 하게 되자
그의 대외인식이 어떠했는지에 대해서도 관심을 가졌을 뿐만 아니라,⁴⁰⁾
청으로 파견한 연행사절단이 서구와 접촉한 사항에 대한 보고를 받으면서
고종의 대외인식은 차츰 변해갔다.⁴¹⁾

1873년 10월 25일 崔益鉉의 상소문으로 흥선대원군이 물러나고, 고종이
친정을 하게 되었다. 당시 일본이 조선에 보낸 외교문서에 天皇이라고 칭
하여 전근대적인 사대교린 질서에 혼란을 가져온 이른바 "書契문제"가 발
생하게 되자, 조일관계의 위기가 도래하였다. 이에 일본은 자신들의 문서
를 조선이 받아들이지 않는 상황에 대해 각종 소요를 일으키게 되었고,
1875년 9월 운요호[雲楊號]를 조선에 파견하여 무력충돌을 하게 되었다.

---

35) 『승정원일기』 고종 8년(1871) 10월 15일.
36) 『승정원일기』 고종 8년(1871) 8월 22일.
37) 최병옥, 『개화기의 군사정책연구』, 경인문화사, 2000, 67~68쪽.
38) James B. Palias 저, 이훈상 역, 『전통한국의 정치와 정책』, 신원문화사, 1993, 61~63쪽.
39) 『승정원일기』 고종 7년(1870) 3월 7일 ; 『일성록』 고종 8년(1871) 4월 17일 ; 『일
    성록』 고종 8년 4월 20일.
40) 안외순, 「고종의 초기(1864~1873) 대외인식 변화와 친정 - 견청회환사 소견을 중
    심으로 - 」, 『한국정치학회보』 30-2, 1996, 255쪽.
41) 강상규, 『조선정치사의 발견』, 창비, 2013, 434쪽.

이에 申櫶은 놀라움을 표현하였고, 고종은 군비와 국방에 관심을 갖고 朴珪壽, 신헌 등의 영향을 받아 개항을 결심하게 되었다.42)

고종의 대외인식은 청국에 파견되었던 박규수가 고종에게 영향을 주었고, 운요호 사건으로 점차 바뀌기 시작하였다. 따라서 고종의 대외인식은 친정을 전후로 하여 서서히 변화되다가 운요호 사건으로 직접 전환되었다는 점을 확인할 수 있다.

그러나 고종의 대외인식이 전환되었다고는 하지만, 전쟁을 치룬 국가에 대한 인식이 갑자기 좋아질 리는 없었다. 고종의 미국에 대한 부정적인 인식은 아직도 남아 있었다. 조선은 신미양요 이후 미국을 洋賊이라 표현했고,43) 1880년 4월 통상요구를 위해 동래부에 왔던 미국인들에게도 다음과 같이 말하고 있다.

> 우리나라는 미국과 말이 통하지 않고 거리도 대단히 멀기에 그들이 우호 관계를 맺으려고 편지를 써가지고 왔다는 것은 천만 번 당치 않은 말이며, 더구나 일본 사람들도 역시 서양 사람들이 우리나라에 들어오면 만나는 대로 없애버린다고 알고 있을 터인데 지금 그 나라가 우호 관계를 맺으려 한다는 등의 말로써 이와 같이 와서 간청하는 것은 이웃 나라와 사귀는 두터운 정의에 흠이 될 것이니 다시는 번거롭게 굴지 말라. …… 무릇 외국 사람들의 배가 우리나라에 와서 정박하면 만나보지도 말며 편지를 받지도 말라는 우리 조정의 명령이 이미 있으므로 그 書契는 봉납할 수 없다. 곧바로 영사관에서 그 나라 사람들에게 단단히 타일러서 빨리 돌아가도록 하라.44)

---

42)『고종실록』 12년(1875) 8월 24일 ; 장영숙, 앞의 책, 2005, 74~79쪽.

43)『일성록』고종 8년 4월 20일.

44) 我國之於亞米利加國 聲氣不通 風馬不及 則渠所云通和修書以來者 萬不近理 況日本人, 亦知其洋人之在我 遇輒剿滅而今以該國通和等說, 如是來懇者, 有欠交隣厚誼, 更勿煩聒 … 凡於外國人之來泊我境者 不接面不捧書 已有我朝廷命令 同書契不當捧納矣 直自館中 筋諭於該國人處 卽速回棹(『고종실록』고종 17년(1880), 4월 10일).

미국은 조선의 이러한 반응에도 불구하고 지속적으로 조선에 경제적 통상을 요구하고 그 뜻을 관철시키려고 하였다. 그리하여 미국은 조선 개항에 관심이 많았던 해군 제독인 슈펠트를 내세워 조약을 체결하려고 시도하였다.

그런데 1880년 9월 8일 조선의 미국인식은 영의정 李最應이 고종에게 동래부에 온 미국인을 쫓아낸 일에 대해 다음과 같이 평한 바에서 알 수 있듯이 바뀌게 된다. 고종은 이에 대해 전과는 정반대의 태도를 보인다.

> 이최응이 아뢰었다. …6월에 미국[米利堅]이 東萊에 왔었는데, 이는 본래 원수 나라가 아닙니다. 저들이 書契를 동래부에 바치면, 동래부에서 이를 받는 것이 불가하지 않습니다. 예조에 바치면 예조에서 받는 것이 또한 가합니다. 그런데 서양 나라라고 하여 거절하고 받지 않았기 때문에 신문지에 전파되어 전해져서 마침내 수치가 되고 모욕을 당하게 되었습니다. 원수 나라를 말하자면 일본이 참으로 대대로 원수였던 나라입니다. 미국은 어떤 聲聞이 있어서 원수 나라라고 할 수 있겠습니까. 먼 곳의 백성을 회유하는 의리에 있어서 아마도 결점을 내서는 안 될 것 같습니다 상이 이르기를, "미국을 어찌 원수 나라라고 할 수 있겠는가."[45]

고종의 미국에 대한 부정적 인식은 1880년 5월 28일 『조선책략』이 도입되고 나서 바뀌었다는 것을 알 수 있다. 김병학과의 강학을 통해 미국을 해적의 무리라고 인식했던 고종의 미국인식이 전환된 것이다.

이 배경에는 1880년 『조선책략』의 유입과 1882년의 조미수호통상조약의 체결을 통하여 조선이 萬國公法 질서 하에 편입되었다는 점을 들 수 있

---

45) 最應曰 … 六月米利堅 來東萊 此本非讎國矣 彼若以書契 呈萊府則 自萊府受之 未爲不可 呈禮曹 自禮曹受之亦可也 而謂之洋國 拒而不受 仍爲播傳於新聞紙 終爲羞恥見侮矣 若言讎國 則日本眞世讎之國也 米利堅有何聲聞之及 而謂以讎國乎 其在柔遠之義 恐不可生釁矣 上曰 米利堅烏可謂讎國(『승정원일기』 고종 17년(1880), 9월 8일).

다.46) 조선이 당시 미국에 호의적인 인식을 가지고 있었다는 것은 각종 문헌 등에 등장한다. 1880년 5월 28일 김홍집은 고종의 명을 받아 일본에 파견되었고,47) 그는 당시 청국 주일공사관 참찬관 황준헌이 지은『朝鮮策略』을 가져왔다. 주지하듯 여기에서는 러시아의 남하를 막기 위하여 親中國·結日本·聯美國해야 한다는 내용이다. 미국과 관련된 내용, 즉 미국과 연대해야 한다는 聯美論의 내용은 다음과 같다.

> 미국과 연결해야 한다는 것은 무엇을 일컬음인가? 조선에서 동해로 가면 아메리카가 있는데 즉 합중국이 도읍한 곳이다. 그 근본은 영국에 속해 있었는데 백년전에 華盛頓[워싱턴]이란 자가 유럽사람의 학정을 받기를 원치 않고 發奮 自立하여 한 나라를 독립시켰다. 이 뒤로부터 선왕의 遺訓을 지켜서 예의로써 나라를 세우고 토지를 탐내지 않고, 남의 인민을 탐내지 않고, 굳이 남의 정사에 간여하지 않았다. 그와 중국과는 조약을 맺은 지 십여년이 되었는데, 그동안 조그마한 분쟁도 없는 나라이다. 일본과의 왕례에 있어서는 통상을 권유하고 연병을 권유하고, 약속을 고칠 것을 도와주니, 이는 천하만국이 모두 알고 있는 것이다.48)

위와 같이 미국에 대해 "예의로써 나라를 세우고 토지를 탐내지 않고, 남의 인민을 탐내지 않고, 굳이 남의 정사에 간여하지 않았다.", "항상 약소한 자를 부조하고 공의를 유지하는 국가"라는 등 미국에 호의적인 내용

---

46) 김세민,『한국 근대사와 만국공법』, 경인문화사, 2002, 73쪽.
47)『승정원일기』고종 17년(1880) 5월 28일.
48) 何謂聯美國 自朝鮮之東海而往 有亞美利加者 卽合衆國所都也 其本爲英屬 百年之前 有華盛頓者 不願受歐羅巴人苛政 發奮自雄 獨立一國 自是以來 守先王遺訓 以禮義立國 不貪人土地 不貪人人民 不强與他人政事 其與中國 立約十餘年來 無纖芥之國 而與日本往來 誘之以通商 勸之以練兵 助之以改約 尤天下萬國之所共知者(국사편찬위원회,「수신사기록」,『수신사일기』2권, 1958, 161~162쪽) 송병기,「19세기 말의 연미론 연구」,『사학연구』28, 1978 ; 조항래,「「조선책략」을 통해 본 방아책과 연미론 연구」,『현상과 인식』6-3, 1982 ; 엄찬호,「연미론을 통해 본 고종의 균세정책」,『사학연구』58·59합집, 1999.

을 담고 있었다. 고종의 대외관에 큰 영향을 끼쳤던 박규수 역시 미국에 대해 공명정대한 국가로 인식했다.[49]

『조선책략』이 도입된 이후 영남 유생들을 중심으로 미국과 연대하여 러시아를 견제한다는 防俄論에 대해 반대하는 상소가 있었지만,[50] 당시 이 서적을 들어온 金弘集은 방아론에 초점을 둔 것이 아니라 聯美에 초점을 두고 소미수호통상조약을 생각하고 있었다.[51]

고종의 친미사상이 형성되고 조미수호통상조약을 체결한 배경에는, 미국이 영토 야욕이 없는 부강국이며 강자보다 약자의 편을 부지하는 道義國家라는 黃遵憲 식의 미국관이 도사리고 있었다는 견해,[52] 조선과 아무런 이해관계가 없었던 미국이 조선과 통상 관계를 맺은 것은 영국의 계략에서 비롯되었다고 보는 견해,[53] 고종의 주체적인 역량에서 발휘된 것으로 보는 견해가 있다.[54] 또한 이에 대해 단순히 『조선책략』으로 조선의 미

---

49) 강상규, 앞의 책, 2013, 439~440쪽.
50) 『승정원일기』 고종 18년(1881) 2월 26일.
51) 김종학, 『개화당의 기원과 비밀외교』, 일조각, 2017, 99쪽.
52) 한철호, 『한국 근대 개화파와 통치기구 연구』, 선인, 2009, 146쪽.
53) 최문형은 서양과 최초로 맺은 조·미 수호통상조약이 조선 정부의 자체적인 능력으로 맺어진 것이 아니라 『조선책략』의 유입으로 청국의 교시에 따른 것이라고 설명하며, 실질적으로는 영국과 청국의 대조선 정책이라고 설명하고 있다(최문형, 『조선을 둘러싼 제국주의 열강의 각축』, 지식산업사, 2001, 39~41쪽). 김원모 또한 조미수호통상 조약은 청나라 이홍장에 의하여 체결되었던 조약이라 밝히고, 이홍장의 입장을 세 가지로 압축해 설명하고 있다. 곧 첫째, 조선은 문호개방을 지연시킬 수 없는 상황에 도달하였으므로 미국과 최초의 대외조약을 했어야만 한다는 것. 둘째, 조약체결로 조선은 제3국에 의해 정복, 접수되지 않으리라는 보장을 미국 측으로 부터 일부 보장받을 수 있다는 것. 셋째, 청국이 아무리 조선에 대해서 종주권을 주장한다고 해도 그것은 당시 동아시아의 국제 여건으로 보나, 열강간의 역학관계로 보나, 하나의 소멸단계에 돌입한 종주권 주장에 불과하다는 것이다. 즉 김원모의 견해는 조미수호통상조약을 통해 청과의 전통적인 조공책봉관계가 무너졌다는 것이다(김원모, 『개화기 한미교섭관계사』, 단국대학교출판부, 2003, 121쪽).
54) 송병기는 조미수호통상조약이 조공책봉의 연장이라고 설명을 하면서 조약체결을 주도한 조선 측의 인물은 국왕 고종이었고, 척족을 대표하는 민영익과 김홍집·어

국인식이 전환되었다는 점을 볼 것이 아니라 1870년대의 여러 가지 상황들을 살펴봐야 한다고 보는 견해도 있다.[55]

『조선책략』의 도입부터 조미수호통상조약체결까지 그 과정의 주체에 대해 위와 같이 여러 가지 견해가 있지만, 『조선책략』의 도입만으로 미국인식이 전환되고 조미수호통상조약이 체결되었던 것은 아니었다. 조선의 대미인식 전환에는 슈펠트(Robert W. Shufeldt)의 역할이 주요했다. 당시 슈펠트는 조선에 대한 교섭을 시도하였다. 슈펠트가 처음 조선에 접촉한 것

윤중·김윤식 등이 중요한 구실을 하였다고 설명한다. 그는 역관 이응준과 변원규·이용숙과 개화승 이동인·탁정식 등이 청국 측과의 연락을 담당하였다는 것을 들면서 국왕이나 소장 관원들은 장차 있을지도 모를 러시아의 침략이라고 하는 국가적 위기에 직면하여 개화·자강정책도 추진하였지만, 미국 등과 조약을 체결하여 한반도에서의 세력균형을 이룩함으로써 이에 대처하려고 했다고 설명한다(송병기, 『근대한중관계사연구』, 단국대학교 출판부, 1987, 281쪽). 엄찬호 역시 고종이 비밀리에 조미수호통상 조약을 체결하였다고 보았다. 그 이유로 첫째, 미국과의 수교 의사를 피력한 것에 있어서 李容肅을 파견하였는데, 이용숙이 청에서 조선국왕계원이라고 부르는 것으로 보아 공식사절이 아닌 고종의 밀사로 파견되었다고 판단하고 있다. 둘째, 일본에 趙秉鎬와 李祖淵을 각각 수신사와 종사관으로 파견하여 어윤중을 만나서 비밀리에 청국의 정세를 탐방하고 오라는 밀지를 내리는 것을 들었다. 셋째, 고종은 국내인들이 洋人들을 몹시 증오하고 있고 민정을 어겨가면서 서양과 통교한다고 하면 허물이 국왕에게 돌아올 것을 염려한다고 설명하면서 고종이 주체적인 입장에서 조미수호통상조약을 체결하였다고 주장하였다(엄찬호, 『고종의 대외정책 연구』, 강원대학교 박사학위 논문, 2000, 26~27쪽). 박일근 역시 고종이 주체적으로 조미수호통상조약을 체결했다고 주장하고 있다. 이에 대한 근거로 고종 정부가 비밀스럽게 자강책을 강구하기 위하여 조사시찰단 수십 명을 동래암행어사로 가장하여 몰래 부산을 떠나 일본으로 보낸 점, 또 주일 청국공사였던 하여장에게 홍영식과 어윤중으로 하여금 밀지를 보냈는데, 하여장이 고종 정부가 수호반대세력을 제압한 것으로 판단하고 총리아문에 이와 같은 사실을 보고했다는 점을 들고 있다. 결국 고종이 『조선책략』을 받아들이고 이동인을 통한 밀사를 보낸 것은 자주적인 외교 행위였다고 파악하는 것이다(박일근, 「한미수호조약에서 본 미·중의 대한외교정책 - 고종의 밀사외교를 중심으로 - 」, 『조선정치학회보』 11, 조선정치학회, 1977, 211~212쪽).

55) 강상규, 앞의 논문, 1996 ; 강상규, 『19세기 동아시아의 패러다임 변환과 한반도』, 논형, 2008 ; 강상규, 『19세기 동아시아의 패러다임 변환과 다중거울』, 논형, 2012.

은 1866년이었다. 제너럴셔면호 사건에 대한 진상을 파악하기 위하여 파견
되었던 와츄세츠호(Wachusett)의 함장이었던 그는 제너럴셔면호 사건에 대
한 조선의 책임을 물으며 조선과 접촉했다.[56] 또한 슈펠트는 1867년 1월
22일부터 2월 3일까지 12일간 조선 탐문 항행을 했다. 그는 조선과의 수교
를 통해 제너럴셔면호 사건과 같은 일이 재발되지 않길 원했다. 또한 평안
도 지방에 황금이 매장되어 있다는 사실을 인지하였고, 미국이 거문도에
해군 기지를 건설하면 동아시아에 영향력을 발휘할 수 있다고 생각했다.[57]

슈펠트는 朝日修好條規 이전에 이미 조선과 수교를 맺을 생각을 가지고
있었으나, 슈펠트의 단독적인 행동을 성급하게 여긴 미국 정부와 조선과
먼저 조약을 체결하려는 일본의 방해로 이루어지지는 못하였다.[58]

그러자 슈펠트는 1878년 미 해군의 동의를 얻어 조선과 우호 조약을 체
결할 것을 최종적으로 결정하고, 1880년 국무장관 블레인(Mr. Blaine)의 도
움을 얻어 조약 체결을 시도했다. 또한 그는 조선인 관료들을 거의 보지
못하는 어려움과 조선에 대한 종주권을 주장하는 청나라의 이해관계를 조
미수호통상조약에 대입시켜야 하는 상황에서 조약의 초안을 작성하는 것
에 있어 6개월이라는 긴 시간을 보냈다. 그러면서도 그는 조약 체결에서
'조선왕국'의 독립을 기초로 하였고, 미국이 조선과 처음으로 조약을 체결
했던 것에 대해 다음과 같이 강한 자부심을 나타냈다.[59]

나는 처음으로 이 은둔 국가가 서양 국가와 조약을 체결하게끔 했다.
그간 프랑스·영국·독일·이탈리아 등 많은 국가가 이 나라를 찍어 누르
려고 했지만, 우리나라(미국)는 순수한 서양 문명을 기치로 하여 마지막
남은 이 나라(조선)를 서구 문명 속에 편입시키는 선구적 역할을 해내
었다.[60]

---

56) Park Il keun, *ibid*, p.886.
57) 김원모, 앞의 책, 2003, 82쪽.
58) 문일평, 앞의 책, 1973, 74~75쪽.
59) Park Il keun, *Ibid*, 1982, pp.887~888.

슈펠트는 동아시아에서 조약 체결을 하지 않은 마지막 예외적인 나라인 조선과 조약을 체결한 것에 커다란 자부심을 느끼고, 다른 국가와는 다르게 미국이 침략적인 의도를 보이지 않았다고 생각하였다. 특히나 슈펠트는 개인적인 야망과 영광에 대해 강하게 집착하였고, 일본을 개항시킨 페리 제독을 흠모하고 있었던 인물이었다.[61]

이처럼 슈펠트는 조선과 조약 체결에 있어서 높은 자존감과 미국에 대한 애국의식을 드러냈고, 이에 따라 고종도 호의적인 대미관을 품기 시작했다. 1880년 4월과 9월 사이에 슈펠트가 고종의 미국인식을 전환시켰다는 전거를 살펴보면 다음과 같다.

슈펠트는 1880년 5월 4일에 고종에게 편지를 보내면서 자신들을 조선에 들어 주고, 식수를 얻게 해 준 것에 대해 감사히 여기고 있다. 또한 과거 몇 년간 사소한 오해로 조선과 미국간 조약 체결이 미루어진 것에 대해 유감스럽게 생각한다며 조선과 우호적인 관계를 맺고 싶다는 생각을 표현하고 있다.[62] 1880년 7월 23일에는 이홍장이 슈펠트에게 편지를 보내면서, 텐진[天津]에서 개인적으로 만나 조미수호통상조약에 대해 회담한 것으로 보인다.[63]

한편, 청국의 간섭 없이 조선과 미국간의 대등한 조약을 원했던 슈펠트의 역할은 고종의 미국 인식 형성에 중요한 역할을 했다. 슈펠트는 1882년 4월 19일자 일기에서 "청나라가 조선이 자기 나라에 조공을 바치는 속국이라는 사실을 인정하는 조항을 넣도록 원하고 있는데, 조선이 독립된 나라라면 청국과 관계없이 우리와 조약을 맺을 수 있다."고 하면서 조선의

60) Park Il keun, op. cit. 1982, pp.888~889. <Commodore Shufeldt's Papers>.
61) John Chay, "American-Korean Relations, 1882-1910", 『U.S-Korean Relations 1882 ~1982』, 경남대학교 극동문제연구소, 1982, p.20.
62) Park Il keun, op. cit. 1982, pp.891~892.(Shfeldt to The King of Korea, 1880.5.4)
63) Park Il keun, op. cit. 1982, pp.899~900(Li Hung-chang to Shufeldt). 이 외에도 이홍장은 슈펠트와 1880년 8월, 1881년 7월, 1882년 3월 세 차례에 걸쳐 회담했다(현광호, 『고종은 외세에 어떻게 대응했는가』, 신서원, 2011, 44쪽).

자주적인 의지를 확고히 할 수 있도록 했다. 1882년 4월 22일 일기에서는 "조선 국왕이 미국과 자주국으로서 조약을 맺기를 원하고, 지리적인 조건이 러시아와 일본 침략의 위험성이 크기에 자주국으로서 조약을 맺기를 원한다고 했다."라고 하였다. 한편, 1882년 4월 28일 일기에는 슈펠트가 국무성에 "만약 청국이 조선에 대한 종주권을 고집한다면, 나는 조선이 이 조약을 거절하기를 바라고 있다."라고 하였다. 곧 슈펠트는 조선이 청에서 벗어나 미국과의 대등한 조약을 맺기를 원하고 있었다. 반면 고종은 청과의 관계를 청산하고 미국과 대등하게 조약을 체결하는 것에 대하여 청으로부터 불이익을 받을 것을 우려했다.64)

1886년 주한 미국 공사 파커(William H. Parker)는 정부에 보내는 서신에서 "고종이 슈펠트가 개인적으로 조선을 방문하기를 바란다."고 하면서,65) 슈펠트에 대한 신뢰를 드러냈다. 실제로 슈펠트는 미국을 대표하는 자격이 없었음에도 불구하고, 1886년에는 개인자격으로 조선으로 와서 조선에 대한 청의 종주권 주장을 비난하기도 하였다.66) 軍備自强의 필요성을 느끼고 14명의 조선인들을 도쿄에 있는 군사학교에서 교육시켰을 당시, 고종은 미국에서 총을 구입하여 슈펠트가 돌아올 때까지 총을 분배하지 않고 그에게 교련을 맡기겠다고 하였다. 고종은 "슈펠트가 곧 외무경의 허락을 얻어 푸트를 대신하여 공사관으로 조선에 올 것이다."라는 사실에 다시 기뻐하였다.67) 고종이 슈펠트를 원했던 이유는 청나라의 간섭을 받지 않고 조선의 독립과 개혁을 실현해 줄 인물로 파악하였기 때문이다.68) 슈펠트는 1889년 조선에 왕실고문관으로 파견되기를 희망하기도 했다.69)

---

64) 『경향신문』 1982년 5월 24일.
65) Park Il keun, *Ibid*, 1982, p.886. 파커의 재임기간은 1886.6~1886.9이다.
66) 문일평, 앞의 책, 1975, 154쪽.
67) 『윤치호일기』 1884년 11월 18일. 고종은 1885년 1월 1일에도 윤치호와 푸트 그리고 군함사관이 만나는 자리에서 슈펠트가 조선에 오는 것에 대해서 물어보았다 (『윤치호일기』 1885년 1월 1일).
68) 『윤치호일기』 1884년 6월 11일.

이를 통해 1880년 4월부터 9월 사이에 고종의 대미인식 전환에는 슈펠트의 역할이 매우 중요했음을 알 수 있다. 이렇게 조선은 슈펠트의 활약으로 서양국가로는 최초로 미국과 조미수호통상조약을 맺으며 조약 1항 "양국이 문제가 발생하면 도와준다."는 거중조정에 합의하게 된 것이다.[70]

2. 조약 이후 조선의 대미인식

1) 『漢城旬報』의 친미인식 홍보

조미수호통상조약 체결 이후 1883년에 설치된 박문국에서는 그해 10월에 우리나라 최초의 신문인 『漢城旬報』를 발행하였다. 1장 1절에서 李最應과 고종의 대담에서도 살펴볼 수 있듯이 이들은 당시 신문지로 인한 정보 전파의 중요성에 대해 절감하고 있었다.

이 신문에서 나타난 미국인식이 고종의 미국인식으로 직결된다고 말할 수는 없겠으나, 한성순보에서는 정부의 기관지 역할을 하기 때문에 정부의 미국인식으로 볼 수 있다. 또한 이 신문에서는 고종의 미국인식과 일정 부

---

69) 『알렌문서』 1889년 7월 8일 「R3-L3-22-021」
70) 조미수호통상조약에 대해서는 『구한말 조약휘찬(상)』, 국회도서관 입법조사국, 국회도서관, 1964와 『고종실록』 19년(1882) 4월 6일자, 최덕수 외 『조약으로 본 한국 근대사』, 열린책들, 2010 등이 참조된다. 조미수호통상조약 체결과정에 있어 조선측에 연미를 권고한 『대청흠사필담』과 『조선책략』, 일본이 서양과의 수교를 권고한 『외무경답예조관서서 별지』, 수신사 김홍집 등의 복명서와 복명 기록인 『수신사김홍집문견사건』, 『수신행별견수역이용숙문견사건』, 『외무경답예조관서서』 별지 등 원문과 번역문에 대해서는 송병기, 『개방과 예속』, 단국대학교 출판부, 2000을 참조. 조미수호통상조약 관련 선행연구로는 김원모, 「조미조약 체결 연구」 『동양학』 22, 1992 ; 김정기, 「1882년 조미수호통상조약과 이권 침탈」 『역사비평』 17, 1992 ; 송병기, 「김윤식, 이홍장의 보정부 천진회담 상; 조미조약 체결(1882)을 위한 조청교섭」 『동방학지』 44, 1984 ; 송병기, 「김윤식, 이홍장의 보정부 천진회담 하; 조미조약 체결(1882)을 위한 조청교섭」 『동방학지』 45, 1984를 참조.

분 일치하는 부분이 많다.

이 신문에는 일본과 청국 관련 기사뿐만 아니라 미국에 대한 기사 또한 많이 나오는 데 미국에 대한 호의적인 기사들이 다수 등장한다. 그 내용을 표로 정리하면 다음과 같으며, 각 기사의 출처에 대해서는 따로 괄호로 표기를 해두었다.[71]

<표 1> 『한성순보』에 나타난 호의적 미국 기사

호수	날짜	제목	미국 관련 내용
1	1883. 10. 31.	美國이 賠償金을 되돌려주다	미국이 仁義가 있는 나라임을 찬양
〃	〃	地球論	미국의 위치 설명
3	1884. 11. 20.	美國과 스위스가 공동으로 調停法衙를 설치하다	만국공법을 설명하면서 미국이 신의와 예절을 지킴을 찬양
〃	〃	벨기에와 合衆國이 公犯罪人을 상호 교환해 주는 조약을 새로 체결하다	벨기에와 미국의 조약 체결을 설명하면서 미국이 의리를 존중하고 민의를 존중한다고 찬양
11	1884. 2. 7.	民主主義와 각국의 章程 및 公議堂에 대한 譯解	미국 민주주의의 소개와 찬양(西者新聞〈英字新聞〉)
14	1884. 3. 8.	歐洲 각국의 兵備 일람표	워싱턴이 분발하여 세계 최강국으로 만들었다는 것 소개(군비 일람은 일본 근신 인용)
16	1884. 3. 27.	美國 大統領 演說	미국 대통령의 조선에 대한 호의적인 연설소개
〃	〃	美國이 날로 繁盛해지다	미국의 발전에 대한 찬양
〃	〃	美國大統領 演說	미국 대통령 연설에 대해 설명하고 미국 상황 보도
20	1884. 5. 5.	六國에서의 雄長	미국 성장에 대한 찬양(華字日報)
〃	〃	歐洲와 美國의 富有表	미국의 상업 자본이 다른 나라보다 월등히 뛰어나다고 찬양(日本新報)

『한성순보』 초기에는 미국이라는 나라에 대한 소개, 조미수호통상조약에 대한 것 등을 수록했다. 우선 『한성순보』의 창간호에는 여러 나라에 대

---

71) 이와 달리 한성주보에는 친미적 기사는 보이지 않고 미국에 대한 소개를 다룬 기사가 대부분이다. 또한 청국인의 미국 이주와 관련, 미국에 대한 비판적인 어조를 띤 기사들이 많이 등장한다.

해서 설명하면서 그 중에 샌프란시스코와 뉴욕의 위치를 밝히며 미국이
어디에 있는지 설명하고 있다.72) 『한성순보』 3호에서는 아메리카 대륙, 그
리고 대륙에 있는 여러 국가들에 이르기까지 설명하고 있다.73) 게다가 미
국에 대한 전반적인 소개를 하고, 또한 미국이라는 나라가 어떤 나라인지
를 나름 소개하고 있다.

　특히, 『한성순보』 5호에서는 조선 전권공사가 미국에 간 활동과 조미조
약에 대한 전반적인 내용, 초대 미국공사관원인 푸트(Lucius H. Foote)에 대
해 설명을 하며 대내외적으로 조선과 미국이 통상조약을 체결하고 좋은
관계를 가지고 있음을 알리고 있다.74) 또한 미국과 스위스와의 조약 체결
에 있어서는 신의있는 나라라고 표현했고,75) 벨기에와의 조약체결에 대해
서는 "미국과 같은 나라는 民意를 존중하여 政令에 반영하기로 하였기 때
문에 다른 나라에 비해서 公犯 사건이 매우 적게 발생된 편"76)이라고 하
면서 호의적 미국관을 이어갔다. 23호에서는 청국 『循環日報』를 베껴 이
탈리아와의 조약개정 상태를,77) 28호에서는 멕시코와 미국의 조약 개정
상태를 보도했다.78) 또한 『한성순보』에서는 미국이 신의를 지키는 나라,
민의를 존중하는 나라라고 하며 호의적 미국관을 드러내었다. 『한성순보』
16호에서는 "미국이 과거에는 강한 나라가 아니었는데도 불구하고 지금
시점에 있어서는 세계에서 최강국이 되었다."는 사실을 다음과 같이 보도
했다.

---

72) 『한성순보』 1호, 1883년 10월 31일자(음력: 1883년 10월 1일), 『論說』.
73) 『한성순보』 3호, 1883년 11월 20일(음력: 1883년 10월 21일), 『各國近事』.
74) 또한 『한성순보』 5호에서는 초대주한미국공사관 푸트가 보빙사 파견이 미국으로
　　하여금 조선의 독립과 개화를 도와야 한다는 내용들을 포함하고 있다(『한성순보』
　　5호, 1883년 12월 9일(음력: 1883년 11월 10일), 『內國官報』).
75) 『한성순보』 3호, 1883년 11월 20일(음력: 1883년 10월 21일), 『各國近事』.
76) 『한성순보』 3호, 1883년 11월 20일(음력: 1883년 10월 21일), 『各國近事』.
77) 『한성순보』 24호, 1884년 6월 4일(음력: 1884년 5월 11일), 『各國近事』.
78) 『한성순보』 28호, 1884년 7월 22일(음력: 1884년 6월 1일), 『各國近事』.

　　고금 각국의 역사책을 상고해 보면 아무리 國運이 날로 隆盛해지는
국가가 있다 해도 오늘날 미국과 같은 곳은 없을 것이다. 西紀 1800년
에는 美國의 富强이 葡國[포르투갈]에도 미치지 못한 점이 많았다. 오
늘날에는 영국과도 서로 상하를 겨룰 정도이니 천하에서 제일 왕성한
나라라 칭할 수 있으며 그 국가가 발전한 실정을 詳述하여 정치가의 채
택에 제공하고자 한다. …… 예부터 나라가 생긴 이후 언제 이와 같이
빨리 부강된 적이 있었던가.79)

　　이 기사에서는 곧 미국이 부강해진 이유로 세 가지를 들고 있다. 첫째,
보호세를 징수했고, 둘째, 운수의 편리를 얻었으며, 셋째, 택지율을 정했다
는 점이다. 미국 인구의 구체적인 변천 수치와 개개인의 평균 재산까지 열
거하면서 조선의 정치가들이 미국의 부강함을 본받기를 바랐다. 같은 호에
서는 미국의 부강함을 표현한 것뿐만 아니라 다음과 같이 미국 대통령의
연설도 인용하였다.

　　조선은 상하가 한마음으로 우호를 유지하고 있어 우리 미국은 조선
을 開明시킬 것을 기약하며, 우리는 가벼이 대하지 않을 것이다. 만약
외국이 그 조선의 권리를 침해할 경우 우리 미국은 힘껏 보호하여 영원
히 우호를 돈독히 할 것이다.80)

　　이것은 미대통령이 각국의 내용을 설명하면서 조선에 대한 내용을 언급
한 것이다. 그런데 이 연설 내용은 조미수호통상조약의 거중조정과도 관련
이 있는 내용이다. 미국과 다른 나라와의 관계에 있어서 人義를 보여준 기
사도 보도되었다.

　　20년 전에 英吉利(영국)·佛蘭西(프랑스)·合衆國(미국)·和蘭(네덜란

---

79) 『한성순보』 16호, 1884년 3월 27일(음력: 1884년 3월 1일), 『各國近事』.
80) 『한성순보』 16호, 1884년 3월 27일(음력: 1884년 3월 1일), 『各國近事』.

　　드) 4나라가 일본과 더불어 戰亂이 벌어질 단서가 생기게 되므로, 일본
에서 배상금 3백만弗을 지출하여 네 나라에 나눠 주었는데, 금년에 미합
중국만이 이전에 받았던 배상금 78만 5천불을 일본에 되돌려 주었으니,
이로써 미루어 보면 미합중국의 仁義는 과연 5대주에서 뛰어났다.[81]

　　이 기사가 쓰일 당시로부터 20년 전이면 1863년 일본에서 일어난 시모
노세키전쟁이다. 이 당시 일본은 외세와의 마찰이 심했다. 일본 사쓰마[薩
摩]의 나마무기[生麥]라는 마을에서 영국 상인이 사무라이 행렬이 지나가
는데도 불구하고 말에서 내리지 않자 그 자리에서 칼을 맞고 죽은 사건이
일어났다(生麥事件). 이에 영국이 전쟁을 일으키는 등(薩英戰爭) 서구 세력
과 일본의 갈등이 고조되고 있었다. 그러한 가운데 조슈번[長州藩]이 미국
상선을 공격하자 1863년과 1864년에 영국·프랑스·미국·네덜란드의 4개국
함대가 시모노세키에서 전쟁을 벌였다. 그 결과 4개국 함대의 승리로 끝났
고, 일본은 이들에게 배상금을 청구 받았다. 그러나 정작 공격받은 나라가
미국임에도 불구하고, 미국은 배상금을 다시 돌려주었다는 사실을 들어 미
국은 仁義가 있는 나라였다고 칭찬하고 있다.

　　『한성순보』 14호에서는 일본에서 들어온 소식을 보도하면서 "미국의 워
싱턴 역시 일개 지사에 불과했는데, 대중을 격려하여 마침내 영국에 반기
를 들어 독립하고, 백 년이 못되어 명성과 학문이 세계 제일이 되었다."고
했다.[82] 『한성순보』 23호에서는 청국신문 申報의 기사를 인용하여 미국이
여전히 수군을 증강하고 있다는 정보만을 밝히고, 미국의 부강함을 흠모하
는 기사를 내보냈다.

　　　살펴보면 미국의 부강 앞에는 감히 범할 수 있는 국가가 없는데도 오
　히려 水師에 뜻을 두기로 총력을 기울이고 있으니 하물며 기타 일반국

---

81) 『한성순보』 1호, 1883년 10월 31일자(음력: 1883년 10월 1일), 『各國近事』.
82) 『한성순보』 14호, 1884년 3월 8일(음력: 1884년 2월 11일), 『各國近事』.

가들이야 어떻게 잠시라도 게을리 할 수 있겠는가.83)

이렇듯 미국이 세계에서 가장 부강한 나라임을 강조하고, 여전히 수군을 육성하고 있음을 밝힌다. 그럼에도 불구하고 미국은 땅을 탐내지 않고, 백성들은 인의가 있으며 정의로운 국가임을 밝히고 있는 것이다. 그리고 미국의 민주주의에 대해서도 호의적인 기사가 엿보인다.『한성순보』11호에서는 미국의 민주주의에 대해서 보도하고 있다. 이 기사에서는 "미국으로 말하면 나라를 세운 처음에는 아주 합당하게 정하여 지금까지 별로 고치지 않았으니 훌륭한 章程이다."라고 표현했다. 또 이어서 "미국은 이미 관대한 정치를 행한지 오래이지 않은가. 또한 모든 권한을 오로지 국가가 가지고 조종하는 것만이 이익이 되는 것은 아니다. 국민들에게 분산하여 함께하는 것이 옳다."라고 설명하면서 민주주의 정치의 당위성에 대해서 설명하고 있다.84) 이 기사는 정부의 미국인식은 아니고 서양의 글을 베낀 것이지만 다른 서양 각국과 비교하여 미국의 민주주의에 대한 많은 부분을 서술했다.

또한 미국이 인의 있는 나라라는 점을 강조하는 기사가 보이는데 "영국과 미국이 노예 매매하는 것이 비인도적이라고 배척하여 禁法을 제정하였기 때문에 洲內 연해지방에서는 이미 그 풍속이 없어졌다."85)고 하였다.

미국 문물 및 인물에 대한 것도 많이 보도되었다.『한성순보』9호에는『獨逸新聞』을 인용하면서 미국 보스턴에 있는 인쇄소가 세계에서 가장 큰 곳이라고 설명하였으며,86) 11호에는『外洋電信』을 인용하여 미국의 뉴욕, 필라델피아, 보스턴에 대해서 소개하였다. 이곳의 건물들은 높이가 7~8층에 이르고 웅장하고 화려하기가 비교할 곳이 없다고 하였다.87) 15호에서

---

83)『한성순보』23호, 1884년 6월 4일(음력: 1884년 5월 11일),『各國近事』.
84)『한성순보』11호, 1884년 2월 7일(음력: 1884년 1월 11일),『各國近事』.
85)『한성순보』4호, 1883년 11월 30일(음력: 1883년 11월 1일),『論說』.
86)『한성순보』2호, 1883년 11월 8일(음력: 1883년 12월 21일),『各國近事』.

는 北京에 있는 미국인 윌리엄 사무엘 웰즈(Wiliams Samuel Wells)가 쓴 만
국박람회에 대한 소개를 하면서 이 대회에 참여해야 한다고 피력하기도
하였고,[88] 20호에서는 미국의 망원경과 천문대에 관해서 설명하였다.[89]

『한성순보』는 조선에서 미국인들이 활동한 내용도 보도한 것이 보인다.
한성 내에 면화 가게와 말안장 가게에서 불이나 그 가게 144칸이 불에 탔는
데 미국 참찬관 구스타브스 고와드(Gustavus Goward)[90]가 손수 물차 한 대
를 끌고 시장으로 달려와 병사와 민중들과 함께 불길을 잡으려 노력했다는
기사가 보도되었다. 기사 말미에는『한성순보』주필이 "다행히도 그 물차
덕분에 불길이 순식간에 잡혔으니, 그 사람이야말로 고마운 사람이고 그 기
계야말로 참으로 쓸 만한 기계이다."[91]라고 하면서 미국인과 미국의 문물
에 대한 칭찬을 아끼지 않았다. 이처럼『한성순보』에는 미국에 호의적인 기
사가 드러났으며 조미관계에 있어 굵직한 사건들은 전부 보도되었다.

문제는 이러한『한성순보』에서 이해된 적극적 중재는 실제 거중조정과
는 다른 개념이라는 것에 있었다.[92]『한성순보』에 나온 일부 미국에 대한
기사들은 미국이 전쟁 배상금을 다시 돌려주고, 신의를 지키는 나라라는
점과 스위스와 미국이 거중조정에 합의했다고 한 점 등은 고종이 '거중조

---

87) 『한성순보』11호, 1884년 2월 7일(음력: 1884년 1월 11일),『各國近事』.
88) 『한성순보』15호, 1884년 3월 18일(음력: 1884년 2월 21일),『各國近事』. 실제로 조
   선은 1893년 4월 정경원을 파견하여 시카고만국박람회에 조선물품을 출품하였다.
89) 『한성순보』20호, 1884년 5월 5일(음력: 1884년 4월 11일),『各國近事』.
90) 고와드(Gustvus Goward)는 주일 미국공사관 서기관으로 실제 조선 공사관에 근무
   한 적은 없지만, 하버드 대학을 졸업한 다음 하버드학교를 중퇴했다. 그는 하버
   드 부총장 토마스 힐과 피보디의 추천으로 국무성에 근무하다가 동경에 있는 미
   국공사관에서 서기관으로 있었다. 1883년 9월 26일에서 12월 6일까지 조선에 머
   무르는 동안 서울과 그 외의 곳들을 방문했다. 푸트는 고종에게 그를 고문으로 추
   천했지만 거절했다(이민식,『19세기말 한미관계 연구』, 한국교원대학교 박사학위
   논문, 34~35쪽).
91) 『한성순보』6호, 1883년 12월 20일(음력: 1883년 11월 21일).
92) 한승훈, 「19세기 후반 조선의 대외정책 기조와 그 실현」,『한국근현대사연구』83,
   2017, 18~19쪽.

정'에 대해 미국이 적극적으로 나서게 된다는 오해를 불러일으키기 충분
했다.

갑신정변으로 『한성순보』가 폐간된 이후 다시 발간되기 시작된 신문
『한성주보』에 미국에 대한 전반적인 소개가 드러나는데, 미국의 청국인
이민정책에 대한 기사들이 많을 뿐 미국에 대한 호의적인 기사는 드러나
지 않는다.93)

2) 외교사절단 파견 전후 친미인식의 공고화

위 신문에서 살펴본 것처럼 조미수호통상조약 체결 이후 미국의 국서를
제정하였다. 당시 미국은 평등한 조약규칙과 국가보전을 보장한다고 밝혔
다.94) 재정부담으로 워싱턴 주재 공사를 파견할 수 없게 되자, 초대주한미
국공사 푸트(Lucius H. Foote)는 미국으로 보빙사 파견을 제의하였고, 이에
고종은 미국에 閔泳翊을 전권대신으로 하고, 洪英植을 부대신으로 삼아 미
국에 보빙사를 파견할 것을 결정하였다.95) 이들은 미국에 도착하여 아서
대통령(Chester Alan Arthur)을 만났다. 그의 답서에서 주목되는 것은 "미국
공화국은 과거의 역사에서 보여주듯이 다른 나라의 영토를 지배할 의도가
없다."고 한 점이다.96)

---

93) 『한성주보』에 호의적 미국관이 드러나지 않는 까닭은 조미조약 체결 이후에 청나
    라의 조선 간섭이 진행됨에 따라 조선 정부가 대미외교를 포기했기 때문에 대미
    홍보가 불필요했기 때문이었다. 이에 따라 조선인의 대미인식은 호의적인 것에서
    중립적인 것으로 바뀌었다(유영익, 『한국인의 대미인식』, 민음사, 1994, 70~71쪽).
94) FRUS, Korea, Mr. Foote to Mr Frelinghuysen, 1883.5.25, pp.243~244.
95) 『승정원일기』 고종 20년(1883) 6월 5일.
    푸트의 재임기간은 재임기간 1883.5.13.~1885.1.12.이다.
96) This Republic, while conscious of its power, of its wealth, and of its resources, seeks
    as our history shows, no dominion or control over other nationalities, and no
    acquisition of their territory, but does seek to give and receive the benefits of friendly
    relations and of a reciprocal and honest commerce(FRUS, Korea, President Arthur's

이에 따라 『한성순보』 7호에서는 홍영식이 미국에서 돌아온 사실, 고종과 미국 대통령 간에 국서를 교환한 상황, 그가 미국에 도착했을 때의 상황 등을 보도했다.

> 미국 정부 및 국민들이 다 함께 기꺼이 환대하여 대우가 융숭했다 하니, 참으로 만리 먼 곳의 이웃이고 형제의 나라라 하겠다. 전권대신의 축사와 미국 대통령의 答辭를 보건대 양국 국교에 틈이 없음을 알 수 있겠다.[97]

이는 일찍이 고종이 "아서 대통령은 정직하고 올곧은 사람이며 우리(미국)와 사이가 좋다는 것에 기뻐한다."고 했다는 미 국무부 보고와 일치하기도 한다.[98] 실제 고종은 홍영식과의 문답을 통해 서구 민주정을 인식했다.[99]

보빙사는 1884년 6월 2일에 돌아와서 고종의 미국인식에 영향을 미쳤다. 고종은 미국을 비롯하여 프랑스·영국 등을 다녀온 전권대신인 민영익과 徐光範 등이 복명하는 자리에서 "미국의 부강함이 천하제일이라고 하던데, 과연 그러한가?"라고 묻기도 하고, 민영익이 미국에 있을 때 그들에게 융숭한 대접을 받았다고 하자 "조선 주재 미국 공사(푸트)를 보면 그 나라 사람의 품성이 寬厚하다는 것을 미루어 알 수 있다."라고 하면서 미국과 미국인에 대한 호의적인 감정을 가지고 있었다. 또한 민영익은 영국과 프랑스도 다녀왔는데, 다른 나라와 비교하여 미국의 부강함이 더 우수하며 뉴욕이 파리보다 더 낫다고 하였다.[100] 민영익은 미국을 갔다 온 소감에 대

---

address to the representations of Tah-Chosun, p.249).

97) 『한성순보』 7호, 1883년 12월 29일(음력: 1883년 12월 1일), 『國內官報』. 홍영식은 민영익 일행보다 먼저 조선에 귀국했다.

98) *KAR I*, Davis to Foote, June 29, 1883 with enclosure 1688(Bingham to Freylinghuysen, May 30, 1883, p.12).

99) 장영숙, 『고종의 정치사상과 정치개혁론』, 선인, 2009, 231쪽.

100) 『승정원일기』 고종 21년(1884) 5월 9일.

해 "나는 어둠에서 태어났고 빛으로 나아갔으며, 지금 나는 어둠으로 다시 돌아왔다."[101]라고 표현하기도 했다.

프레드 프렐링하이젠(Fred. T. Frelinghuysen) 국무장관은 푸트에게 "조선 사람과 정부에 친근한 관계를 유지하기 위하여 시샘을 줄이고 미국에 대한 친근한 감정을 갖도록 하라."고 했다.[102] 미국에 푸트가 프렐링하이젠에게 보내는 문서를 보면 조선은 미국의 제도를 높이 평가하고 있었다.[103]

이러한 탓이었는지 고종은 주한미국공사 휴즈 딘스모어(Hugh A. Dinsmore)에게 "나는 미국 대통령이 위대한 사람이고, 정직하고, 합리적이며, 좋은 사람이라고 생각한다."고 했을 뿐만 아니라, "나는 미국인들을 매우 좋아하는데, 그들은 나와 나의 사람들에게 매우 친절하다", "나는 미국 정부가 어떠한 서구 열강보다 더 유명하다고 믿는다."라고 했다.[104] 이는 외교상 의례적인 언급일 수 있으나, 고종은 기본적으로 미국에 호의적인 생각을 가지고 있었던 것이다.

또한 고종은 미국의 불간섭주의로 군사 교관을 파견 받지 못하다가[105] 1887년 미국공사관의 서기관이자 미군 대령인 찰리롱(Chaille' Long)에게 제주도 해안방어책에 대해 물어보았고, 어뢰(torpedo) 설치와 관련하여 미국과 상의하기도 하였다.[106]

---

101) *KAR I*, Foote to Freylinghuysen, 1884.6.17, p.19.

102) To cultivate friendly relations with the Government and people of Corea, to allay jealousy and convince them of the amicable sentiments of the United States(*KAR I*, Fredk. T. Frelinguysen to Lucius H. Foote, 1883.3.17, p.29).

103) 김원모, 『개화기 한미교섭관계사』, 단국대학교 출판부, 2003, 522쪽의 Korea Despatches, vol. 1, Foote to Frelinghuysen, July 13, 1883). Francis C. Jones, *Foreign Diplomacy in Korea, 1866~1894*, Harvard University, 1935), p.414 인용.

104) *KAR II*, Hugh A. Dinsmore to Secretary of State, 1887.4.13, pp.121~123. 딘스모어의 재임기간은 1887.4~1890.5이다.

105) 고종은 군사 교관 파견에 강한 의지를 피력했지만, 미국의 불간섭정책으로 5년이 지나서야 파견을 받게 되었다(이광린, 『한국사강좌 – 근대편』, 일조각, 1981, 230쪽).

고종은 당시 고문관이었던 데니(Owen Denny)의 도움을 얻어 청의 반대를 무릅쓰고 워싱턴에 주미한국공사를 파견하기로 결정하였다. 조청수륙무역장정 이후 조선을 속국화 시키려 했던 청국에 대항하여 반청인식을 가지고 있었던 고종에게 있어, 속국화 정책의 핵심이자 무소불위의 권력을 발휘하던 위안스카이와 반목하던 데니는 고종의 반청인식을 구체적으로 실현시킬 인물이었다.[107]

당시 위안스카이는 조선의 속방 문제를 거론하며 미국으로의 공사 파견을 반대했는데, 데니뿐만 아니라 조선 주재 미국 공사 딘스모어와 청국 주재 미국 공사 덴비(Charles Denby)도 이에 대해 항의하였다.[108]

고종은 청국과의 전통적인 조공관계에서 벗어나기 위해 호의적 인식을 가지고 있는 미국의 도움을 얻고자 1887년 워싱턴에 주한미국공사를 파견했다. 이들은 호놀룰루를 거쳐 샌프란시스코에 도착하였고, 1888년 1월 워싱턴으로 향하였다. 워싱턴에서 주미 청국 공사 張蔭恒은 이들이 청에 대한 사대 의례에 해당하는 另約三端을 준수하기를 바랬으나, 朴定陽을 비롯한 사절단은 이를 행하지 않았고, 미국 각국을 다니며 여러 가지 경험을 했다.[109] 고종은 1889년 2월에 3층 건물을 임대하고 사용하고 있던 미국 워싱턴 DC의 주미조선공사 개설에 1891년 11월에 내탕금 25,000달러를 들여 최종 매입하여 운영하였다.[110] 이후 고종은 1891년 청국 정보통인 卞元

---

106) 현광호, 「딘스모어 미국공사의 조선외교 인식과 활동」, 『역사학보』 210, 2011, 150쪽. KAR II, CH' Chaille' Long to Secretary of State, pp.169~170 ; James G. Blane to C. Chaille Long, 1889.3.15, p.170 ; James G. Blane to Hugh A. Dinsmore, 1889.5.1, p.171. 이후 어거스틴 허드가 영국 총영사 힐러(Walter Caine Hiller)와 조선의 해군 창설에 대해서 논의했는데, 힐러는 조선이 해군을 창설할만한 돈이나 수단이 없고, 영국 교관도 있지 않다고 하여 부정적인 의사를 표했다(KAR II, Augustine Heard to Secretary of State, 1893.3.22, p.244).

107) 장경호, 「고종의 반청인식과 조선주재 미국인들」, 『강원사학』 26, 2014, 92쪽.

108) 구선희, 「청일전쟁의 의미 - 조·청 '속방' 관계를 중심으로 - 」, 『한국근현대사연구』 37, 2006, 106~107쪽.

109) 정경민, 「조선의 초대 주미조선공사 파견과 친청노선」, 『역사와 현실』 96, 2015.

圭를 청국에 파견하여 미국 공사를 파견하는 것에 반대한 청국 정부와 담판을 지으려 했으나 실패하였다.111)

박정양은 조선으로 돌아와 고종을 소견하고 그에게 미국에 대한 자세한 정보를 주었다. 박정양이 미국은 "남의 토지를 탐하지 않아서 하와이가 자주 독립한 채로 지금까지 보호받고 있다."고 밝힘으로써112) 고종의 미국에 대한 신뢰를 다시금 확인하게 되었다. 파견되었던 인물(박정양, 李完用, 李夏榮, 李商在, 李采淵)들은 조선에 돌아와 親美세력을 형성했다. 이들은 고종의 두터운 신임을 받는 친미개화파였다.113)

이처럼 청나라에 반감을 가지고 있던 고종에게 구체적으로 독립의지를 심어주었던 미국인들의 이와 같은 행동은 그에게 더욱 더 미국에 대한 호의적 인식을 갖게 하였던 것이다. 이에 따라 미국인들도 요직에 임용되었고, 그들은 조선이 청과 일본의 영향력에서 벗어나도록 도움을 주는 역할을 담당했다. 1890년 2월 29일 러젠드르(C. W. Legendre)는 협판내무부사에, 11월 23일 그레이트하우스(Greathouse, Clarence R)는 내무부협판에 임명되어 외국 법률에 대한 사무를 맡게 되었다.114)

딘스모어는 이에 대해 "조선 정부의 외국 고문관 러젠드르 장군과 그레이트 하우스씨는 미국인이며 적절한 신중함, 사려깊음, 단순명쾌함을 가지고 있는 사람들로 우리가 지금 조선에서 영향력을 펼치지 못할 이유는 없

---

110) 한종수, 「주미 조선공사관 개설과 '자주외교' 상징물 연구」, 『역사민속학』 44, 2014, 281쪽.
111) 『프랑스외무부문서5』, [81] 조선의 미국 주재 공사 파견으로 인한 청국과의 갈등, 국사편찬위원회, 2006, 81~84쪽.
112) 『승정원일기』, 고종 26년(1889) 7월 24일 ; 문일평, 앞의 책, 2016, 245쪽. 박정양의 미국인식에 대해서는 박정양이 초대 주미전권공사로 발탁·임명된 뒤 미국의 수도 워싱턴으로 부임해 근무하다가 소임을 마치고 귀국해서 국왕 고종에게 복명하기까지 보고 듣고 활동했던 사항을 적은 미행일기(박정양 저, 한철호 역, 『미행일기』, 국외소재문화재재단, 2014)와 『미속습유』 등을 참조.
113) 한철호, 앞의 책, 1998, 38쪽.
114) 『승정원일기』 1890년 2월 29일 ; 11월 23일.

다."라고 하면서 자신감을 드러냈다.[115]

러젠드르는 묄렌도르프, 데니에 이어 조선의 3번째 서양인 고문관이었다. 그는 워싱턴 미국은행과 자본가들로부터 차관도입을 시도하였으나, 청의 방해로 말미암아 실패로 끝났고 그레이트하우스와 함께 대일어업 이권 회수협상을 하기도 하였다. 이후 러젠드르는 반일감정을 갖게 되었고, 결국 일본의 강압으로 사퇴하였다.[116]

조선은 미국인 법률고문관 그레이트하우스를 통하여 청 차관 도입을 저지하고 미국상인으로부터 차관을 들여오려 했으며, 청일전쟁 직전 파병의 정당화 구실을 찾으려는 일본에 대해 교묘하게 빠져나가는 책략을 마련하기도 하였다.[117] 또한 청일전쟁 당시 국왕의 친위부대를 창설하고, 이를 담당할 다이(William McEntyre Dye)를 초청해서 일본의 반발을 사기도 하였다.[118] 고종은 주미조선공사 사절단이 조선으로 돌아오는 시점인 1890년부터 청일전쟁 발발 직전 1894년 5월까지 미국 근무 경력이 있는 관리 혹은 미국인 고문관을 중요한 직임에 임명하였고, 이는 고종이 미국공사관으로 파천을 요청하려고 한 것에 대한 중요한 계기로 보인다.

또한 조미수호통상조약 이후 미국 선교사들은 복음을 전파한다는 명목

---

115) The Foreign Advisers of the Government, General Le Gendre and Mr. Greathouse, are Americans, and by the exercise of suitable prudence and with directness and honesty in our dealings there seems no reasons why we should not retain the influence we now appear to hold in Korea(*KAR II*, Augustine Heard to Secretary of State, 1891.8.31, p.132).

116) …Among them the most prominent are the prohibition of the Export of Beans from Gensan in Oct. 1899, and a quarrel between fishermen on the Coast of Quelpaert… (*KAR II*, Augustine Heard to Secretary of State 1891.10.8, pp.276~278). 이에 관련한 것은 김현숙, 『근대 한국의 서양인 고문관들』, 한국연구원, 2008, 214~215쪽이 자세하다.

117) 김현숙, 앞의 책, 2008, 155~170쪽.

118) АВПРИ. Ф.150, Оп.493, Д.4, лл.307-308об(김종헌 역, 『러시아 문서 번역집 II』, 선인, 2011, 202쪽).

하에 조선에 들어와 학교를 설립하고 병원을 지어 많은 활동을 하였다. 당시 개신교가 정식으로 허락되지 않았기 때문이다.

조선에서는 알렌과 협력하여 광혜원을 설립한 것을 시작으로, 언더우드(Horace G. Underwood), 아펜젤러(Henry G. Appenzeller) 등의 개척선교사들이 내한하여 조선을 위해 많은 일들을 했다.[119] 고종의 눈에는 이러한 선교사들의 태도가 미국 본연의 모습이라고 생각되었던 것이다. 이러한 선교사들의 활동은 고종이 미국에 의지하게 되는 또 하나의 계기가 될 수 있었다.

---

119) 백낙준, 『한국개신교사(1832~1910)』, 연세대학교 출판부, 1973, 113쪽.

제3장

고종의 대미의존 심화와
청일전쟁 직전 미관파천 시도

1. 美館播遷 시도 배경

1) 조대비 승하 이후 미 해병대 파견과 군사훈련

1890년 6월 4일 오후 2시 고종의 왕위 계승에 결정적 역할을 하고 수렴청정을 했던 조대비(神貞王后)가 승하하였다. 고종은 그를 후원하던 조대비가 승하하자 일부 반기를 든 세력이 생겨날 것을 두려워하여 주한미국공사 어거스틴 허드(Augustine Heard)[1]로 하여금 궁궐에 미 해병대 파견을 요청하였다.

저는 어제 암호로 받은 다음과 같은 서신을 받았다는 것을 보고드립니다. "신정왕후가 4일에 사망하였습니다. 반기를 두려워 하는 폐하는 미국 이권 보호를 목적으로 미 해병대 45명 상륙할 것을 바라는 뜻을 담아 스와타라(Swatara) 함장 쿠퍼(Cooper)에게 전보를 보냈습니다. 모든 것이 고요합니다."
위 전보에서도 보이듯이 신정왕후가 4일 오후 2시에 사망하였습니다. 4시 반 경에 영어를 할 줄 알고 자주 이러한 일에 고용되었던 왕비의 친척이 나를 방문하여 말하길 '폐하가 이 문제에 가장 심각하게 고민하고 계십니다.'라고 이야기했습니다. 폐하는 제가 이러한 곤경이 발생할 경우 지시를 받거나 궁궐에 예견된 곤경이 발생시 그의 보호를 위해 병력을 상륙시키는 것으로 알고 계십니다. 또한 지금처럼 신정왕후가 돌아가신 지금 불순한 의도를 가진 이들이 폭동을 일으킬 기회를 엿보고 있는 상황에서 폐하는 저에게 회신을 받기를 원하신 것입니다.

---

1) 조선에서 허드의 재임기간은 1890.5~1893.7이다.

저는 폐하가 고통을 겪고 있는 상황이라고 대답하였고, (상부에서) 어떠한 지시를 받은 적도 없었으며 미국인들의 자산과 생명을 보호하기 위한 경우 해병대들을 활용할 권한만 있다고 대답했습니다.

폐하는 이 사실에 매우 깜짝 놀랐지만, 요청한 사항을 들어주기를 바랐습니다. 폐하는 항상 미국을 긴급한 상황에 기댈 수 있는 진정한 친구로 바라보았습니다. 이것은 그의 인생에서 중대한 위기이며 폐하는 자신이 커다란 위험에 빠져있다고 느꼈습니다.

저는 폐하에게 미국이 진정한 우정을 가지고 있다는 점을 말씀드렸고 이러한 점에 개인적으로 매우 기쁘지만 궁궐 안에 군대를 투입시키는 것은 제겐 전적으로 불가능하다는 점을 말씀드렸습니다.[2]

아침 일찍(6월 5일) 제가 옷을 입기도 전에 같은 조선인이 와서 얼마나 많은 해병대들이 오는지를 물어보았습니다. 저는 그 시점에 어떠한 답변도 하지 않았습니다. 그러나 폐하는 여전히 제가 미군을 궁궐 안으로 보내는 중이었다는 것을 믿고 있었고 혹은 믿는 척을 하는 것에 저

---

2) I have the honor to inform you that I yesterday forwarded to you the following despatch in cyphers: "Queen Dowager died fourth. The King fearing outbreak urged landing men for the protection of American interests telegraphed "Swatara", Captain Cooper fifty five men now at the Legation. All in tranquil." As stated in the telegram the Queen Dowager died on the 4th Instant about 2 PM. Between half past four and five, a Corean Gentleman of the family of the Queen, who, as he speaks English, is frequently employed in missions of this Kind, called upon me, and said he came from the King upon the matter of the highest importance. His Majesty was aware that I had received instructions in case of trouble, or anticipated trouble in the Palace to land forces for his protection and that as the case had presented itself now in the death of the Queen Dowager, which afforded to Evil-intentioned people an opportunity for outbreak, he widhed me th telegraph at once for men. I replied that His Majesty was laboring under a great error; that I had no such instructions and that I was only authorized to call for men in case they were needed for the protection of American lives or property. He seemed much aback by this but besought me to comply with the request he brought me. His Majesty had always looked upon an American as a true friend, on whom he could rely in an emergency, that this was a very grave crisis in his life, and that he felt himself in great danger(*KAR II*, Augustine Heard to Secretary of state, 1890.6.7, pp.124~125).

는 놀랐습니다. 그는 미군들이 싸우기를 바라는 것이 아니라 단지 나타
나는 것만으로 충분할 것이라고 했습니다.3)

위 두 사료에서도 보이듯 신변의 위협을 받는 상황에서 고종은 지속적
으로 허드에게 현재 상황을 과장해서까지 표현하며 미국의 병력 파견을
요청하였다. 허드는 결국 미국공사관 보호를 책임지고 있는 스와트라
(Swatara)호 함장 쿠퍼(Philip Cooper)로부터 군대를 파견하여 '도덕적 효과'
를 얻어야 한다고 했다. 이 도덕적 효과는 약소국인 조선이 미국에 의지하
게끔 하여 이득을 취하려는 외교관들의 전형적인 외교 기술로 보인다. 허
드는 쿠퍼에게 "조대비가 사망하여 고종이 두려움에 떨고 있으니 해병대
50명을 보내 달라."고 하였다.4)

조선은 미국의 군대를 등장시켜 청국의 간섭을 막고, 유사시 생길 긴급
상황에 대해 대비하려는 시도를 보였는데, 이는 당시 국내 反고종 세력의
반란에 대비하는 성격이 강했다. 미 해병대는 제물포 부두에서부터 12시간
을 걸어 공사관으로 도착하였다.5) 알렌 문서에 따르면 "미 해병대가 조대
비의 장례식장에서 고종을 호위하기도 하였다."고 했다.6)

조대비 승하 이후 미국 해병대 파견은 세 번째의 경우였다. 조대비 승하

---

3) Early the next morning(5th June) before I was dressed, the Same Corean Gentleman
   called upon me to ask if I had received any reply, and how many men were coming.
   I had not at that time received any reply, and so told him. But I was astonished to
   find he still believed or pretended to believe, that I was going to send the men to
   the palace. He said they were not expected to fight but only to show themselves as
   being there, and that would be sufficient(*KAR II*, Augustine Heard to Secretary of
   state, 1890.6.7, p.126).
4) *KAR II*, Augustine Heard to Secretary of state, 1890.6.7, p.126.
5) *KAR II*, Augustine Heard to Secretary of state, 1890.6.7, pp.124~125.
6) 손정숙,『한국 근대 주한 미국 공사 연구』, 한국사학, 2005, 163쪽 ; KAR III, Horace
   N. Allen to Secretary of State, 1897. 11. 27, pp.37~38 ; 한편 알렌은 고종이 "미 해
   병대를 통하여 중국의 위협으로부터 벗어나려고 했다."고 보고 있었다(『알렌문서』
   R3-L3-16-003, 1890년 4월 29일 ; Horace N. Allen to Frank F. Ellinwood).

이전 미국 함대 병력들이 서울에 직접 파견되는 경우는 두 차례였다. 조러 밀약이 청에게 발각되어 소란스러웠던 1886년 8월과 외국인이 조선인 아이들을 납치한다는 소문이 퍼지자, 조선인은 외국인에 반감을 가지게 되었고, 안전에 위협을 받게 되었던 1888년 6월이었다. 이 사건은 조선에서 자체적으로 해결했지만,7) 조대비 승하시 고종이 미 해병대 파견을 직접 요청하였고, 이들이 서울에 파견되었던 것으로 사건을 해결했던 것이다. 미국의 제독들은 "조대비 승하 후에 불안한 고종이 워싱턴 주미조선공사를 통해 미국의 함대 파견을 요청했다."고 보았다.8)

당시 조선을 속방화 하려는 위안스카이와 허드 사이에 견해차가 보인다. 1890년 10월 11일 위안스카이는 조대비 승하 이후 미국의 해군파견에 대해 "다른 나라의 대표가 서울에 본 정부에 대한 통고 없이 들어온다면 관계가 어색해질 것이다."라고 허드에게 말했다.9) 이에 허드는 "조대비 승하시 미국의 군함을 파견한 것은 조선과 미국의 우의를 보여준 것"이라고 위안스카이에게 회신하고,10) 미국 정부에 "각 외교국 대표가 제물포에서 외국인 거주자의 이권 문제에 대해 상의한 적이 있는데, 위안스카이는 매우 무례하여 각국 대표들은 더 이상 외교대표에 위안스카이를 참여시키지 않기로 했다."고 밝혔다.11)

1890년 9월 26일 청국에서 조문 칙사가 왔고,12) 당시 배 두 척이 제물포에 도달했는데, 이것은 청국 사신이 바다를 통해 조선에 들어온 첫 번째 경우였다. 이 사절단은 조선에 온 다음날 아침에 서울로 들어왔고 고종은

---

7) 박한민, 「조일수호조규 체제의 성립과 운영 연구(1876~1894)」, 고려대학교 박사학위 논문, 2017, 5장 참조.

8) Foreign Relations of United States(이하 *FRUS*로 약칭), Chinese-Japanese war, Mr Heard to Mr. Gresham, 1893.4.20, pp.10~12).

9) *KAR II*, Yuan Shi Kwai to Augustine Heard, 1890.10.11, pp.54~55.

10) *KAR II*, Augustine Heard to Yuan Shi Kwai, 1890.10.11, p.55.

11) KAR II, Augustine Heard to Secretary of State, 1891.1.22, pp.55~56.

12) 『승정원일기』, 고종 27년(1890) 9월 26일.

서대문 밖에서 그들을 맞이하였다. 고종은 國葬을 치루면서 청나라에 대한
모든 존경을 표했지만, 대외정책까지 청 사신들의 제안을 받아들여야 하는
상황에 분개했고,13) 직접 敦義門까지 사신을 마중하였다.14) 허드는 나중
에 "자신이 위안스카이와 의견이 달랐던 유일한 때는 조대비 국장 때였
다."15)라고 밝혔다. 위안스카이는 고종에 반기를 일으킨 세력이 없다고 생
각했던 반면, 허드는 고종이 위협을 받는다고 생각하여 미군에게 고종의
호위를 부탁했던 것으로 보인다.

  이후 미국은 인천에서 군사훈련을 실시했다. 미국은 자국민 보호를 위하
여 砲艦 훈련을 조선에 요청하였다. 1890년 초반 동학농민운동뿐만 아니라
전국 곳곳에서 농민들의 집회가 일어났고, 이러한 분위기는 미국인들을 위
협하기에 충분했다. 1892년을 기점으로 조선에는 56명의 미국인이 있었기
때문에16) 미국은 그들을 보호해야 할 필요성이 있었다. 미국은 1891년 1월
30일에 인천과 부산 중 선택하여 미국 병선이 편리하게 도달하여 포격훈련
을 할 것을 요청했으나,17) 조선은 남는 땅이 없다는 사정으로 거절했다.18)
미국은 月尾島에서 포격훈련을 요청하기도 하였다.19) 또 10월 20일에는 미
국 함대 마리옹(Marion)호의 함장 그리들리(Gridly)와 3명의 武官이 서울에

---

13) *KAR II*, Augustine Heard to Secretary of state, 1890.11.17, p.30.
14) 『승정원일기』, 고종 27년(1890) 9월 29일. 이와 같은 과정은 알렌문서 「R3-L3-21-001」
    에도 자세하게 기록되어 있다. 고종은 헤어지면서 청나라에 인삼을 비롯해 은 15,000
    불에 해당하는 돈을 주었으나 사신들은 이를 사양하고 중국으로 돌아갔다.
15) *KAR II*, Augustine Heard to Secretary of state, 1891.6.22, p.42. 1890년 7월 허드는
    청국에 어떠한 적대적인 태도도 표현할 일이 없으며, 위안스카이와 자신은 며칠
    전에 식사를 했으며, 관계도 좋다고 밝혔다(*KAR II*, Mr Heard to Secretary of State,
    1890.7.10. p.24).
16) 이들 중 대부분은 선교사였다(*KAR II*, R. D. Hitchcock to D. B. Harmony 1892.6.22,
    pp.132~133).
17) 『구한국외교문서』 권10, 「미안」 714호, 1890년 1월 30일.
18) 『구한국외교문서』 권10, 「미안」 719호, 1890년 2월 12일.
19) 『구한국외교문서』 권10, 「미안」 1019호, 1892년 9월 29일.

있다가 고종을 알현하고 자신들의 함대로 돌아갈 것을 요청하였다.[20]

이러한 상황들은 자국민 보호와 미국의 이권을 증진하기 위한 砲艦외교(Gunboat diplomacy)였다. 그런데, 고종은 당시 내외의 불안한 정세에 대한 보안을 위하여 미국 함대가 계속 오기를 원했다.[21]

동학도들은 광화문 복합상소에 이어 보은에서 집회를 갖게 되자(報恩集會) 구미외교관들은 당황하였고, 이에 본국에 지원을 요청하기에 이른다.[22] 1893년 4월 16일 아침 나가사키에 있던 미국의 하모니 제독은 조선 소요 사태에 대해 물어보았고, 허드는 "함대파견은 신중해야 한다."고 했다. 1893년 4월 19일 오후 데이튼 제독(J. H. Dayton)을 포함한 4명의 장교들이 이끄는 미국 함대 패트렐(petrel)이 제물포에 도착했다. 그리고 이들은 다음날 서울에 도착했다. 이 배는 요코하마를 떠나 상하이로 가던 도중에 나가사키에서 미국 정부의 명령에 따라 조선으로 갈 준비를 하였다.[23]

그러나 이들이 실질적으로 군사력을 행사한 것은 아니었다. 이들은 하루가 지난 4월 21일에 바로 조선을 떠났다. 허드는 이들이 떠나는 것은 연기해주기를 바랬지만, 이루어지지 않았다. 1893년 4월 27일 알러트(Alert)호 선장 북(Book)이 왔고, 그들은 월미도에 상륙하여 훈련할 것을 요청하였다.[24] 이후 이들은 월미도에서 포격 연습 승인요청을 허가받았다.[25]

1893년 5월 2일에는 러시아의 드미트리스키(Dmitrevsky)와 프랑스의 프랜딘(Frandin) 등이 주한미국공사 허드에게 미군 함대 파견을 요청하여 그들 국가의 이권을 수호하고자 하였으나, 허드는 그들과의 대화를 통해 이에 대해 신중한 태도를 보였다.[26] 6월 27일에는 허드가 미국으로 돌아가게

---

20) 『구한국외교문서』 권10, 「미안」 1019호, 1892년 10월 20일.
21) John Chay, *U.S.-Korean Relations 1882-1982*, 경남대학교 극동문제연구소, 1982, 18쪽.
22) 신복룡, 「갑오혁명 이후의 한미관계」, 『동학사상과 갑오농민혁명』, 선인, 2006, 263쪽.
23) FRUS, Chinese-Japanese war, Mr Heard to Mr. Gresham, 1893.4.20, p.12.
24) FRUS, Chinese-Japanese war, Mr Heard to Mr. Gresham, 1893.5.1, pp.14~15.
25) 『구한국외교문서』 권10, 「미안」 1092호, 1893년 5월 9일.
26) *KAR II*, Augstine Heard to Secretary of State, 1893.5.6, pp.285~286.

되었는데,[27] 고종은 신정왕후 승하 이후 2년 1개월간 미군 파견이 되지 않았다는 사실에 대해 허드에게 유감을 표했다.[28]

2) 고종의 외국인 거주지 방문

1893년은 미국 해병대 훈련이 진행되고 있던 해였다. 당해 11월 11일 고종이 처음으로 외국인 거주지를 방문하였다. 고종은 慶運宮 卽阼堂에 참배할 뜻을 보였고, 경운궁을 지나가면서 외국인거주지를 방문하였다. 경운궁은 1615년 광해군이 昌德宮으로 移御한 이후 비어 있던 상태였다. 약 280여 년이 흘러『승정원일기』에 경운궁에 대한 첫 언급이 1893년 8월 2일에 나타난다. 고종은 宋道淳에게 다음과 같이 하교하였다.

전에 宣祖께서 癸巳年 초 4일 慶運宮에 돌아와서 위태한 나라 형편을 수습하여 盤石에 올려놓으셨으니, 아득히 당시의 나라 형편을 상상해 보면 항상 비통함과 다행스러움이 교차되어 간절히 일어난다. 英祖大王께서는 옛일을 추억하여 의로운 생각을 일으키시어 같은 계사년 모월 모일에 이 궁에 거둥하여 축하를 받았으니 상고할 만한 古事가 있다. 마침 계사년이 다시 돌아왔으니 나 소자의 사모하는 마음과 先祖의 뜻을 계술하는 의리에 있어 더욱 그만둘 수 없다. 이날 경운궁에 나아갔다가 이어 卽阼堂에 참배할 것이니, 제반 의식 절차를 예조로 하여금 규례를 상고하여 마련하게 하라.[29]

---

27)『고종실록』30년(1893) 5월 14일.

28) *KAR II*, Augustine Heard to Secretary of state, 1893.6.28, p.13 ; Augustine Heard to Secretary of state 1893.3.22, p.245.

29) 粵在宣祖癸巳十月初四日 還御慶運宮 回綴旒而奠盤泰 緬憶當時國勢 恒切愴幸于中 亦我英祖大王 追感起義 於是年月日 駕臨此宮而受賀 厥有(有)古事之可按 適當舊甲之載回 予小子感慕之忱 繼述之義 尤不能自已 伊日當詣慶運宮 仍拜卽阼堂矣 諸般儀節 令儀曹考例磨鍊(『승정원일기』고종 30년(1883) 8월 2일).

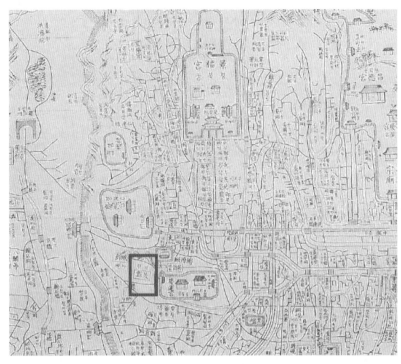

〈그림 1〉 게일지도에 나타난 미국공사관(美館이라고 표시되어 있다)
출처 : Map of Seoul in Korea, vol. 1.(1902)(이찬·양보경 저, 『서울의 지도』, 서울학연구소, 1995, 70쪽)

예조에서는 선조의 환도 5주갑(300년)을 맞이하여 2달 동안 행사 준비를 했다. 1893년 11워 11일 고종은 思政門을 통하여 근정문 밖으로 나가 출궁하여 세자와 함께 경운궁으로 가서 즉조당에서 전배하고, 경복궁으로 다시 이동하였다.30) 그런데 이 당시 서기관 알렌은 다음과 같은 보고를 한다.

국왕이 11월 11일 처음 외국인 거주지로 방문할 것입니다. …(중략)… 심각한 상황이 있을 경우 왕이 외국인들의 보호를 받기 위하여

---

30) 『승정원일기』, 고종 30년(1893) 10월 4일.

이 교회당으로 올 것임을 저는 확신하는데, 그가 최근에 미국인 선교사들을 이 주변에 살게끔 나에게 요청했기 때문입니다.[31]

위와 같이 알렌에 의하면 고종은 알렌에게 물어 미국인 선교사들을 거주지 근처에 살게끔 설득해달라고 요청했는데, 이는 곤란에 처할 때 고종이 교회당으로 와서 외국인들의 보호를 받을 수 있다고 생각했기 때문이었다. 아마도 이날 고종이 경운궁으로 이동하는 과정에서 외국인 거주지를 지났을 가능성이 있다. 이것이 바로 청일전쟁 직전 미관파천을 위한 고종의 사전적 조치가 아닌가 추측해 볼 수 있는 사료다.

미국공사관은 1883년 5월 정동에 민씨 일가(閔泳敎, 閔啓鎬)에게서 가옥을 사들였다. 미국공사관은 러시아, 영국 공사관과 더불어 공사관 위치가 한 번도 변하지 않았고, 경운궁에서 가장 가까운 위치에 있었다.[32] 궁내부 고문관 샌즈(William F. Sands)에 의하면 미국공사관의 대문을 지나면 선교사 테니스장으로 통하는 길이 있었다. 계속 가면 영국인들의 거주지가 있었고, 경운궁이 있었다.[33] 미관파천 시도의 전조가 될 뿐만 아니라, 아관파천 이후 1897년 경운궁으로 환궁한 고종의 경우를 봤을 때, 1893년 11월 고종의 경운궁 및 선교사 터 방문은 중요한 의미를 지닌다.

---

31) His Majesty will make his first visit to this Foreign Settlement on November 11th. … In case of serious trouble I am quite sure the King will come to this temple to gain the protection of foreigners for he recently asked me to induce American missionaries to live all around this place(*KAR Ⅱ*, H.N.Allen to Secretary of State, 1893.10.6, p.235).

32) 이순우, 『정동과 각국공사관』, 하늘재, 2012, 120~139쪽.

33) W.F. 샌즈 저, 신복룡 역주, 『조선비망록(한말 외국인 기록 18)』, 1999, 107쪽.

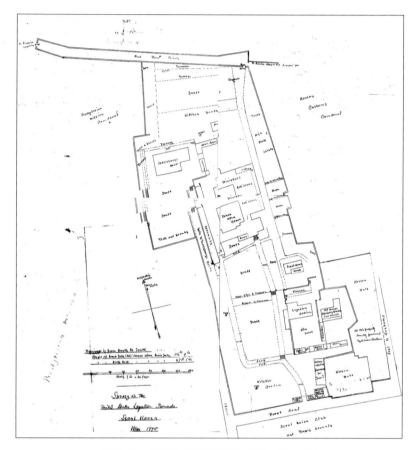

〈그림 2〉 1895년 미국공사관과 주변 지역 지도
출처 : DUSMK Vol 13. No.219.에 첨부된 도면.

2. 전쟁 직전 미관파천 시도

조대비 사후 고종은 미국에 더욱 의지하였고, 아래 표와 같이 고종의 신변을 위협하는 여러 가지 사건이 일어났다. 이에 청일전쟁 발발 직전 미국공사관으로 파천을 요청하였다. 조선의 居中調整 문구 초안을 작성했던 씰

(John M. B. Sill)이 고종의 파천에 대해 최초로 언급한 것은 1894년 6월 18
일로 보인다. 여기에서 썰은 파천 문제가 이미 언급되었다고 이야기하는
것으로 보아 그 이전에 파천 요청이 있었던 것일 수도 있다. 청일전쟁 직
전 미관파천 시도 직전의 상황을 재구성해보면 다음 표와 같다.

〈표 2〉 청일전생 직전 미관파천 시도 이전 상황(1893~1894)

연 월 일	사건	전거
1893년 말	고종 암살 시도 발생	『주한일본공사관기록』
1893년 11월 11일 (10월 4일)	고종, 외국인 거주지에 들러 선교사들을 이 곳에 살게끔 하려 함	KARⅡ
5월 31일 (4월 17일)	동학농민군, 전주성 함락	『뮈텔주교일기』
6월 1일 (4월 28일)	스칼렛 제독, 미 함대 파견 결정	KARⅡ
6월 5일 (5월 2일)	볼티모어호 인천항 입항	KARⅡ
6월 7일 (5월 4일)	제물포에 프랑스, 미국, 청국, 일본 군함 체류	『주한일본공사관기록』
6월 9일 (5월 6일)	일본공사 오토리 게이스케[大鳥圭介] 인천 도착(육전대 480명과 영사관 경찰대동)	『주한일본공사관기록』
6월 10일 (5월 7일)	일본군 진고개 도착, 청군 2천명 白石浦 상륙 동학농민군과 전주화약	『주한일본공사관기록』 『뮈텔주교일기』
6월 15일 (5월 12일)	오토리 게이스케, 일본의 이권을 위해 일본 군대 잔류 결정 일본군 서울 전역 점령, 서울로 들어오는 교통로 통제	『매천야록』
6월 18일 (5월 15일)	고종 미국공사관 파천 문제 언급	KARⅡ

위 표와 같이 조대비 사후 고종은 암살시도, 동학농민운동, 청일전쟁 발
발 등 많은 사건들이 발생하였고, 그 와중에 고종의 미관파천 요청이 있었
던 것이다.

우선 동학농민군의 관아 습격 이후 1893년 말에는 고종에 대한 암살 시

도가 있었다. 李仲赫과 鄭海八 등 20여 명은 고종이 종묘 幸行시에 화약을 땅에 묻어 폭발시키려고 했으나, 사전에 이동근이 밀고하여 관련자가 체포되었다.[34]

1894년 5월 31일, 동학군에 의해 전주성이 함락되었다. 동학군은 전주로 가서 전화선을 끊고, 전신주를 부쉈다. 또한 전라도 고부, 태인, 고창 등 6개 고을 군수들이 도망갔으며 전라도에 파견된 신임감사는 전주를 가지 못하고 공주에서 지체하였다.[35] 당시 서기관이었던 스기무라 후카시[杉村濬]는 외국에 도움을 빌리지 말 것을 충고했지만, 전주성 함락 이후 조선은 청국에 원병을 요청했다.[36]

전주성 함락 다음 날인 1894년 6월 1일 스칼렛 제독(Skerrett)은 베링해에서 해양업무를 수행하고 있었는데, 미국인들 보호를 위해 제물포로 배를 보내달라는 씰의 요청을 거절하였다. 이에 대해 주한미국공사 씰은 재차 언급하기를 "농민 반란(동학농민운동; 인용자)이 힘을 얻고 있고, 조선이 그것에 대항할 만한 힘이 없으니, 미국의 이권과 조선에서 미국인들의 안정적 거주를 위하여 함대 파견이 시급하다."고 하였다.[37] 그는 또다시 "서울은 언제라도 혁명의 중심지가 될 수 있기 때문에 미국인들이 거주하기

---

34) 『주한일본공사관기록』 권3, [閔氏族 爭權과 逆徒 捕獲件 외 2件], 發第12號 在京城日本公使館通常報告第2號, 1894년 2월 14일. 김성혜, 「고종시대 군주권 위협 사건에 대한 일고찰」, 『한국문화연구』 18, 2010, 16쪽에는 『주한일본공사관기록』의 1894년 2월 14일을 보고, 이 사건이 이 시기에 일어난 것으로 보았으나, 내용을 보면 사건의 주모자들이 음력 12월 30일에 처벌받았다고 되어 있는 것으로 보아 이 사건은 1893년 말경에 일어난 것으로 추측된다. 선행연구에 의하면 고종대 군주권 위협사건은 31번이나 있었고, 이중 25번이 갑오개혁 이후에 집중되었다(김성혜, 「고종시대 군주권 위협 사건에 대한 일고찰」 참조).

35) 장영민, 「동학농민군연구」, 한국정신문화연구원 박사학위논문, 1994, 265쪽 ; 한국교회사연구소 역주, 『뮈텔주교일기1』 1894년 6월 3일, 한국교회사연구소, 2009, 287쪽(이하 『뮈텔주교일기』로 칭함).

36) 杉村濬, 『在韓苦心綠』, 東京:勇喜社, 1932(한상일 역, 『서울에 남겨둔 꿈』, 건국대학교 출판부, 1993, 83~84쪽).

37) FRUS, Chinese-Japanese war, Mr Sill to Mr. Gresham, 1894.6.1, pp.18~19.

에 서울은 위험하다.”고 하며, 미국인 이권과 그들의 안전을 강조했다.[38]

그의 노력 덕분이었는지 미국 기함 볼티모어호는 1894년 6월 5일(5월 2일) 오후 2시 반에 인천항으로 들어왔다. 이 당시 미 함대는 조선 국기를 걸고 조선에 대한 禮砲를 21발 쏘았다. 이 배에 스칼렛 제독이 있었고 함장은 브리치만(주한일본공사관 기록 표기: ブリツヂマン)이었다.[39] 이 볼티모어호가 들어오는 날의 전후로 조선 정세는 매우 불안했다. 볼티모어호가 들어오기 전날 청국 군함이 정박할 것이라는 소식이 들려왔고,[40] 동학농민군이 전주로 쳐들어와 경기전과 조경묘를 移奉하였다. 또한 전주에서의 전황에 대해 논의하는 등 사태가 급박하게 돌아가던 상황이었다.[41]

5월 초는 戰運이 감도는 급박한 상황이었다. 6월 7일 제물포에는 프랑스와 미국 함대가 각 1척씩 있었고, 청국의 장갑함 3척, 통보함 1척, 일본 군함이 3척이 들어와 있었다.[42] 6월 9일 오후 6시에 8일 전 휴가를 떠났던 오토리 게이스케[大鳥 圭介]가 두 함정과 함께 인천에 도착하였다. 조선은 청국과 일본의 진입을 막기 위해 러젠드르와 閔商鎬를 파견하여 10일 아침에 도착했지만, 오토리 공사는 이미 서울로 출발하였다. 조선은 한강을 건너지 못하도록 막고, 돌아갈 것을 요구했지만, 6월 10일 저녁 6시에는 일본군이 진고개에 도착하였다.[43] 이날 청나라 병사 2,000명이 아산에 도착하였다.[44] 6월 13일에는 800명의 일본군이 서울에 도착하였다. 당시 일본군은 서울에 1,000명, 제물포에 4,000명, 부산과 원산에 합쳐서 10,000명 정

---

38) *FRUS*, Chinese-Japanese war, Mr Sill to Admiral Skerrett, 1894.6.1, p.19.

39) 『주한일본공사관기록』권2, [淸國士官 牙山으로 向發 등에 관한 보고], 機密諸第 6號, 在仁川 二等領事 能勢辰五郎→在京城 臨時代理公使 杉村濬, 1894년 6월 5일.

40) 『승정원일기』, 고종 28년(1894) 5월 1일.

41) 『승정원일기』, 고종 28년(1894) 5월 3일.

42) 『뮈텔주교일기』, 1894년 6월 7일.

43) 한상일 역, 『서울에 남겨둔 꿈』, 89쪽 ; 『뮈텔주교일기』, 1894년 6월 10일 ; *KAR* Ⅱ, John M. B. Sill to Secretary of state, 1894.6.18, p.331.

44) 『프랑스외무부문서6』, 1894년 6월 20일, [74] 청국 군대와 일본 군대의 도착

도가 주둔하고 있었다.45)

  6월 15일에는 일본군 대대 병력이 남대문을 훼손하고 사다리로 남산을 넘어서 성안으로 들어갔다. 蠶頭(남산 서쪽 봉우리)에 진을 치고 주위에 대포를 배치하여(매천야록에는 環埋라고 표기) 전쟁 분위기가 더욱더 고조되었다. 또한 서울부터 수원, 인천까지 수십리 거리마다 진영을 두며 횃불을 통해 서로 연결하고 징과 북을 서로 들리게 하였으며 지나가는 행인들을 파수하며 경비하였다.46) 이날은 오시마 요시마사[大島義昌]가 이끄는 혼성여단 2,700명이 인천에 입항한 날이기도 하였다.

  이러한 와중에 6월 중순이 되었다. 6월 18일 씰은 미 국무장관 그레샴(Walter Quintin Gresham)에게 다음과 같이 보고했다.

  파천 문제는 이미 언급되었습니다. 그 문제에 대하여 저는 조심스럽고 신중한 판단을 하고 있겠습니다. 만약 행동이 필요하게 되면 저는 기존의 관례에 따르도록 노력할 것입니다.47)

  이로 볼 때 고종의 미관파천 시도는 상기한 바와 같이 전운이 감도는 6월 초순부터 6월 18일 이전부터 있었던 것으로 보인다. 위 사료 이후의 기록을 다시 살펴보면, 고종은 다음과 같이 미관파천을 재차 요청한 흔적이 보인다.

---

45) *KAR II*, John M. B. Sill to Secretary of State, 1894.6.18, pp.331~332.

46) 十二日 黃昏 倭大隊至崇禮門 門閉乃毀城 梯南山而入 陣于蠶頭 環埋大砲 若將鏖戰 自京而水原而仁川 每數十里宿一營 燧燎相接 鉦鼓相聞 把截行人 如圍鐵桶… (황현 저, 이장희 교주, 『이장희전집 6권(매천야록 1)』, 경인문화사, 2011, 593쪽).

47) The matter of asylum has already been mentioned. I am giving it my careful and deliberate consideration and if it becomes necessary to act, I shall endeavor to conform to established usage(*KAR II*, Sill to Gresham, 1894.6.18, p.332).

〈표 3〉 청일전쟁 직전 미관파천 시도와 미국의 거부(1894)

월 일	사건	전거
6월 18일 (5월 15일)	고종 미국공사관 파천 문제 언급	KAR Ⅱ
6월 19일 (5월 16일)	무쓰 무네미쓰, 청국 공사 汪鳳藻에게 공동 개혁안 요구했으나 거부당함	매천야록
6월 24일 (5월 21일)	조선, 미국에 거중조정 요청	KAR Ⅱ
6월 26일 (5월 23일)	일본군 서울 점령 용산에 야영지 설치	『뮈텔주교일기』
6월 27일 (5월 24일)	일본 수송선 8척이 병사 4,000명과 함께 제물포 도착	『뮈텔주교일기』
6월 29일 (5월 26일)	고종, 유사시 주요 관리와 왕족들 미국공사관으로의 파천 요청	KAR Ⅱ
7월 5일 (6월 3일)	고종, 유사시 자신의 미국공사관으로의 파천 요청 언급 영국공사관으로 파천 요청 언급	KAR Ⅱ/FO228-1168
7월 8일 (6월 6일)	미국, 고종의 파천 신청 거부	KAR Ⅱ

6월 18일에는 조선에서 청 군대가 물러날 것을 요구했고, 조선에서 무소불위의 권력을 발휘하던 위안스카이가 돌아갔으며, 후임 唐紹儀도 청으로 돌아갔다.[48] 이날 조선은 미국에 동학농민운동이 끝났음을 알렸고, 미국도 이에 대한 축하의 메시지로 화답했다.[49] 다음날 6월 19일 무쓰 무네미쓰[陸奧宗光]는 주일청국공사 汪鳳藻에게 "동학당을 물리쳐 혼란한 사태가 이미 안정을 찾았으니, 현재 조선은 內治를 닦아야 하니 양국은 마땅히 각각 대신을 임명하여 조선에 보내서 여러 폐단을 살피게 하여야 한다."[50]고 하였으나, 왕봉조는 "조선내란이 이미 평정되었기 때문에 후환을 예방하는

---

48) 구선희, 『한국근대 대청정책사연구』, 혜안, 1999, 244쪽.
49) 『구한국외교문서』권11, 「미안」1255호, 1894년 6월 18일. 1256호, 1894년 6월 20일.
50) 十六日 日本外務卿陸奧宗光 照會于淸公使王鳳藻曰 目下貴國與本國 驅除東學黨亂 事旣定矣 當代朝鮮 修其內治 兩國宜各簡大臣 前往朝鮮 稽察各弊…
(황현 저, 이장희 교주, 『이장희전집 6권(매천야록 1)』, 경인문화사, 2011, 607쪽).

한 가지 방법으로는 좋다고 하나, 조선의 내치는 스스로가 정돈할 문제"라
며 이를 거부하였다.51) 이날 일본군 3,000명은 열강의 동의 없이 제물포
외국인 거류지에 거류하였기 때문에 씰은 이에 대해 유럽 열강들과 협의
하여 항의할 것을 계획하였다.52) 6월 20일 미국 주재 일본공사 다테노 고
조[建野鄕三]는 조선을 분할 보호하는 것을 무쓰 무네미쓰에게 제기했고,
청국과 일본의 타협으로 남부 4개 도는 일본이, 북부 3개는 청이, 경기도는
고종이 담당하게 하도록 협의하였는데, 이는 실행되지는 않았지만, 19세기
이후 외국인에 의해 한반도의 분할이 거론된 최초의 사례였다.53) 뮈텔주
교일기에 의하면 이날(6월 20일) 전후로 일본군이 서울 곳곳을 점령하고
있었다.54)

조선은 6월 24일 일본군 철수와 관련, 미국에 거중조정을 요청하였고,55)
다음날 씰은 "가능하다면 현재 어려운 상황의 현명한 해결책을 낼 거중조
정을 발휘할 수 있다."고 말했다.56) 다음날 6월 25일 서울 주재 각국 공사
들에게 청일 양국 군의 동시 철병을 권유하는 공식 요구를 했지만, 러시아
는 미온적인 태도를 보였다.57)

그러나 사태가 급박해졌다. 6월 26일에는 일본군이 동대문 밖을 나가 종
로를 통과하고 궁궐 앞을 거쳐 동대문을 빠져나가고 용산에 야영지를 잡
았으며 서울에 거주하던 이들은 대부분 지방으로 떠나갔다.58) 이날 무쓰

---

51) 回電以爲朝鮮內亂已平 本國無復暴師外地之理 至於豫防後患一款 命意雖善但
　　其內治…(황현 저, 이장희 교주, 『이장희전집 6권(매천야록 1)』, 경인문화사, 2011,
　　608쪽).
52) KAR Ⅱ, John M. B. Sill to Secretary of State, 1894.6.18, p.331.
53) 이완범, 『한반도 분할의 역사』, 한국학중앙연구원 출판부, 2013, 103쪽.
54) 『뮈텔주교일기』, 1894년 6월 20일.
55) 『구한국외교문서』 권11, 「미안」 1257호, 1894년 6월 24일.
56) …and to say that I am very willing to use my Good offices to bring about, if possible,
　　a favorable solution of the present difficulties…(『구한국외교문서』 권11, 「미안」
　　1258호, 1894년 6월 25일).
57) A. 말로제모프 저, 석화정 역, 『러시아의 동아시아 정책』, 지식산업사, 2002, 90쪽.

무네미쓰는 또다시 전문을 보내 "철병하지 않겠다."는 뜻을 밝혔을 뿐만 아니라,[59] 경복궁에서 고종을 직접 알현하여 조선 개혁에 대한 의견을 제시하였다.[60] 6월 27일에는 일본 수송선 8척이 병사 4,000명과 식량, 물자를 제물포에 실어다 놓았다.[61] 이날 가토 마쓰오[加藤增雄]는 무쓰 무네미쓰의 비밀 훈령을 가지고 서울에 도착하였다. 무쓰 무네미쓰는 "전쟁은 피할 수 없으므로 어떤 수단을 동원해서라도 개전의 구실을 만들어야 한다."라는 뜻을 가토 마쓰오를 통해 전달했다.[62]

그런데 주목할 점은 1894년 6월 28~29일이다. 6월 28일 고종은 "다른 나라에게 모욕을 당하고 있는데, 오직 분발하고 정신을 차려야 나라가 다스려져 강하게 될 것이다."라고 하면서 대신들과 부국강병에 대해 논의하고 있었지만,[63] 다음날 미국에는 도움을 요청하는 이중적 태도를 보이게 된다.

미국무부문서의 1894년 6월 29일자를 보면 고종은 왕족들과 고위 관료들에 대한 파천을 미국에 긴급하게 요청하였던 것으로 확인된다.

조선 국왕의 급박한 요청에 대하여, 그것이 필요한 경우 저는 왕족과 고위관료들의 파천을 승인하겠다고 했습니다. 동시에 그것이 절대적으로 필요한 경우가 아니라면, 정부 수뇌부의 어떠한 거취 변경에 대해서 반대했습니다.[64]

---

58) 『뮈텔주교일기』, 1894년 6월 26일.
59) …則我國斷不撤兵 云云(황현 저, 이장희 교주, 『이장희전집 6권(매천야록 1)』, 경인문화사, 2011, 610쪽).
60) 한상일 역, 『서울에 남겨둔 꿈』, 100~101쪽.
61) 『뮈텔주교일기』, 1894년 6월 27일.
62) 한상일 역, 『서울에 남겨둔 꿈』, 103쪽.
63) 『승정원일기』, 고종 28년(1894) 5월 25일.
64) I have now to state also that at the urgent request of His Majesty I have agreed to grant asylum to the royal family and other high officials if it becomes necessary, at the same time deprecating any such change of location by the heads of the Government unless it becomes absolutely necessary(*FRUS*, Chinese-Japanese War, Mr.

이 문서에서 씰은 스칼렛 제독에게 미국공사관의 경비원을 12명에서 120명으로 늘려달라고 부탁하기도 하였다. 현 공사관 수비병 12명은 공사관을 보호하기에는 부족한 숫자라고 판단했기 때문이다.[65] 7월 5일에는 고종이 자신의 파천까지 요청한 정황이 보인다.

> 해군 함장이 두 번째로 제 요청을 거절했습니다. 그[스켈렛 제독]가 출발한 이후 통지를 받았는데, 그가 말하기를 국방부 지시에 따라 "모노카시호"에 고종을 안심시키라고 했고, 매 시간마다 그렇게 할 것으로 예상됩니다. 저는 모노카시호의 항해에 대해서는 아직 조언 받은 바가 없습니다. 저는 비상시 왕의 파천(美館播遷: 역자)을 약속했습니다. 해군 함장의 출발은 나를 굴욕적이고, 아주 곤란한 상태로 빠뜨렸습니다.[66]

이 문서에서는 본국 국무부에 대한 씰의 비판적 태도가 보인다. 씰은 스켈렛 제독이 자신의 요청(미관파천과 공사관 인원 증대)을 거절하였는데, 스켈렛의 결정이 자신을 곤란하게 만들었다는 것이다. 다시 말해 씰은 고종에게 미관파천을 약속하는 외교행위를 수행했는데, 조선에게 확증을 주려는 지원을 스칼렛이 하지 않은 상황에 대해 불평하였던 것이다. 여기서

Sill to Mr. Gresham, 1894.6.29, p.25 ; *KAR II*, John M. B. Sill to Secretary of State, 1894.6.29, pp.335~336).

65) *FRUS*, Chinese-Japanese war, Mr. Sill to Mr. Gresham, 1894.6.29, p.25 ; *KAR II*, John M. B. Sill to Secretary of State, 1894.6.29, pp.335~336.

66) Admiral left on the 2nd against my judgement. Received his notice the day after his departure; He said that, according to instructions from the Department, he has ordered "Monocacy" to relieve him, and said that she is expected hourly. I am not yet advised of their sailing. I have promised the King asylum, in case of emergency. Admiral's departure places me in a humiliating and most perilous position⋯(*FRUS*, Chinese-Japanese War, Mr. Sill to Mr. Gresham, 1894. 7. 8, p.31 *KAR II*, Sill to Gresham, 1894.7.8, p.338). *FRUS*, Chinese-Japanese war, Mr. Denby to Mr. Gresham, 1894.7.8, p.31.

주목할 점은 앞서 살펴본 대로 미국공사관 보호에 호의적이었던 스켈렛의 태도가 국무부 지령에 따라 그 태도가 바뀌게 되었던 것이다.

위의 고종 미관파천 시도 관련 문건들을 통해 이것을 고종의 첫 번째 미관파천 시도로 파악해 볼 수 있다. 위 사료에 보이는 바와 같이 당시 주한 미국공사 씰은 고위관료들과 왕족들의 파천을 원하는 고종의 긴박한 요청에 대혜 동의해야 한다고 했다. 해당 문서의 원문 asylum만으로는 파천 대상이 조선 주재 미국공사관인지 미국 본토인지 불분명하지만, 문일평의 선행연구와 2년 후인 俄館播遷(1896년 2월)을 고려한다면 이 asylum은 미국공사관의 파천을 염두에 둔 것이었다.

그러나 7월 8일 고종 파천 관련 등 조선에 대한 정치적 개입문제에 대한 보고를 받은 미국 국무장관 그레샴은 다음과 같이 회신하였다.

> 어제 전보를 받았습니다. 조선의 내정에 미국이 물리력을 수반하여 강력하게 개입할 수는 없습니다. 나는 그에게 조선이 저항하거나 외국 열강들에게 알려야 한다고 충고한 바가 없습니다.[67]

이처럼 그레샴은 철저하게 고종의 미국공사관 파천 요청을 거부하는 반면, 씰은 미국공사관 보호와 자국민 보호에 힘썼다. 미관파천 시도를 거부하였던 7월 8일에 볼티모어 함대 함장인 데이(Day)는 조지 엘리엇(George F. Elliott) 중위를 필두로 한 50명의 군대를 서울로 파견하였다. 씰에 의하면 "청일전쟁 당시 일본 옷을 입은 무질서한 조선인들과 일본군인들이 공사관 부근과 주변을 약탈하는 등 미국인들이 치안을 위협받았기 때문"에 이 파견을 반겼다. 씰의 보고에 의하면 당시 일본인들과 친한 외국인들은 위험한 反외국감정을 만들었고 서울은 여성과 양반들을 포함하여 절반이

---

67) Your telegram of yesterday received … I told Korean minister here this Government could not intervene forcibly. I did not advise him that Korea should protest and notify foreign powers(*FRUS*, Chinese-Japanese war, Mr. Gresham to Mr. Sill, 1894.7.8, p.31).

넘는 이들이 교외로 도망갔으며 서울은 무질서한 상태가 되었다.[68]

이후 미국은 자국 공사관 보호를 위해 모노카시호의 함장 로버트 임페이(Robert E. Impay)가 월미도에서 야영하는 것에 대해 광산기사 타운센드(Walter Davis Townsend)와 논의했다. 이 야영은 서울에서 사건 발생시 미국공사관 호위를 위해 해병들을 서울로 보내기 위해 미국 공사의 의뢰로 이루어진 것이었다. 이때 서울로 파견할 예정인 해병은 50명, 사관은 2~3명으로 당시 파견된 미국 병력의 3분의 1에 해당하였다.[69] 일본은 영국과 미국 해병이 서울로 진입하는 것에 대해 "각 나라의 대표들과 협의하여 오해와 충돌을 예방하라."고 했다.[70] 당초 예정과는 달리 미 해병 80명이 慶運船을 대절하여 수로를 통해 서울로 향했다.[71] 미국공사관은 40명의 해병대원이 경비병으로 근무를 하고 있었다.[72] 당시 미국은 소증기선 2척을 증가시켜 필요한 물건들을 보트에 싣고 미국 공사가 신호를 보내는 대로 출발하게 하였다.[73]

이처럼 공사관 보호에 힘을 쓰고 있던 씰이 미관파천 시도 여부에 대해 여전히 미국정부와는 다른 입장을 고수하고 있었던 정황이 보이는 자료

---

68) *FRUS*, Chinese-Japanese war, Mr. Sill to Gresham, 1894.7.26, p.41.

69) 『주한일본공사관기록』 권3, (5)[美國水兵이 月尾島에서 野營하려고 하는 件], 臨庶第40號, 在仁川 二等領事 能勢辰五郎→特命全權公使 大鳥圭介, 1894년 7월 16일.

70) 『주한일본공사관기록』 권4, (262)[英國과의 우호관계 증진 지시], 번호없음, 大臣 陸奥→불명, 1894년 7월 18일 ; 19일.

71) 『주한일본공사관기록』 권4, (252)[英·美海軍의 京城向發 보고], 번호없음, 能勢→불명, 1894년 7월 17일.

72) 『주한일본공사관기록』 권4, (286)[騷擾에 대비한 朝鮮軍의 무장해제와 그에 따르는 민심의 동요 및 수습책 건의], fd. 7h 45m p.m. 27/Ⅶ per Hizo maru from 釜山→大臣, 1894년 7월 27일. 이들은 제물포로부터 7월 25일에 도착했다(『구한국외교문서』 권11, 「미안」 1266호, 1894년 7월 25일).

73) 『주한일본공사관기록』 권2, (33)[仁川港 外國軍艦 碇泊과 水兵入京의 件], 機密諸第9號, 在仁川 二等領事 能勢辰五郎→特命全權公使 大鳥圭介, 1894년 6월 30일.

두 가지가 보인다.

어느 馬具 제조업자의 견해에 따르면, 총리아문과 李鴻章 두 사람은 비록 일본에 어느 정도 양보하는 일이 있더라도 평화로운 해결을 바랬던 것 같았습니다. 조선주재 미국공사가 조선 국왕을 미국공사관으로 옮기려고 노력하고 있는 것은 사실이며, 그 경우 仁川의 合衆國 군함에서 50명의 해병대원이 미국공사관을 경호하기 위해 京城으로 출발할 태세를 갖추고 있습니다. 그러나 그 마구 제조업자는 조선주재 러시아 공사가 그런 사태로 여러 가지 어려움만 더할 것이기 때문에 위의 조치에 반대하리라고 단언했습니다. 그는 자신의 이름이 거론되지 않기를 희망했습니다.[74]

이 보고는 미관파천이 거부 된 7월 8일 이후인 7월 14일(6월 12일)~15일(6월 13일) 제물포 영사 무로타[室田]가 무쓰 무네미쓰에게 보낸 보고이다. 거부된 이후의 보고는 7월 19일 주일미국공사가 미국무부에 보낸 사료를 통해서도 찾아볼 수 있다.

위안스카이가 청국으로 매우 갑작스럽게 떠났습니다. 모든 청국 상인들은 여기를 떠났고 우리는 며칠 내로 청국 군대가 도착할 것으로 예상했습니다. "모노카시"와 "볼티모어"호는 제물포에 있습니다. 이 공사관에 해병대를 보내준다는 약속이 있었고, 나는 일본에 의해 포로로 잡

---

74) …according to views of saddlery it appeared both of 總理衙門 李鴻章 rather inclined to peaceful settlement even if they may somewhat concede to Japan. It is the fact that United States Minister in Corea is endeavoring to have the King of Corea removed to United States Legation, on that occasion fifty marines from United States man of war at 仁川 is said to be ready to 京城 to guard United States Legation but saddlery have asserted that Russian Minister to Corea will oppose to the steps above mentioned as it will only augment difficulties it is said that saddlery desired his name not mentioned(『주한일본공사관기록』 권4, (2)[李鴻章의 전쟁준비에 관한 보고], 電受 第422號, 濟物連 領事 室田 → 東京 外務大臣 陸奧 1894년 7월 14일 ; 15일).

혀 있는 왕의 소식을 들었기 때문에 어느 때나 그들을 보내야 할지도 모른다고 생각했습니다. 저는 만약 그가 여기에 올 것이라면 그에게 피신을 약속했고, 저는 그가 그렇게 할 것으로 이해하였습니다.[75]

미국으로부터 고종의 파천시도를 거부하라는 통보를 받은 이후에도 파천 언급이 계속 나오는 두 가지 사료를 보면, 그는 미 국무부의 수차례 경고에도 불구하고 고종을 미국공사관으로 파천시키려고 했을 가능성이 있다.

썰은 정식으로 외교업무를 배우거나 경험하지 않고 인맥으로 조선에 도착하였다.[76] 그는 호의적인 미국인식을 갖고 있던 고종과의 접촉을 통해 그에 대한 친밀한 감정을 가지게 되었고, 외교적 업무를 수행하는 것에 있어 감정적인 태도를 보여준 것으로 생각된다.

청일전쟁 직전, 고종이 미관파천을 시도한 시기를 전후해 일본군은 서

---

75) Mr. Yuan has left for China very suddenly. All Chinese merchants have left here and we expect Chinese troops to arrive in a few days. The "Monocacy" and "Baltimore" are at Chemulpo. Arrangements have been made for sending a guard to this Legation and I think I may have to send for them at any hour as it is quite evident that there is some cause for the ears of the King that he is to be taken prisoner by the Japanese. I have promised him asylum if he comes here asking it; and I understand he will do so(Record Group 59 : General Records of the Department of State, 1763~2002, Despatches from U.S. Ministers to Japan, 1855~1906, Department of State(09/1789~) : Despatches from U.S. Ministers to Japan ; 1855~1906 ; Vol 72 : Oct.1899 to Nov.1899(No.62~No.76), Sill to Dun, 1894.7.19) 이 사료는 주일미국대사가 미국 국무장관에게 보내는 전문과 그에 동봉된 기록이다(국사편찬위원회, 『국사편찬위원회 수집 미국 NARA 자료 편람』, 2014, 60쪽).

76) John M. B. Sill은 청일전쟁 직전인 1894년 4월에 서울 주지 미국 辨理公使 겸 總領事로 부임하였다. 썰은 미국 미시건주에서 교육행정가로 40년을 근무하고, 외교적 경험이 없이 조선에 부임하였다. 그는 미시건 대학 출신인 클리블랜드 대통령 참모 디킨슨(Don Dickinson)과 국무부 차관보 얼(Edusin F. Uhl)의 추천으로 조선에 오게 되었다(손정숙, 『한국 근대 주한 미국공사 연구(1883~1905)』, 한국사학, 2005, 160쪽 그의 활동에 대해서 구미 논문으로는 Jeffery M. Dorwart, "The Independent Minister: John M. B. Sill and the Struggle against Japanese Expansion in Korea, 1894~1897", Pacific Historical Review Vol 44-4(1975.11), pp.485~502가 있다.

울의 모든 군사적 전략 지역과 서울에서 제물포에 이르는 한강을 모두 점
령하였다.[77] 고종의 미관파천에 대해 언급된 두 번째 문서의 날짜인 6월
29일은 일본이 제시한 독립 - 속방문제 및 내정개혁문제와 관련한 조선의
회답기일이기도 했다. 조선에서는 소식이 없어 스기무라 후카시가 오전 10
시에 통리아문에 가서 회답을 촉구하기도 하였다. 조선에서는 이 훈령에
대해 회피하였다.[78] 고종이 파천 요청이 한창 진행되던 6월 26일, 조선은
미국에 거중조정을 요청하였고 이 회답을 듣기에는 시간이 빠듯하였으
며[79] 이에 고종은 미관파천 요청을 했던 것이다.

청일전쟁 당시 영국을 주도로 한 외교적 공조가 진행되자 일본은 7월 1
일 임시 각의를 통해 조기 개전 방침을 철회하였다.[80] 이와 더불어 7월 3
일 씰은 청국과 일본이 공동으로 철수하지 않는다는 뜻을 가지고 있었음
을 미국에 통보하였고, 이를 다시 조선에 알렸다.[81] 앞서 언급했듯 고종은
이틀 후인 7월 5일에 자신의 파천까지 요청하였다는 기록이 보이며, 이 날
에 고종이 영국공사관으로 파천을 타진하였지만 이것이 불가능하다고 통
보한 기록이 보이기도 한다.[82] 미국이 7월 9일에 이를 거부한 사실에서 보

---

77) *FRUS*, Chinese-Japanese war, Mr. Sill to Mr. Gresham, 1894.6.29, p.25.
78) 한상일 역, 『서울에 남겨둔 꿈』, 105~106쪽.
79) 『주한일본공사관기록』 권4, (10) [朝鮮公使가 美國의 조정을 청한 것에 대한 美
    國國務大臣의 담화 보고의 件] 電受第336號, 在美 公使 建野→外務大臣 陸奧,
    1894년 6월 29일 발신 30일 접수.
80) 석화정, 「청일전쟁 전황(戰況)과 '조선의 독립' 문제에 대한 열강의 정책」, 『軍史』
    102, 2016, 154~156쪽
81) …his Government finds it impossible to accede to our request owing to the part that
    the Government of Japan has already declined to agree to such simultaneous
    withdrawal(『구한국외교문서』 권11, 「미안」 1259호, 1894년 7월 3일)
82) 영관파천에 대해서는 한승훈, 「19세기 후반 조선의 대영정책 연구」, 고려대학교
    박사학위 논문, 2015, 226쪽 참조. 영관파천에 대한 원문은 해당 논문 각주 55의
    FO 228/1168(This morning the King send me a message to the effect that he was in
    some apprehension lest the Japanese showed surround his palace and put constraint on
    his person. In that event would I receive His Majesty at this Legation? It was

이듯, 고종은 미국공사관으로의 파천 요청에 대한 회신을 받기도 전에 영국 공사관에도 파천을 요청한 것이었다.

미관파천과 영관파천이 모두 시도에 그치고, 6월 11일 고종은 "두려운 마음으로 정신을 차리고 경계하고 잠자리에 들었다가도 여러 차례 일어나 궁리하기도 하며 분발하고 단련하여 정치를 일신하기 위해 (교정청을 설치하였으니) 모든 신하들도 또한 마땅히 깊이 반성하여 자신의 뜻을 선양할 책무를 다할 방도를 강구해야 할 것"[83]이라고 전교를 내려 자주개혁의 의지를 내세웠다.

하지만, 7월 23일 오토리 게이스케[大鳥圭介]가 군병을 이끌고 경복궁 영추문까지 들이닥쳐 빗장을 부수고 들어와 고종을 위협하였고,[84] 7월 27일에는 군국기무처를 통해 조선정부의 개혁을 강요하였다. 무쓰 무네미쓰는 홍선대원군 중심의 내각에 일본인 인사를 채워 넣었고 김홍집, 어윤중, 유길준 등의 인사와 함께 새로운 친일정권 수립을 구상하였다.[85] 미국은 일본이 경복궁을 점령한 이후에 제물포에서 훈련을 받고 있던 40명의 해병들을 불러서 미국공사관을 보호하도록 하였다.[86]

---

indicated that if His Majesty did visit me he would come secretly. I replied that I thought it impossible that the Japanese would have any sign on his Majesty's person···(C.T. Gardner to N. R. O'Conor, 1894.7.5, Telegram, FO 228/1168(To and From Korea 1-52d, 주한영국공사 겸 주한영국공사가 주한영국총영사에게 보낸 문서, 주한영국총영사가 주청영국공사 겸 주한영국공사에게 보낸 문서) ; Gardner to N. R. O'Conor, July 5 1894, Separage & Confidnetial, FO 228/1168 재인용).

83) ···予則瞿然警惕 一榻屢興 思欲奮發淬礪 一新政治 所以有日昨之敎 凡百臣隣 亦宜有猛省而求盡對揚之責矣(『승정원일기』, 고종 31년(1894) 6월 11일).

84) 『승정원일기』, 고종 31년(1894) 6월 21일 ; 당시 상황은 中塚明, 『歷史の僞造をただす 戰史から消された日本軍の「朝鮮王宮占領」』, 高文硏, 1997(나카츠카 아키라 저, 박맹수 역, 「1894년 경복궁을 점령하라」, 푸른역사, 2002와 조재곤, 「1894년 일본군의 조선왕궁(경복궁) 점령에 대한 재검토」, 『서울과 역사』 94, 2016, 58~59쪽 참조.

85) 유영익, 『갑오경장연구』, 일조각, 1990, 9쪽.

86) 『구한국외교문서』 권11, 「미안」 1265호, 1894년 7월 25일.

3. 미관파천 거부의 외교적 배경

그렇다면 미국은 왜 미관파천을 거부한 것일까? 5월 22일에 미국은 씰 공사의 보고를 통하여 "양국의 공동철병에 있어 청은 찬성하나 일본은 딴 목적이 있음을 알고 있다."고 했다.[87] 1890년대 들어서 미국 내에 팽창주의 시고가 대두되긴 했지만, 1898년 미서전쟁으로 필리핀을 차지하기 전까지 동아시아에 적극적인 개입을 하지 않았다.[88]

우선 1894년 미국 대통령 메시지 중 브라질 - 포르투갈 전쟁과 엘살바도르의 예를 보면 미국이 파천을 무조건 거절한 것은 아니었다는 점을 알 수 있다. 이 경우에 망명인지 공사관 파천인지는 정확하게 알 수 없으나, 미국은 브라질 - 포르투갈 전쟁에서 그들의 요청을 받아 거중조정을 하였으며, 엘살바도르 정부에서 갑작스러운 대중 폭동으로 쿠데타가 일어났을 때 정부 관리들이 미국 배로 도피한 적이 있었다. 미국은 "망명 자체에 대해 미국정부에서 선호하는 것이 아니지만, 망명자들이 위협받는 상황에서는 인도주의적인 차원에서 허용한 것"이라고 하였다.[89] 그러나 이는 먼로주의를 지킨 것으로, 엘살바도르가 아메리카 대륙에 해당하기 때문에 개입한 것이다.

그렇다면 먼로주의가 적용되는 아메리카 이외의 지역, 동아시아에서는 어떻게 대응했는지 알아보기 위하여 청국의 거중조정 요청에 대한 미국의 대응을 살펴볼 필요가 있다. 무쓰 무네미쓰[陸奧宗光]는 미국이 청국의 거중조정 요청에 응하지 않았다고 생각했지만,[90] 미국은 청일전쟁 당시 본

---

87) 문일평, 앞의 책, 2016, 266쪽.
88) 김기정, 『미국의 동아시아 개입의 역사적 원형과 20세기 초 한미 관계 연구』, 문학과 지성사, 2003의 제4장 19세기 후반 세계 체제 변동과 미국의 동아시아 정책 참조.
89) United States Department of State / Papers relating to the foreign relations of the United States, with the annual message of the president transmitted to Congress December 3, 1894, XIV

인들의 이권과 관련되는 일에 관해서는 적극적으로 일본 정부에 언급했다. 특히 청국에 있는 그들의 거류지와 무역 중심지가 그러했다. 일본정부는 처음에 상해를 전쟁지역으로 두지 않았다. 청의 일간지에도 이에 대해서는 일본주재영국 공사의 공으로 이루어졌다고 하면서 환영하였다.[91] "영국에 이어 미국 또한 상해에 대한 중립성을 원하는 바이니 상해주재미국 영사로 하여금 덴비에게 상해의 중립성을 보장하게끔 하라"고 했다. 상해는 당시 열강들의 상업의 중심지였기에 미국인의 이권을 위하여 청국의 중립화는 필수적이었다.

그런데 일본 정부는 "상해는 공격하지 않을 것"이라는 약속을 영국에 철회한다고 하였다. 이에 덴비는 일본에 "상해의 중립화"를 요구했다.[92] 덴비는 청국 총리아문에서 폐쇄한 福州에 대해서도 상업적인 이유로 이 지역이 모든 위험으로부터 반드시 보호되어야 한다는 입장을 견지하였다.[93]

주일청국공사 楊儒는 그레샴에게 동학농민운동 등 청일전쟁의 발발 배경과 조선과 청국의 전통적인 관계에 대해서 설명했다. 그는 일본군이 부당하게 철수하지 않아 청일전쟁이 일어났으며, 아산에서 청국과 영국의 배가 침몰된 것을 언급하면서 이것이 부당한 처사라고 하였다. 또한 양유는 일본이 북경에 있는 미국 외교 대표와 상의도 없이 전쟁을 일으켰다는 점에 항의했다.[94]

9월 8일 영국은 미국과 영국, 독일, 프랑스, 러시아와 연합하여 조선의 독립과 청의 일본에 대한 전쟁보상금을 조건으로 사태를 종결시키자고 했다.[95] 아산과 평양에서 패배한 청국은 덴비에게 미국이 거중조정을 해주

90) 무쓰 무네미쓰, 앞의 책, 2016, 108쪽.
91) FRUS, Chinese-Japanese war, Mr. Denby to Mr. Gresham, 1894.8.6 ; Inclosure in No. 43. Extract from the North China Daily news, p.55.
92) FRUS, Chinese-Japanese war, Mr. Denby to Mr. Gresham, 1894.9.15, p.59.
93) FRUS, Chinese-Japanese war, Mr. Denby to Mr. Gresham, 1894.10.9, p.71.
94) FRUS, China, Mr. Yang Yu to Mr. Gresham, 1894.9.22.
95) FRUS, Chinese-Japanese war, Mr. Goschen to Mr. Gresham, 1894.10.6, p.70.

기를 공식적으로 요구했다. 청 황제는 미국 대통령과 가장 친근한 관계를 맺고 유지하고 싶어 했고, 1858년 청국과 미국이 맺은 조약의 조항인 "어떤 국가가 불공정하거나 강압적인 처우를 받을 때 미국이 거중조정을 발휘한다."는 것을 지켜주기를 바랐다. 총리아문은 영국·프랑스·독일·러시아 공사와 덴비를 불러 평화를 위하여 미국 정부가 개입하기를 바랐다.

미국은 이에 대해 협성의 기초, 조선의 독립, 전쟁 보상금의 할부 납부 등을 조건으로 내세웠다. 총리아문에서는 일본이 만주에서 군대를 철수해야 한다고 밝혔고, 조선의 독립을 인정하며, 전쟁보상금을 내겠다고 했다. 덴비가 이러한 총리아문의 뜻을 미국에 전달하자,96) 그레샴은 대통령 클리브랜드(Grover Cleveland)가 직접 지시하여 현재 일본과의 전쟁에 대해 거중조정을 기꺼이 하려고 한다고 전달했다.97)

덴비는 청국 관료들에게 청국과의 우정을 생각하여 대통령이 거중조정에 나설 것이라고 했으며, 청국 관료들은 미국이 일본에 대한 거중조정을 하고 만약 일본이 받아들이면 청국에도 그렇게 할 것이라는 점을 전달받았다. 청국관료들은 열강들로부터 소식을 듣는 대로 덴비와 다시 이야기하기로 하였다.

그러나 미국은 여전히 일본과 청국이 합의해야 거중조정을 실천할 수 있다는 입장이었다.98) 1894년 덴비가 오후 3시에 청국의 중요 인사 6명을 만나서 일본이 청국과 조정에 나서기로 했다는 사실을 전달했고, 청국 관원들은 기뻐했다. 그런데 덴비는 청국 관원들에게 전쟁이 이미 일본의 승리로 끝난 마당에 미국의 중재가 필연적인 것은 아니기 때문에 청국 스스

---

96) FRUS, Chinese-Japanese war, Mr. Denby to Mr. Gresham, The Tsung-Li-Yamen(總理衙門) to Mr. Denby, 1894.11.4, pp.74~75.

97) FRUS, Chinese-Japanese war, Mr. Gresham to Mr. Denby, 1894.11.6, p.76.

98) …the president had tendered his Good offices to Japan, and if Japan accepted them China would instantly do so(FRUS, Chinese-Japanese war, Mr. Denby to Mr. Gresham, 1894.11.10, p.77).

로 평화에 대한 접촉을 해야 한다고 하며,99) 끝까지 직접적 개입을 꺼렸다.
이처럼 미국은 열강들과의 제휴를 통한 일본군의 철수 요구에 신중을 기
하였다. 다만 상해와 복주 등 이권과 관련되는 항구에 있어서는 개입하였
다. 따라서 청국 자체의 거중조정을 받아들였다기보다는 이권에 한해서만
개입했던 것이다.

이러한 측면에서 본다면 미국이 고종의 미관파천 요청을 외면한 까닭이
미관파천을 받아들여서 당시 조선에서 얻을 이전이 그렇게 크지가 않았다
는 점에서 찾을 수 있다. 불간섭주의를 견지하고 있었던 미국 대통령은
1894년 청일전쟁에 관련해서 이렇게 발언했다.

　　미국은 모든 외국국가들에 대해서 균등한 (미국의) 호혜적 대우는 청
　　국과 일본 정부의 일치된 요청에 따라 대리인이 되어 적절한 범위내에
　　서 분명하게 했고, 전쟁으로 말미암아 외교적 관계가 중단되는 동안 이
　　를 보호할 것입니다.100)

그리고 조선에 대해서는 다음과 같은 입장을 표명했다.

　　조선(서구 국가로 (우리와) 처음 조약을 맺은)에 조항(역자 주: 거중조
　　정)을 수행하는 것과 관련해서 저는 일본이 조선의 행정적 개혁들(역자
　　주: 갑오개혁)을 요구하는 것에 초기 어려움에 있어 원활한 해결을 유도
　　하는 거중조정을 하지 않을 수 없다고 생각합니다. 하지만 실제로 그리

---

99) FRUS, Chinese-Japanese war, Mr. Gresham to Mr. Denby, 1894.11.22, pp.80~81.
100) A gratifying recognition of the uniform impartiality of this country towards all foreign states was manifested by coincident request of the Chinese and Japanese governments that the agents of the United States should, within proper limits, afford protection to the subjects of the other during the suspension of diplomatic relations(United States Department of State / Papers relating to the foreign relations of the United States, with the annual message of the president transmitted to Congress December 3, 1894, VIII).

달갑지 않은 적대감의 쌓임은 이러한 친절한 목적을 없앴습니다.[101]

실제로 그리 달갑지 않은 적대감이란 일본의 불편한 심기를 미국이 우회적으로 표현한 것으로 보이며, 일본은 미국의 조선에 대한 거중조정에 대해 적극적으로 대응하였다.

소선의 미국에 대한 거중조정 요청 실패 이유는 미국의 불간섭주의 원칙에 따른 것으로도 생각할 수 있지만, 일본의 방해에서도 그 이유를 찾아볼 수 있다. 일본은 경복궁을 점령하여 개혁을 명목으로 조선의 독립을 방해한 것뿐만 아니라 로비와 자국의 불리한 기사발송 방해 등 뒤로는 여러 가지 공작을 펼쳤다. 일본은 조선독립을 위해 전쟁을 일으켰다고 주장하지만, 실제로 일본은 조선의 거중조정을 방해하였고, 나아가 조선독립을 방해하였기 때문에 일본이 조선의 거중조정을 방해한 사실을 살펴보는 것은 의의가 있다.[102]

일본은 출병 결의안을 내각에서 논의하였고, "공사관과 일본국민을 보호하기 위해 병력을 파견할 필요성이 있다."는 방침을 내세웠다. 이토 히

---

101) Acting under a stipulation in our treaty with Korea(the first concluded with a western power) I felt constrained at the beginning of the controversy to tender our good offices to induce an amicable arrangement of the initial difficulty growing our of the Japanese demands for administrative reforms in Korea; but the unhappy precipitation of actual hostilities defeated this kindly purpose(United States Department of State / Papers relating to the foreign relations of the United States, with the annual message of the president transmitted to Congress December 3, 1894, IX).

102) 일본은 청일전쟁을 조선독립을 위해 일으킨 전쟁이라고 하고 있고, 현재까지도 영향을 미쳐 대다수의 일본인들도 청일전쟁이 조선의 독립을 위해 일으킨 것이라고 인식하고 있다(박맹수, 「19세기 말 동아시아 전쟁에 대한 일본인의 '왜곡된' 기억」, 『역사와 현실』 51, 2004, 45쪽). 일부 일본학자들은 이에 반성하여 청일전쟁 당시 일본의 경복궁 점령이 우연히 일어난 것이 아니라, 일본 공사관과 일본 육군 혼성여단의 계획에 따라 이루어진 것이라고 보고 있다(中塚明, 『歷史の僞造をただす 戰史から消された日本軍の「朝鮮王宮占領」』, 高文硏, 1997(나카츠카 아키라 저, 박맹수 역, 「1894년 경복궁을 점령하라」, 푸른역사, 2002).

로부미는 일본군 파병건을 천황에게 상주하였으며, 천황은 육군 대신, 해군 대신과 참모총장, 해군군령부장 등을 불러 칙어를 내려 출병을 격려하였다.[103]

내부에 합의가 된 일본은 1894년 6월 11일 동학농민군과 조선정부가 전주화약을 맺었음에도 철병을 거부하였다. 오토리 게이스케는 청국공사에게 서로 충돌을 피할 것을 강조하였고, 6월 15일에 이것이 받아들여지는 것처럼 보였다. 그런데 오토리는 갑자기 무쓰 무네미쓰 외무대신에게 보내는 전문에서 "인천에 도착한 군인들을 철수 시키는 것보다, 적절하게 사용할 수 있는 방안을 모색해야 한다."고 했다. 일본은 내각회의에서 청국 정부와 협의하여 조선 내정을 개혁하기로 하였다. 실제로 일본은 서울 - 부산의 전신선 양여, 일본 물품에 대한 불법과세, 방곡령 전면 폐지 등 이권을 확보하는 것을 목표로 하였다. 6월 16일 청국과 공동 조선 내정개혁을 제안하였다. 이어 6월 18일에는 조선에서 청 군대가 물러날 것을 요구했고, 조선에서 무소불위의 권력을 발휘하던 위안스카이가 청국으로 물러났으며, 후임 당소의도 머지않아 청으로 돌아갔다.[104]

6월 24일 씰은 영국·러시아·프랑스 등과 함께 군대의 철수에 힘을 기울였다.[105] 스켈렛 제독도 일본이 군대를 철수하는 것에 관심을 가지고 있었으며, 씰은 스켈렛이 떠나는 날짜를 늦추는데 성공하였다. 씰은 "자신이 조선을 떠난다면 80명의 미국인들이 보호받지 못한 채로 위험에 노출된다."고 보고했다.[106]

---

103) 原田敬一, 『日淸戰爭』, 弘文館, 2008, 15쪽.

104) 구선희, 『한국근대 대청정책사연구』, 혜안, 1999, 244쪽 ; 한상일 역, 앞의 책, 1993, 92~99쪽. 이미 일본군부에서는 서양과의 대결을 앞두고 청나라와의 개전을 통해 조선을 확보해야 한다는 계획이 있었다(후지무라 미치오 저, 허남린 옮김, 『청일전쟁』, 소화, 1997, 68~69쪽).

105) 독일은 여기에 참여하지 않았다.

106) FRUS, Chinese-Japanese war, Mr. Sill to Mr. Gresham, 1894.6.25, pp.22~23. 이 문서의 첨부문서를 보면 고종이 직접 씰에게 외국 대표단들을 통해 통하여 현재

6월 25일 러시아를 시작으로 열강은 청국과 일본 양국 군대의 철수를
요구했고,[107] 청국은 이를 받아들였으나 일본은 거절하였다. 앞서 언급했
듯 고종이 망명을 요청하기 3일 전 조선은 미국에 거중조정을 요청하였고,
이에 주미일본공사 에드윈 던(Edwin Dun)은 미국이 중재역할을 하지 않을
것으로 예상하였다.[108]

그런데 주한미국공시는 다른 태도를 취하였다. 주한미국공사 씰은 일본
이 제물포에 다른 서구 열강들의 동의도 없이 군대를 이끌고 온 것은 협약
을 위배한 것이라고 밝혔다. 그는 이러한 행위에 대해서 유럽 공사관원들
과 일본에 강력하게 항의했다. 씰은 스켈렛 제독과 함께 고종을 알현하였
고, 고종은 미국 함대가 온 것에 대한 감사의 표시를 했다.[109] 미국 대통령
은 미국과 조선의 우호관계가 지속되게 하고, 평화적인 환경을 만들기 위
하여 노력하라고 했고,[110] 씰은 자신이 평화를 위하여 최대한의 노력을 기
울이는 상태이며, 동학농민운동과 이에 따른 청과 일본의 군사파견으로 조
선의 독립이 위협받고 있는 어려운 상황임을 보고했다.[111]

6월 22일 미 국무차관 울(Edwin F. Uhl)은 씰에게 조선에 가능한 모든
노력을 하여 평화로운 상태를 보존하게끔 하라고 하였다.[112] 미국은 또한
일본 정부의 무력적인 요구에 저항하고 외국 공사들에게 그 상황을 알리
라고 조언하였다.[113]

상황을 처리해 줄 것을 당부하는 내용이 보인다.

107) 原田敬一, 앞의 책, 2008, 26~30쪽.
108) 『주한일본공사관기록』 권4, (10)[朝鮮公使가 美國의 조정을 청한 것에 대한 美
國國務大臣의 담화 보고의 件] 電受第336號, 在美 公使 建野→外務大臣 陸奧
1894년 6월 29일 발신 30일 접수.
109) FRUS, Chinese-Japanese war, Mr. Sill to Mr. Gresham, 1894.6.18, pp.20~21 ; 『구한
국외교문서』 권11, 「미안」 1258호, 1894년 6월 25일.
110) FRUS, Chinese-Japanese war, Mr. Uhl to Mr. Sill 1894.6.22, p.22.
111) FRUS, Chinese-Japanese war, Mr. Sill to Mr. Uhl 1894.6.24, p.22.
112) FRUS, Chinese-Japanese war, Mr. Uhl to Mr. Sill, 1894.6.22, p.22.
113) The Minister at Washington communicated by telegraph to this Government that you

그러나 6월 29일, 씰은 일본이 조선을 청으로부터 벗어나게 하고 독립국으로서의 지위를 확고히 하도록 도와준다고 하면서 하루만에 태도가 바뀌었다.[114] 그가 왕족과 고위 관료의 망명에 대해 약속한 것을 미국에 보고한 날도 이 날이다.[115] 또한 이 날 일본은 고종과 왕궁의 보호를 위해 미국 해병이 올 것이라는 소문을 듣게 되었고, 일본은 이것이 일본에 불이익을 가져올 것이라고 생각해 미국의 이러한 행동을 즉각적으로 제지하게 하였다.[116] 이렇게 보면 씰은 고종의 미국공사관 파천에 찬성하면서도 한편으로는 친일의 입장을 고수하는 모습을 보여주고 있었다.

이후 고종의 미국공사관 파천요청이 거부되자 7월 5일(6월 3일) 조선은 미국에 駐箚美國參務官으로 근무하고 있던 李承壽로 하여금 미국에 거중조정을 부탁하게 했다. 고종은 미국이 청·일본의 대표에게 "가능한 빨리 (일본과 청의) 군대를 철수하게끔 해주기를 바란다."고 했다.[117]

이미 6월 30일을 기점으로 열강이 본격적으로 간섭하였다. 러시아는 일본의 철병을 강력히 요구하였으며,[118] 7월 7일 영국의 킴벌리(Lord Kimberley) 외상은 러시아 혹은 러시아와 일본이 합심하여 영국을 배제하고 청국이

---

have advised them to protest against the demand of the Japanese Government made under duress and to notify the foreign ministers(FRUS, Chinese-Japanese war, Mr. Denby to Mr. Gresham, 1894.7.8, p.31).

114) I may add that Japan seems to be very kindly disposed toward Korea. She seems only to desire, once for all, to throw off the yoke of Chinese suzerainty and then to assist her weak neighbor in strengthening her position as an independent state(FRUS, Chinese-Japanese war, Mr. Sill to Mr. Gresham, 1894.6.29, p.26).

115) FRUS, Chinese-Japanese war, Mr. Sill to Mr. Gresham, 1894.6.29, p.26.

116) 『주한일본공사관기록』 권4, (170)[朝鮮王宮 보호를 위한 美國 海兵隊 파견 제지 요청], 불명→領事 能勢, 1894년 6월 29일.

117) FRUS, Chinese-Japanese war, Mr. Ye Seung Soo to Mr. Greham, 1894.7.5. Inclosure 1 in No. 20 _ Telegram The Korean Government to Mr. Ye Sung Soo, p.29. 이승수는 외무협판이었는데, 미국 주재 관리대신을 맡아서 일하게 되었다(『승정원일기』 고종 31년(1894) 1월 8일).

118) 原田敬一, 앞의 책, 2008, 27쪽.

조약을 체결할 것을 두려워 하여 러시아·미국·독일과 공동개입을 제의하
였다.[119] 7월 17일에 열강들은 조선 항구 중립에 대한 회의를 하였는데, 씰
이 원하는 목표를 얻지 못하는 회의(ineffectual meeting)라고 표현한 것에서
보이듯[120] 큰 의미는 없는 회의였다.

　6월 7일(7월 9일) 일본은 전쟁을 일으키는 것에 대해 부정적인 미국에
계속 로비했다. 미 국무장관 그레샴은 다음과 같이 일본에 경고했던 바
있다.

　　조선에서의 변란(역자 주: 동학농민운동)이 이미 진정되어 국내가 평
　　화롭게 되었음에도 불구하고 일본은 철병을 거부하고 그 나라 내정에
　　대해 급격한 개혁을 시행할 것을 요구한다고 들었는 바, 합중국 정부는
　　대단히 유감으로 생각합니다. 그리고 청국 측에서 일본과 청나라 양국
　　이 동시에 철병할 것을 희망한 사실이 있었음에도, 그와 같은 요구를
　　하는 것은 유별나게 남의 이목을 끄는 것이 될 것입니다. 합중국 정부
　　는 일본과 조선 두 나라에 대해 깊은 우의를 갖고 있으므로 조선의 독
　　립과 주권이 존중되기를 희망하는 바입니다. 이에 따라 본 공사는 이
　　전문에서 귀국 정부에 다음과 같이 개진하라는 훈령을 받았습니다. 만
　　약 일본이 명분 없는 군사행동을 일으켜 국력이 미약하여 나라를 방위
　　하기 어려운 이웃나라를 전장으로 만드는 일이 생기면 대통령은 크게
　　실망할 것입니다.[121]

---

119) Park Il-Keun, Anglo-American and Chinese iplomatic Materials relating to Korea
　　(1887~1897), The Earl of Kimberley to Mr. O'Conor, 1895.7.7, p.24. 영국의 킴벌리
　　외상은 현상 유지책의 하나로 이러한 전략을 택하였다(후지무라 미치오 저, 앞의
　　책, 1997, 100쪽).
120) FRUS, Chinese-Japanese war, John M. B. Sill to Gresham, 1894.10.12, pp.72~73. 무
　　쓰 무네미쓰는 미국이 진정으로 조선을 도울 마음은 없었다고 판단했다. 단지
　　1894년 7월 9일에 한 번 덴비를 통하여 간섭하는 듯한 태도를 보였다고 밝혔다
　　(무쓰 무네미쓰 저, 김승일 역, 『蹇蹇錄』, 범우사, 2016, 103~105쪽).
121) "The Government of the United States has heard with sincere regret that, although
　　the insurrection has been suppressed and peace prevails in Korea, Japan refuses to

그러나 일본은 이에 적극 항변하였다. 그레샴의 경고에도 불구하고, 주미일본특명전권공사 다테노 고조[建野鄉三]는 동학농민운동이 내정 문란과 정부 부패로 발생한 것이기에 개혁의 목적을 달성하기 전에 철병할 수 없다고 밝혔다. 그레샴은 청과 개전하는 것은 유감이라고 말했다. 이에 일본은 다음과 같이 언급했다.

청나라가 조선에 파병한 것은 조선 정부의 요청에 따라 그 변란을 진정시키는 일을 원조하기 위함이지만 일본 정부가 파병한 것은 조약의 권리에 의거한 것으로 自衛를 위한 것입니다. 그런데 지금 청나라 정부는 그 변란이 이미 진정되었다는 구실로 日・淸 兩國 군대의 동시철수를 제의했습니다. 그렇지만 일본 정부의 견해로서는 이 변란을 발생시킨 원인이 아직 완전히 제거되지 않았을 뿐만 아니라 현실적으로 그 변란도 아직 진정되지 않은 것으로 보이며 현재의 형세로 보아서도 아직 마음 놓을 수 없는 점이 있어서 일본 정부로서는 이번에 군대를 철수시킬 이유가 없고 또 이를 철수시키는 것은 득책이 아니라고 확신하는 바입니다. 그러나 조선의 정황이 우리 군대를 모두 철수시켜도 될 만한 시기가 도래하는 것을 일본 정부로서는 기꺼이 기다리고 있습니다. 이에 거듭 각하께 경의를 표하는 바입니다.[122]

withdraw her troops and demands that radical changes be made in the domestic administration if Korea, This demand is the more remarked in view of the fact that China favors the simultaneous withdrawal of both the Japanese and Chinese troops. Cherishing sincere friendship for both Japan and Korea the United States indulge the hope that Korean independence and sovereignty will be respected," and in which I am instructed to say to Your Excellency's Government "that the President will be painfully disappointed should Japan visit upon her feeble and defenseless neighbor the horrors of an unjust war." I avail myself of this occasion to renew to Your Excellency the assurances of my highest consideration(『주한일본공사관기록』 권3, (16)[朝鮮의 內政改革과 撤兵에 대한 美國政府의 勸告], 美合衆國 特命全權公使→外務大臣 陸奥宗光 第52號, 1894년 7월 9일). 이에 대해 언급한 연구는 문일평, 앞의 책, 2016, 268~269쪽.

122) …淸國ガ朝鮮ニ派兵シタルハ朝鮮政府ノ請ニ應シ其變亂ヲ鎭定スル事ヲ援助スル爲メナレトモ帝國政府カ派兵シタルハ條約ノ權利ニ基キタルモノ

일본은 이처럼 조선에서 일어나는 내분과 변란이 없기를 바라는 마음에
서 조선을 개혁하려고 하는 것이지, 전쟁을 일으키는 것이 아니라고 미국
을 구슬렀다. 청나라가 제시한 동시철병에 대해서도 정확한 원인을 아직
직시하지 못하여 군대를 철수시킬 수 없다고 미국에 밝혔다.

그러나 7월 10일(6월 8일)에 미 국무장관은 여전히 일본의 이러한 행위
들이 "조선의 독립에 간섭한다."고 생각하고 있었다. 당시 주미일본공사는
이 전쟁을 미국이 중재할 것으로 생각하고 있었다.[123] 일본은 거듭 서양국
가들에게 현 시점에서 자신들이 병사를 철수할 수 없는 까닭에 대해서 설
명하였다.[124] 심지어 주일미국공사 던은 "일청 간에 전쟁 가능성이 없다."
고 밝히기도 하였다.[125] 한편 다테노 고조는 솔직하게 청일전쟁은 국민을
위해서 필요한 전쟁이라고 말했다.[126] 7월 16일 일본은 영국과 영일개정조
약을 재결하였다.[127] 7월 18일 영국 킴벌리 외상은 조선 중립화 혹은 청국

ニシテ自衛ノ爲メニ有之然ルニ今淸國政府ハ該變亂ハ旣ニ鎭定ニ歸シタリ
トノ口實ヲ以テ同時ニ日淸兩國ノ兵ヲ撤退スルコトヲ提議セリ然レトモ帝
國政府ノ見ル所ニ據レハ該變亂ノ起リタル原因未タ全ク除カレサルノミナ
ラス現ニ其變亂モ尙ホ未タ鎭定ニ歸セサルガ如ク且ツ目下ノ形勢ヲ觀ルモ
未タ意ヲ安スル事能ハサル所アルヲ以テ帝國政府ニ於テハ此際其兵ヲ撤退
スルノ理由ナク又タ之ヲ撤退スルハ得策ニアラスト確信致候但シ朝鮮國ノ
情形ニシテ我兵ヲ擧テ撤回スル事ヲ得セシムルノ時期到來スルコトハ帝國
政府ガ欣然之ヲ待ツ所ニ有之候玆ニ重テ閣下ニ向テ敬意ヲ表候敬具(『주한
일본공사관기록』 권3, (17)[朝鮮의 內政改革과 撤兵에 대한 美國政府의 勸告
回答] 親展發第46號, 外務大臣 陸奧宗光→美合衆國 特命全權公使 1894년 7
월 9일).
123)『주한일본공사관기록』권3, (33)[美國政府의 日·淸 仲裁意向] 電受第410號, 在
美 公使 建野→東京 外務大臣 陸奧 1894년 7월 10일 발신 ; 11일 접수.
124)『주한일본공사관기록』권4, (6)[朝鮮事件2, 機密送第28號(美)] 外務大臣 陸奧
宗光→英·佛·露·美·澳·蘭·伊·獨·淸 公使總領事 ; 布哇·墨西哥, 1894년 7월
15일 ; 다보하시 기요시, 앞의 책, 461~462쪽.
125) 다보하시 기요시 저, 김종학 역, 앞의 책, 2016, 463쪽.
126) 다보하시 기요시 저, 김종학 역, 앞의 책, 2016, 458~460쪽.
127) 조재곤, 『한국군사사』, 국방부 군사편찬위원회, 2012, 257쪽.

과 일본의 분할을 제의했고, 7월 19일 청국주재영국공사 오코너(Nicholas O'Conor)는 이를 慶親王에게 설명했다. 청국은 이에 동의하였고, 7월 24일에 러시아·독일·프랑스·이탈리아 등 4개 정부에 제출되어 승인을 얻었지만, 이미 7월 21일 일본의 반대로 실패로 끝났고, 일본은 7월 23일과 7월 27일에 선전포고 없이 청을 공격하였다.[128]

이 당시 미국의 입장을 볼 수 있는 문서는 당시 국무장관 그레샴이 7월 20일 전임 국무장관 바야드에게 보내는 문서다. 조선은 미국의 사심 없는 우정에 기대고, 곧 임박한 어려움과 전쟁을 조정하기 위한 중립적인 회의를 미국이 열어주기를 바랬다. 한편 미국은 미국에 있는 조선·청국·일본 세 나라의 공사가 모여서 일본군의 철수 방안을 논의하게끔 하였다. 그레샴은 "미국이 조선의 독립과 자주권을 존중하고, 공정한 중립적인 태도를 견지할 것"이라고 했으나, "미국의 영향력은 일본과 우호적인 방식으로만 발휘되며, 다른 열강들과 함께 간섭할 일은 일어나지 않는다."고 하며 완곡하게 거부했다. 청국은 일본군의 철수를 재차 미국에 요청했으나 그레샴은 미국이 지속적으로 청국과 일본간의 친근한 관계를 희망하지만 둘 사이에 간섭할 일이 없고 앞으로도 없을 것이라고 했다.[129]

이처럼 그레샴은 처음에 일본에 경고를 하다가 나중에 중립적인 입장을 취한 것이지, 처음부터 '미국이 친일적 태도를 견지하고 있었다.'[130]고 보

---

128) 이완범, 앞의 책, 2013, 104~107쪽 ; 영국이 제시한 한반도 분할안에 대해서는 한승훈, 앞의 논문, 2015, 212쪽. 석화정, 앞의 논문, 2016, 160~166쪽이 자세하다.

129) FRUS, Chinese-Japanese war, Mr. Gresham to Mr. Bayard, 1894.7.20, pp.36~39. 선행연구에서는 이 문서를 통해 미국이 표방한 "조선의 독립과 주권 존중"이 일본이 제시한 "조선의 독립과 평화 확립의 명분"을 지지해주었다고 보고 나아가 조선의 독립을 목표한 일본의 개전 결정이 일본에 유리한 국제관계의 변화를 반영한 것이라고 분석 하고 있다(석화정, 앞의 논문, 2017, 159쪽).

130) 김원모는 청일전쟁기 미국이 조선을 포기하고 친일정책으로 나아갔다고 보고(김원모, 「미국의 친일정책이 일본의 한국침략에 미친 영향」, 『미소연구』 1호, 1987), 이민식도 이에 수긍하는 입장을 가지고 있다(이민식, 『근대한미관계사』, 백산자료원, 2001, 599쪽).

기에는 무리가 있다. 전쟁에 부정적이었던 미국에게 전쟁의 당위성에 대해 지속적으로 밝혔던 일본의 노력이 미국의 태도를 바꾸게 한 중요한 이유였고, 나아가 조선의 거중조정 요청이 실패하게 된 이유 중의 하나였다.

7월 23일 오토리 다이스케를 필두로 한 일본의 경복궁 점령 이후 씰과 각국 공사들은 다시금 각각의 국가에 거중조정을 알선했다. 당시 서울은 크게 동요하였고, 미국공사관 주변은 미국인 경호원도 없이 망명해 온 이들로 가득했다.

경복궁 점령 이후 고종은 영국·미국·독일 러시아 외교관을 모아 거중조정을 다시 요청하였다. 대략의 내용은 경복궁 점령을 일본의 침략행위로 규정하고 가드너(C.T. Gardner)와 영국정부에 일본의 침략을 막기 위한 방안을 제시해 줄 것을 요청한 것이었다. 하지만 이는 실패로 끝났다.[131]

일본은 미국에 호의적이었다. 제물포로 가는 전신선이 끊겨있음에도 불구하고 일본은 미국 볼티모어 함의 데이 함장에게 보내는 씰의 편지가 전송되는 것에 협조하였다. 볼티모어 함의 데이 함장은 "미국인들은 보호가 필요없다. 그들이 조선의 정치적 업무에 신경쓰지 않고 단지 업무에 종사한다면 별 탈이 없을 것이다."라고 했고 씰 또한 "미국인들은 조용히 일하고 있고, 여기서 일어나는 정치적 사안에 대해 아무것도 하지 않는다."고 밝혔다. 모노카시호 함정 임페이(Impay) 제독은 미국 해군이 일본을 지지하고 있다고 밝혔다. 또한 일본이 미국인들을 보호해 줄 것이기 때문에 경호대가 필요하지 않을 것으로 보았다.[132]

더군다나 일본은 일본주재미국공사 던(Edwin Dun)과 조선주재미국공사 씰로 하여금 일본의 방침에 찬조하도록 서로 편지 왕래를 갖게 하였다.[133]

---

131) 이에 대한 자세한 내용은 한승훈, 「19세기 후반 조선의 대외정책 기조와 그 실현」, 『한국근현대사연구』 83, 2017, 31~32쪽 참조.

132) FRUS, Chinese-Japanese war, Mr. Sill to Mr. Gresham, 1894.7.24, p.40.

133) 『주한일본공사관기록』 권5, (1)[大闕 내 風聞에 대한 美·露 兩公使의 談話 및 朴泳孝의 任官件] 機密第180號 本103, 特命全權公使 大鳥→外務大臣 陸奧,

일본은 경복궁을 점령한 이후에도 미국의 눈치를 보며 육군의 훈련은 여전히 미국인이 담당하게 하는 것에 반대하지 않았다.[134] 씰은 일본의 경복궁 점령 이후 서울이 일본의 영향권에 있고, 서울이 아닌 외곽은 통치권이 미치지 못한다고 했다. 지방에서는 고종의 명령을 듣지 않았지만, 이것이 고종에 대한 증오가 아니라 일본에 대한 반감이었다. 씰의 표현에 의하면 고종은 '무력한 포로'였다. 씰은 고종이 개혁을 하려고 했지만, 일본이 그것을 방해하고 있다고 보고 있었다.[135]

이후 씰은 일본이 당시 조선의 전신선을 완전히 통제하였기 때문에 무려 6주 동안 전황에 대한 중요한 이야기를 듣지 못하였다고 했다.[136] 주한 미국공사의 눈을 속이며 미국의 태도를 살핀 일본은 1894년 8월 1일 공식적으로 전쟁선포를 했다. 오토리 게이스케는 외무대신 무쓰 무네미쓰의 공식적 입장을 미국을 포함한 도쿄에 있는 모든 외국인 대표자들에게 전달했다.[137]

청일전쟁에 앞서 경복궁을 점령한 일본은 조선과 양해조약을 맺었다. 조선정부와 일본정부가 연합하여 조선내의 청국군을 몰아내자는 취지였다. 특히 조선은 이 전쟁을 위해 일본군의 이동과 식량 공급에 관한 가능한 모든 시설을 조선이 맡아야 했다.[138] 사실상 일본 위주의 강제적 조약 체결이었다.

전쟁은 일본에게 유리하게 돌아갔다. 9월 16일 평양에서 청군이 전멸하

1894년 9월 8일.

134) 『주한일본공사관기록』권5, (11)[朝鮮稅關에 고용된 外國人 및 기타 정부에 고용된 外國人 處分案에 대한 上申] 機密第192號 本115, 特命全權公使 大鳥圭介→外務大臣 陸奧, 1894년 10월 2일.

135) FRUS, Chinese-Japanese war, Mr. Sill to Mr. Gresham, 1894.9.24, pp.62~63.

136) FRUS, Chinese-Japanese war, Mr. Sill to Mr. Gresham, 1894.9.17, p.59 ; KAR Ⅱ, John M. B. Sill to Secretary of State, p.344.

137) FRUS, Chinese-Japanese war, Mr. Sill to Mr. Gresham, 1894.8.7, p.54.

138) KAR Ⅱ, Treaty of Alliance Between Japan and Korea 1894.8.26, p.343.

였다.139) 또한 2만 명의 청군 중 1만 6천 명이 죽거나 포로로 잡히거나 혹
은 흩어졌다. 10월 3일에 청국 함대 12척이 웨이하이웨이를 떠나 뤼순항으
로 향했고, 10월 15일에 압록강 근처에 4천 명의 군사를 이동시켰다. 이때
일본이 접촉했고, 오후 5시까지 전투가 있었다. 청국의 모든 배들은 치명
적인 손상을 입었다. 이때 미국인을 포함한 몇몇 외국인들도 사망했다.140)
전쟁이 승세를 타던 중에 일본은 조선에 대한 자신들의 침략의도를 드러
내지 않기 위하여 미국 뉴욕 월드신문 특파통신원에게 기사발송을 방해하
기도 하였다. 조선에 시행하려고 하는 정책에 해가 될 것 같다는 이노우에
가오루[井上馨]의 판단이었다.141) 반면, 동학농민운동을 전후해 조선에 특
파원을 파견했던 일본의 신문사와 잡지사, 통신사는 66개이며 특파원 수는
129명이었다.142)

　전쟁이 발발하지 얼마 되지 않아 그레샴은 주일미국공사 던에게 그가
맡은 임무는 개인적인 판단과 재량이 요구된다고 했다. 의회승인 없이 공
식적으로 외교적인 행위를 하는 것은 금지되어 있지만, 그레샴은 불확실한
상황에서는 개인적이고 비공식적인 것이 요구된다고 하였다.

　11월 6일, 미국은 청일전쟁을 개탄스러운 것이라고 보고 있고, 공정하게
중재를 하려고 하며, "일본에 가장 친근한 감정을 소중히 여기는 대통령이
일본정부가 거중조정을 받아들일지 아닐지에 대해 판단해주기를 바란다."
고 전하였다.143) 이 시기는 청국이 사실상 일본과의 전쟁에서 승산이 없다

---

139) FRUS, Chinese-Japanese war, Mr. Sill to Mr. Greham, 1894.9.17, p.59.
140) FRUS, Chinese-Japanese war, Mr. Denby to Mr. Greham, 1894.9.22, p.60.
141) 『주한일본공사관기록』권2, (64)[뉴욕 월드신문 특파원의 記事發送 妨害] 機密
　　送第78號, 外務大臣 子爵 陸奧宗光→在朝鮮 特命全權公使 伯爵 井上馨 1894
　　년 10월 31일. 이토 히로부미와 이노우에는 일본의 대한 정책이 조선의 실질적
　　보호국화에 있다고 보았다(모리야마 시게노리 저, 김세민 역, 『근대한일관계사연
　　구』, 현음사, 1994, 44쪽).
142) 박맹수,「동학농민혁명기 재조일본인의 전쟁협력 실태와 그 성격」『한국독립운
　　동사연구』36, 2010, 113쪽.
143) FRUS, Chinese-Japanese war, Mr. Gresham to Mr. Dun, 1894.11.6, p.76. 이 전언은

고 판단하여 열강에 강화거중조정을 요청하던 시기였다. 영국 킴벌리외상
의 중재안이 실패한 후 강화협상의 주도권은 미국으로 넘어갔다.144) 무쓰
무네미쓰가 도쿄를 떠나 히로시마에 가있어서 던은 하야시 곤스케를 불러
미국의 거중조정에 대한 의지를 전달했고, 무쓰 무네미쓰는 돌아와서 11
월 15일에 던을 만나 미국 대통령의 뜻을 존중한다는 의사를 밝혔다.145)
이후 11월 17일에 일본은 미국의 거중조정에 대해 응하겠다고 하는 공식
적인 입장을 밝혔고,146) 미국은 다시 청국에 11월 20일에 이러한 뜻을 전
달하였다.147)

던은 북경 미국 공사를 통해 평화로운 해결책을 할 것이라고 전망했다.
던은 무쓰를 12월 15일에 만나서 뤼순항에서의 크릴만(James Creelman)에
게 들은 학살에 대해서 이야기했다. 크릴만은 신문 <New York world>의
기자로 청일전쟁 당시 일본이 야만적인 모습을 드러내고 있다고 비판했던
기자였다. 이 크릴맨은 씰을 통하여 고종을 직접 알현할 것을 요청하기도
하였는데,148) 그 이후에 그가 고종을 알현했는지 아닌지에 대해서는 확인
이 되지 않으나, 일본이 이 양심있는 기자의 진상규명 시도를 방해한 것은
분명하다.

무쓰 무네미쓰는 뤼순항에서 청국인이 대량으로 죽은 상황에 대해서 인
정했지만, 크릴만이 과장되게 이야기하고 있다는 점을 밝혔다. 에드윈 던
도 이러한 사실에 대해서 과장된 사실이라고 했고, 미국에 자신들이 한 행
위에 대해 해명하고 있었다.149) 이 크릴만의 소식에 대해서도 일본 정부는

조금 늦게 전달되어 11월 13일 워싱턴에서는 회신을 빨리 하라고 독촉을 했다. 던
은 전언을 8일에 받았고, 일본 외교장관이 없어서 답변이 지체되었다고 밝혔다.
144) 석화정, 앞의 논문, 2017, 170~179쪽.
145) FRUS, Chinese-Japanese war, Mr. Dun to Mr. Gresham, 1894.11.16, pp.78~79.
146) FRUS, Chinese-Japanese war, Mr. Dun to Mr. Gresham, 1894.11.17, p.79. 던이 일본
정부의 입장을 번역하여 전달하였다.
147) FRUS, Chinese-Japanese war, Mr. Gresham to Mr. Denby, 1894.11.20, p.80.
148) 『구한국외교문서』 권11, 「미안」 1287호, 1894년 10월 19일.

미국 신문에 게재하지 못하게 했다.150)

1895년 2월 1일 일본과 청국의 전권대사들은 평화 협정을 하기로 했다. 협상은 난항을 겪기도 했으나 잘 이루어졌다.151) 이미 주한일본공사는 조선에 워싱턴의 주미한국공사를 폐쇄하고 그 일을 주미일본공사에 넘기라고 했고, 고종은 이에 대해 씰에게 미국이 이 계획의 실행에 대해 개입할 수 있는지 아닌지에 대해 알아봐 달라고 요청하기도 하였다.152)

이홍장은 조약을 위하여 시모노세키로 133명을 대동해서 갔는데, 일본인이 쏜 총에 맞아 얼굴에 상처를 입어 협상이 연기되었지만, 빠르게 회복되어 시모노세키조약은 이루어지게 되었다.153) 이어 일본은 메이지천황의 이름으로 미국에 감사의 표시를 했다.154) 무쓰 무네미쓰와 쿠리노도 미국의 조정에 감사한다고 전달했고,155) 그레샴 역시 청국과 일본의 협상에 감사한다고 표현했으며 그레샴과 쿠리노간의 노력에 힘입어 미국과 일본이 상호 우정과 이익에 일치하는 결론을 얻을 수 있다156)고 함으로써 전쟁 협상을 마무리 지었다.

뿐만 아니라 대통령은 현재의 일본은 과거의 일본이 아니며, 진보적 국가 일본과의 관계는 다른 어떠한 강국보다도 광범위해져야 한다고 노골적인 친일입장을 표현하였다.157)

---

149) FRUS, Chinese-Japanese war, Mr. Dun to Mr. Gresham, 1894.12.20, p.85.
150)『주한일본공사관기록』권2, (64)[뉴욕 월드신문 특파원의 記事發送 妨害] 機密送第78號, 外務大臣 子爵 陸奧宗光→在朝鮮 特命全權公使 伯爵 井上馨 1894년 10월 31일.
151) FRUS, Chinese-Japanese war, Mr. Dun to Mr. Gresham, 1895.2.4, p.97.
152) KAR II, John M. B. Sill to Secretary of State, 1895.1.4, p.259.
153) FRUS, Chinese-Japanese war, Mr. Dun to Mr. Gresham, 1895.3.2, 15, 25, 28, pp.103~106.
154) FRUS, Japan, Good offices to Japanese Subjects in China Thanks of Emperor, pp.969~970.
155) FRUS, Japan, Mr. Kurino to Gresham, 1895.3.23, pp.969~970.
156) FRUS, Japan, Gresham to Kurino, 1895.3.23, p.970.
157) United States Department of State / Papers relating to the foreign relations of the

요컨대 미국은 처음에는 일본의 군대 철수를 요청하였으나, 청일전쟁의 승기가 일본으로 기울어짐에 따라 일본 중심의 전쟁의 종결에 대한 협상으로 그 태도를 바꾸었다. 또한 일본은 미국 외무부와 주일미국공사에게 그들의 침략성을 드러내지 않는 것에 성공하였다. 또한 일본은 조선에서의 소식이 미국으로 전해지는 것을 방해하고, 주한미국공사로 하여금 청일전쟁 당시 일본이 조선을 침략할 뜻이 없다는 왜곡된 소식을 미국에 들리게 하거나 듣지 못하게 하기도 하였으며, 청일전쟁 당시 일본의 잔혹성을 드러내는 기자의 비판도 들리지 않게 하였다. 미관파천 시도와 조선의 미국에 대한 거중조정 요청은 이렇듯 일본에 의해 방해받았다.

United States, with the annual message of the president transmitted to Congress December 3, 1894, XI.

제4장

1895년 미국의 조선에 대한 입장과
춘생문사건

1. 명성황후 시해사건 당시 미국의 입장

1895년 미국 대통령 클리브랜드(Grover Cleveland)는 청일전쟁으로 일어난 청국과 일본의 불편한 관계에 대해 특사를 파견하여 그들간의 평화로운 관계를 회복했다고 자평하였다.[1] 한편으로 새로운 일본(New Japan)과 진보적인 조약을 맺은 것에 대해 축하할 이유가 있고, 일본의 계몽과 진보를 인정한다며 친일적 태도를 보였다.[2]

춘생문사건 바로 직전에 있었던 명성황후 시해사건 당시 미국은 중립을 표방하였다. 청일전쟁 당시 조선의 居中調整 요청은 미국의 불간섭주의에 더하여 일본의 로비로 말미암아 실패로 끝났고,[3] 이후 미국은 조선에 대한 엄정중립을 지킬 것을 조선주재미국인들에게 강조하였다.

한편 삼국간섭으로 일본의 영향력이 줄어들었다고 판단한 명성황후는 알렌(Horace N. Allen)과 러시아 공사 베베르(К. И. Вебер) 등의 힘을 입어 러시아를 끌어들여 일본을 배제하려고 하는 이른바 引俄拒日 정책을 펼쳤고, 이에 이완용을 비롯한 친러 및 친미파 세력이 정계에 진출하게 되었다. 박영효, 박정양 연립내각에서 박영효가 망명하자 貞洞派의 영향력이 커졌고, 고종과 명성황후는 이노우에의 부임으로 힘을 얻은 김홍집을 축출하고 친일파 조희연을 파면시키는 등 친일인사들을 배제하였다. 이에 명성

---

1) United States Department of State / Papers relating to the foreign relations of the United States, with the annual message of the president, transmitted to Congress December 2, 1895, XXIII.
2) ibid, XXX
3) 이 책의 2장 3절 참조.

황후는 러시아를 끌어들여 일본을 견제하도록 하였다.

그러나 명성황후의 생각과 달리 일본의 세력이 주춤했던 것은 일시적인 것이었고, 새로 부임한 미우라 고로[三浦梧樓]는 일본의 방침에 따라 일본의 영향력을 만회하기 위하여 명성황후 시해사건을 일으켰다. 이 당시 명성황후 주위에는 미국인 선교사 부부가 항시 있었고, 궁궐을 지키는 衛兵도 미국인 군사고문관 다이(William McEntyre Dye)의 휘하에 속해 있었다.[4] 따라서 미국인들은 명성황후 시해사건 이전부터 "명성황후가 미국공사관으로 간다면 보호해줄 수 있는지"를 미 국무부에 문의하자, 미 국무부는 "보호해줄 수 없다."고 딱 잘라서 이야기하였다.[5]

청일전쟁 이후 미 국무부 차관보 에디(Alvey A. Adee)[6]는 주한미국공사 씰(John M. B. Sill)에게 조선의 독립에 대해 인정한다고 이야기 하였지만,[7] 이 일이 있고 얼마 되지 않아서 명성황후 시해사건이 발생하였다. 명성황후 시해사건 당시 미국인들이 이 사건을 목격하였고,[8] 조선에 있던 서양 외교관들은 그 진상을 폭로하려 했다.[9]

알렌은 주일미국공사 던(Edwin Dun)을 통하여 이 사건을 미국에 보고하였다. 알렌은 고종이 위험에 처해 있다고 하면서, 명성황후 시해사건 당시에 30명의 일본인들이 칼을 들고 들어간 것을 러시아 공사와 함께 봤다고

---

4) 문일평, 『한미오십년사』, 탐구당, 2016, 271쪽.
5) 『윤치호일기』, 1895년 12월 15일.
6) 에디는 조선 정부를 폄하하였고, 미국이 조선에서 활발한 정책을 펼치는 것에 대해서 반대하는 입장을 가지고 있었다(Yur-Bok Lee and Wayne Patterson, *One Hundred Years of Korean-American Relations, 1882-1982*, The University of Albama Press, 1882, p.56).
7) FRUS, Korea, Mr. Adee to Mr. Sill, 1895.7.9, p.971. 이 사료의 해석 관련해서는 김현철, 앞의 논문, 2002, 161쪽에 자세하게 나와 있다.
8) *KAR II*, John M. B. Sill to Secretary of State, pp.137~140. 일본은 목격자 다이를 제거하려 하였고, 당시 시위대 연대장 현홍택과 궁녀들은 일본을 피해 미국공사관으로 파천하였다(이민원, 앞의 책, 2002, 104쪽).
9) 이민원, 『명성황후 시해와 아관파천』, 국학자료원, 2002, 95쪽.

했다. 미국 사관 역시 일본군이 들어간 것을 목격했다고 했으며, 알렌은 명
성황후 시해사건에 대하여 불합리한 일이라고 했다.[10] 알렌은 외부대신
김윤식에게도 "철저하고 공식적으로 조사되어야 할 뿐만 아니라 이 범죄
를 저지른 자에 대해서도 조사가 필요하다."고 밝혔다.[11] 알렌은 워싱턴에
수많은 전보와 서신을 보내서 명성황후 시해사건을 알리려고 부단히 노력
하였을 뿐만 아니라 본국의 훈령을 어겨가면서까지 미우라 고로를 제외한
영국·프랑스·독일 대표와 협의하여 일본에 대항하였다.[12]

주한미국공사 씰(John M. B. Sill) 역시 마찬가지였다. 그는 국무장관 리차
드 올니(Richard Olney)에게 "명성황후 시해사건 이후에 일본 군대가 들어왔
고, 위험에 처한 상태에서 강압된 칙령은 인정할 수 없다."고 보고했다.[13]
또한 영국·러시아·프랑스와 함께 공조하여 고종을 보호하고 지위를 회복하
게끔 하는 것을 일본에 요구하였다.[14] 씰은 공식적으로 올니에게 러시아 정
부가 개입하기로 했고, 미국 정부도 일시적인 조치를 발휘해 주기를 바라는
전보를 보냈다.[15] 또한 씰은 1895년 10월 13일 회의를 소집하여 고무라 주
타로[小村壽太郎]에게 강력하게 항의하였다.[16] 연발권총으로 무장한 미국
선교사들은 궁궐에 가서 고종을 호위하고 음식도 제공하였다.[17]

그러나 여기에서 조선주재미국인들과 미 국무부와의 입장차이가 드러
난다. 올니는 명성황후 시해사건에 대한 개입은 씰의 업무가 아니라고 개

---

10) FRUS, Korea, Mr. Dun to Mr. Olney, 1895.10.14, p.972. 고종은 생명권이 위협받는
    와중 알렌과 러시아 공사 베베르를 보게 되자 크게 안심하였다(이민원, 앞의 책,
    2002, 96쪽).
11) 『구한국외교문서』 권12, 「미안」 1415호, 1898년 8월 24일(10월 12일).
12) 해링턴, 앞의 책, 1973, 287~290쪽.
13) FRUS, Korea, Mr. Sill to Mr. Olney, 1895.10.26, p.971.
14) FRUS, Korea, Mr. Sill to Mr. Olney, 1895.11.9, p.972.
15) FRUS, Korea, Mr. Sill to Mr. Olney, 1895.11.10, p.972.
16) АВПРИ. Ф.150, Оп.493, Д.6, лл.217-220об(김종헌 역, 『러시아 문서 번역집 II』,
    선인, 2011, 371~378쪽).
17) 최문형, 앞의 책, 2001, 211쪽.

입하지 말 것을 분명히 했다.

미국은 단지 외교적 의례만 치중하던 공사관(legation)을 설치했지만, 올니 국무장관이 취임한 이후에는 유럽을 비롯한 일부 주요국가에 대사관(embassy)을 설치하였다.[18] 하지만, 이것이 조선에는 적용되지 않았다. 조선에는 여전히 대사관 설치를 하지 않았으며, 친일적인 태도를 보였다. 올니는 외교 지시사항 64번(diplomatic instruction 64)을 들면서 조선에의 정치 개입 금지 명령을 내렸다.[19] 또 알렌이 하고 있는 일은 그의 업무가 아니기 때문에 더 이상 조선 문제에 간섭하지 말라고 밝혔다.[20]

그러나 씰은 1895년 6월 23일에 "평화적인 조건을 보전하기 위한 가능한 한 노력하라는 전보를 받았고, 씰은 "조선의 정치적 사건에 대한 개입"과 관련하여 조선과 우리가 앞서 맺은 거중조정을 지켜야 한다고 했다.[21]

미국이 청일전쟁 직전 고종의 미관파천과 명성황후 시해사건 및 춘생문 사건 당시 고종을 외면한 까닭은 무엇일까? 앞서 제3장에서 언급한 바와

---

18) 이전 국무장관인 그레샴이 1895년 5월 28일에 사망했고, 그 후임으로 리차드 올니가 국무장관으로 임명되었다. 그는 원래 법률 전문가로 그레샴이 사망한 이후 클리브랜드가 그를 국무장관으로 임명하였다. 리차드 올니는 미국 외교 직(U.S. foreign diplomatic posts)을 대사직(embassy)으로 격상시킴으로써 미국이 세계열강들과 같이 외교상 동등한 지위를 갖는 것을 공식화 한 인물이다(당시만 해도 미국은 외교 의례만 처리할 수 있는 공사관만 있었다). 한 예로 그는 영국과 베네수엘라 사이에 영토 분쟁이 있었을 당시에 영국의 총리 Salisbury에게 서신을 보내었다. 그의 유명한 Olney interpretation는 먼로 독트린에 대한 올니의 해석이다. 당시 고립주의 외교정책인 먼로 독트린에 대해서 올니는 "오늘날 미국은 실질적으로 대륙의 지배자이며 미국의 명령은 주권 우위설(각 주는 연방 정부의 조치에 반대할 수 있다는 주의)을 제한한다. 고립된 지위와 결합된 무한한 자원은 그 상황의 지배자로 만들고 실질적으로 다른 열강들 혹은 다른 이들로부터 실질적으로 안전하게 한다."라고 했다(George B. Young, "Intervention Under the Monroe Doctrine: The Olney Corollary," Political Science Quarterly, Vol. 57, No. 2 (Jun, 1942), pp.247~280).

19) FRUS, Korea, Mr. Sill to Mr. Olney, 1895.11.11, p.972.

20) FRUS, Korea, Mr. Olney to Mr. Sill, 1895.11.21, pp.973~974.

21) KAR II, John M. B. Sill to Secretary of State, 1895.11.20, p.073.

같이 당시 대외적으로 불간섭주의를 견지하고 있었던 미국 대통령은 1894년 청일전쟁과 관련해 조선의 거중조정 요청에 모호한 입장이었으며, 일본은 조선의 거중조정을 적극 방해하였다.

미국은 1895년 6월 6일을 기점으로 조선을 독립국으로 인정하는 것을 거부했고,22) 리차드 올니도 "명성황후 시해사건의 범인을 바로잡으면 일본 정부는 비난을 벗어나게 될 것"이라고 했고, 일본의 대조선정책을 지지할 뿐만 아니라 신문보도까지 알선할 정도로 친일적 입장을 표명하였다.23) 따라서 미국은 명성황후 시해사건 당시 알렌과 씰 등이 국제사회에 알리려 했던 것들을 철저히 외면한 채 일본의 손을 들었다. 불간섭주의를 표방하면서도 친일적 행보를 보이는 미국의 태도는 春生門事件까지 이어진다.

2. 춘생문사건 재검토

명성황후 시해사건으로 신변의 위협을 느낀 고종을 일부대신들이 궁 밖으로 대피시키려고 했던 춘생문사건이 발발하였다. 이 책의 서문과 머리말에도 언급했듯이 기존 개설서에서는 미관파천과 춘생문사건을 동일시하여, 이 사건 당시 고종이 미국공사관으로 도피하려고 했다고 하고 있지만, 지금까지 선행 연구에서 고종이 구체적으로 "어느 곳"으로 도피하려고 했는지에 대해서는 설명되지 않았다.

다만 이 사건은 당시 미국인 군사고문관 다이(William McEntyre Dye), 닌스 테드(Nienstead, F. J. H) 고문관 러젠드르(Charles Legendre), 선교사 알렌(Horace N. Allen), 선교사 언더우드(Horace Grant Underwood), 아펜젤러(Henry Gerhard Appenzeller), 에비슨(Oliver R. Avison) 등과도 깊은 연관이

---

22) 『미국의 대한정책(1834~1950)(한림대학교 아시아문화연구소 자료총서1Department of State, U.S. Unites States Policy Regarding Korea(1834~1950)』, 한림대학교 출판부, 1987, 22쪽.

23) 박종근 저, 박영재 역, 『청일전쟁과 조선』, 1988, 일조각, 320~321쪽.

되어 있어 미국이나 러시아공사관으로 도피할 여지는 있었던 것으로 추측된다. 사건 당시 참가자는 총 27명 중에 궁내부관료 출신이 13명, 이후에 독립협회에 참여하는 인물이 11명, 기타가 6명이었는데, 이중 미국공사관을 동원하려고 했던 인물은 6명(閔商鎬·李采淵·李完用, 尹致昊·李忠求·李夏榮), 러시아공사관을 동원하려고 했던 인물은 5명(李學均·李範晉·朱錫冕·李允用·李秉輝) 등이었다.24)

이 사건에 대해서는 주한일본공사관기록의 기밀100호 「28日 事變의 顚末」이 자세하다. 이 기록을 요약해보면 다음과 같다. 사건에 관여한 미국 군사 교관 다이와 왕궁수비 친위대장인 李軫鎬와는 사제관계였다. 이범진은 이진호에게 서신을 보내어 12시에 춘생문에 이르러 새벽 1시에 乾淸宮으로 들어가 호위하려고 하니 건청궁 뒤쪽 후원으로 나오는 月狀門 2개를 이진호에게 열어달라고 하였다.25)

그러나 이러한 사항은 전날 일본과 친일 대신들에 의해 탐지되었다. 김홍집은 이 날 사변에 대처해서 충분한 대처를 이미 하고 있었고, 유사시 일본군의 힘을 빌릴 것을 고무라 주타로에게 요청하였다. 고무라 주타로는 차라리 사전에 적발하여 그 계획을 단념하게 하는 것은 어떨지에 대해 말했으나, 김홍집은 주저하였다. 그러던 찰나에 사건이 발생하였다. 이 사건을 정리해보면 다음 표와 같다.

〈표 4〉 춘생문사건 일지(1895년 11월 28일)

시간	사건	전거
00:00	미국인 선교사들 고종에게 접근 영추문에 서양인 2명이 문 밖에 있다가 새벽이 되어 떠났다고 보고	『주한일본공사관기록』

---

24) 김영수, 앞의 논문, 2006, 4~10쪽.
25) 이진호가 배신을 했다는 견해가 있고, 사안이 중대해서 대신 급의 배후세력이 필요해 의논하려고 했다는 견해 등이 있다(홍경만, 앞의 글, 1990, 655쪽).

00:30	세발의 총성소리가 들림(춘생문 사건 시작)	『뮈텔주교일기』 『주한일본공사관기록』
01:00	서양인이 춘생문으로 갔다가 되돌아감	『주한일본공사관기록』 АВПРИ, Ф.150, Оп.493, Д.6.
02:00	서양인 10명이 삼청동으로 갔고, 후원에서 함성이 나자 도로 내려감 서양인 4명과 흰 옷 입은 조선인 7명이 올라감 이어 서양인 14명과 흰 우입은 3명이 올리감	『주한일본공사관기록』
02:00~ 03:00	돌격하는 고함소리가 들리자, 일본은 이에 대해 대책 마련	『주한일본공사관기록』
04:00	고종을 파천시키는 것이 실패하여 서양인들이 도로 내려가서 윤치호, 베베르, 힐리어, 씰, 알렌 등을 만남	『뮈텔주교일기』 KAR Ⅱ
06:00	고무라 주타로, 고종을 만나 김홍집, 어윤중, 유길준 등을 만나 사건이 실패로 끝남을 확인함	『주한일본공사관기록』

11월 28일 밤 12시 반 대궐 북동쪽 구석에서 3발의 총성이 울렸다. 이 총성에 고종은 두려워하였고, 당시 다이의 당직소에서 기다리고 있던 러젠드르, 언더우드, 아펜젤러, 에비슨, 닌스, 테드다이 등의 미국인들은 총소리가 나자 궁궐 안으로 들어가려다가 보초병에 의해 제지당하였지만, 언더우드와 에비슨은 고종 곁으로 갈 수 있었다. 오전 12시 반을 기해 이 사건이 시작되었다. 새벽 1시와 2시 서양인과 조선인들이 궁궐 주변을 서성거렸고, 3시에는 돌격하라는 소리가 들렸다. 그러나 문은 굳게 닫혀있었다. 이렇게 되자, 밖에서 선봉에 서려고 하는 사람들이 아무도 없었고, 이들은 새벽 4시에 아무런 성과 없이 내려오게 되었다.26) 『뮈텔주교일기』와 『주한일본공사관기록』에는 춘생문사건이 이범진을 비롯하여 러시아·미국와 가깝게 지내던 세력들이 계획하고 추진되었다고 나와 있다.27)

오전 6시에 고무라 주타로는 친일 대신들을 만나 사건의 전말을 파악하

26) 한국교회사연구소, 『뮈텔주교일기1』, 2009(이하 『뮈텔주교일기로 표기함), 1895년 11월 28일.
27) 특히 언더우드와 다이 등이 이 사건에 깊숙이 연관된 것으로 보는 견해가 있다(홍경만, 앞의 글, 1990, 659~661쪽).

고, 어윤중의 중재하에 이 사건이 실패로 끝난 것을 확인하게 되었다. 일본
은 미국공사 씰이 이 사건에 관여한 지 여부에 대해서는 확인할 수 없으
나, 알렌은 이 사건에 관여한 것이 틀림없다고 하였다.[28] 한편, 러시아 공
사 베베르는 춘생문사건 당시 절대 개입하지 말라고 엄격하게 하명했다.[29]
  따라서 미국인들과 일부 친미세력들이 이들을 보호하려고 했던 점은 틀
림없으나, 미국공사관에 파천하려고 했던 것인지는 확인되지 않았다. 사실
여부 확인을 위해 이 사건에 연루되었던 친미세력들이 사건이 실패로 돌
아가자 미국공사관으로 파천하려고 했다는 기존 통설은 확인할 필요가 있
다. 고종은 尹雄烈·尹致昊를 통해 미국공사관의 지원을 받으려 하였다. 다
음 두 자료는 춘생문사건 당시 미국과의 정황을 잘 설명해준다.

  오후 4시경 처음으로 아버지께서 내게 말씀하시기를 고종에게 충성
스러운 일부 사람들이 오늘밤 고종을 현재의 위험한 사태로부터 구출
하고 황후를 살해한 자들을 처벌하도록 하기 위해 궁중경비대에 전에
속했던 병사들과 함께 궁으로 쳐 들어갈 계획이라고 하였다. 아버지께
서는 그들과 함께 진입할 예정이며 고종을 내각의 수중에 떨어지는 것
을 막기 위해 열국대표들이 사전에 정보를 전달받아 일거에 궁중으로
진입할 수 있기를 희망했다. 씰과 베베르를 방문하여 그들에게 밤중에
어떤 사태가 발생한다면 곧 궁으로 들어와 달라고 말했다. 나는 또한
많은 외국인들이 경호원으로서 궁중으로 들어가 준다면 폐하는 궁중에
서 안전을 유지할 수 있을 것이라고 말했다. 공격을 하는 측은 옛 궁궐
을 거쳐 현재의 궁으로 진입할 예정이다. 이재순이 모의의 핵심이고 김
재풍이 동참한 인물 중 한 사람으로 알려져 있다.[30]

---

28) 『주한일본공사관기록』 권7, (41)[28日 事變의 顚末], 機密發第100號, 在朝鮮京城
   辨理公使 小村壽太朗→外務大臣臨時代理 文部大臣 侯爵 西園寺公望, 1895년
   12월 30일.
29) АВПРИ. Ф.150, Оп.493, Д.6, лл.175-179об(김종헌 역, 『러시아 문서 번역집 II』,
   선인, 2011, 352~356쪽).
30) 『윤치호일기』 1895년 11월 27일.

한숨도 못 잤다. 오전 3시 30분경 金華榮이 내게 와서 나를 깨우고 알려주기를 군인들이 궁으로 떠났으며 유길준, 어윤중, 김홍집 그리고 정병하가 피살되었고 폐하의 숙소를 경비하고 있는 군인들이 열국대표에게 자신들의 고종에 대한 충성을 밝히면서 열국대표들이 예상되는 위험으로부터 고종을 보호할 수 있도록 궁으로 와 주기를 요청하는 통지문을 보냈다고 했다. 나는 곧 김화영과 함께 미국공사관으로 갔다. 내기 문으로 들어서자마자 궁궐 가까운 어디에선가로부터 큰 함성이 터져 나오는 것을 들었다.

썰과 힐리어는 영국공사관으로 건너갔다. 베베르와 상의한 뒤 그들은 미국공사관으로 가기로 결심했다. 그러나 내가 공사관에 도착하기도 전에 군인들로부터 도착한 통문이 도착하여 열국대표들은 떠날 준비를 한 상태였다. 그래서 나는 그들과 함께 궁으로 갔다. 궁을 안팎으로 둘러싸고 있는 완전한 정적이 불길한 느낌을 주었다. 궁의 정문은 꼭 닫혀있었다 ─ 만일 계획이 성공했다면 어울리지 않는 모습이었다. 그러나 나는 들어갔다. 궁의 동문인 建春門근처에서 하얀 "두루마기"를 걸친 다수의 조선인들을 만났더니 그들은 궁으로 들어갈 수가 없는 상황이었고, 그래서 외국대표들이 도착하기를 몹시 기다렸다고 내게 말하였다. 내 가슴이 덜컥 내려앉았다. 우리가 북동쪽문[춘생문]으로 가까이 갔을 때 문을 열 수가 없어서 군사들이 궁으로 쳐 들어갈 수가 없었다는 이야기를 들었다. 이 얘기를 나를 통해서 들은 열국대표들은 군인들에게 전하기를 자신들 열국대표는 폐하가 위험에 처하여 자기들의 도움을 필요로 한다고 믿고 왔지만 자신들은 그들의 목적이 무엇인지는 모르지만 밤중이나 낮에 궁궐을 공격한 사람들을 만날 수가 없었다는 것이고, 그 군인들은 즉시 해산하여 집으로 돌아가게 해야 한다고 하였다. 그 군인들의 한 연락병을 통하여 그 메시지를 보냈다. 그리고 나서 열국대표들은 각기 공사관으로 돌아갔고 나는 집으로 돌아왔다.

내가 집으로 돌아 왔을 때 아버지는 집에 돌아와 계셨다. 아버지가 말씀하시기를 옛 궁을 거쳐 경복궁의 북동문에 군사들이 도착했을 때 궁문은 열려있지 않았고 궁의 경비병들이 공격에 대응할 준비를 잔뜩 갖춰 놓고 있었다. 반면에 공격을 하려던 측은 몹시 당혹해 하였다. 나의 아버지는 그 군인들이 잘 알아보지 못하여 그들은 아버지의 명령에

복종하지 않았다. 아무런 일도 수행할 수 없다는 점을 알고 아버지는 현장을 떠나야 했다. 나는 아버지에게 외국인들 사이에서 피난처를 찾아보도록 말씀드렸다.

근무처로 갈 생각을 하였지만, 알렌박사와 함께 미국공사관으로 갔다. 그는 온종일 공사관을 열어놓고 있었다.[31]

여기서 주목할 것은 알렌이 온통 미국공사관을 열어두고 있었다는 것이다. 이는 고종의 도피를 도울 뿐만 아니라 사건을 주도했던 인물들을 미국공사관으로 도피시키려고 했던 의도를 가지고 있었음을 의미한다. 심지어 명성황후 시해사건 발생 이후 친미파의 거두인 이완용은 미국공사관으로 피신했고 미국 망명까지 생각했다.[32] 고종은 미국인 선교사들과 미국공사, 러시아 공사를 불러 신변의 보호를 요청했다.

춘생문사건은 미국과 연관되어 있다는 점이 여러 가지 정황에서 드러난다. 1. 우선 선교사들이 그날 밤에 국왕 곁에 있었다는 것, 2. 선교사들은 춘생문사건 전후 반정부 인사들에게 피난처를 제공해주었고 윤웅렬이 언더우드 집에서 계획을 논의하고 실패하자 언더우드의 집에 있었으며, 윤웅렬과 다른 사람을 선교사로 가장하여 국외로 도피시키는 일을 선교사가 도와주었다는 것, 3. 미국공사관으로 피신한 자가 미국 군함을 사용할 수 있게 해달라고 워싱턴에 요청한 것 등이 이 사건에 미국이 관련되었다고 볼 수 있는 대목이다.[33]

춘생문사건이 미국과 연관이 있는지 아닌지에 대해 씰이 미 국무부에 보고한 문서를 살펴볼 필요가 있다. 씰은 미국인들이 춘생문사건과 관련되었다는 것은 증거 없이 주장된 것이라고 했다. 사건 발생 전날 이 소식을 들은 그는 러시아, 영국 공사 동료들과 이 사실에 대해 논의했다. 미국공사

---

31) 『윤치호일기』 1895년 11월 28일.
32) 김윤희, 앞의 책, 2011, 82~87쪽.
33) 홍경만, 앞의 글, 1990, 667쪽.

관 경호병들은 새벽 12시 반과 새벽 3시에 3발의 총성을 들은 후 깨어나 경비했고, 웨베르·힐러 등과 만나고 있었다. 여기서 고종을 도우려 했던 윤치호와 씰의 노력이 드러난다.

우리가 떠났을 때 외부협판 윤치호가 나타나서 우리에게 모든 힘을 다해서 폐하를 위험에서 벗어나게 해달라고 재촉했습니다. 우리는 이미 가기로 결정했지만, 이것은 우리가 이미 들었던 것을 강조했던 것이고 우리는 어떠한 동요로부터, 혹은 적어도 우리의 존재가 폐하의 목숨을 보전하게 될 것으로 희망했습니다. 궁궐 뒷문에 윤치호와 같이 갔을 때 침입자들은 궁궐 안으로 들어가지 못했습니다. 그래서 왕의 목숨은 위험하지 않았습니다. 우리는 윤치호의 시종을 통하여 우리의 뜻을 그들에게 전했고, 그들은 통탄할 짓을 저질렀다는 혐의에 있었고 그들은 즉각 흩어졌습니다. 우리는 집으로 돌아왔습니다.[34]

이처럼 씰과 윤치호 등은 고종을 도우려는 목적은 있었으나, 미국공사관으로 파천시키려고 했던 정황은 보이지 않았고, 임최수 등 궁내부 세력들과도 사전에 협조가 되지 않은 상태였던 것이다. 따라서 고종이 당시 미국공사관으로 오려고 했는지 아닌지와 관련해서는 직접적인 근거가 없다.

다만, 춘생문사건 이후 씰은 이 사건을 주도했던 8명을 미국공사관으로

---

34) As we were leaving, Mr Yun Chi ho, Vice Minister of Foreign Affairs appeared and urged us to do all in our power to avert danger to His Majesty's life. We had already decided to go but this emphasized what we had already heard and we hoped to prevent any such disturbance, or at least by our presence to preserve the King's life. Approaching the rear gate of the Palace, with Mr. Yun Chi Ho, we learned that the intruders had not gained access to the inside of the Palace, so the King's life was not in danger. We sent word to the insurgents through a follower of Mr Yun Chi Ho, that they were in danger of committing a grievous wrong and that they ought to disburse(disperse의 오자인 듯) at once. We immediately returned to our homes(Spencer J. Palmer, ed., *Korean-American Relations 1887~1895*, Berkeley: University of California Press, 1963 (이하 *KAR Ⅱ*로 약칭), John. M. B. Sill to Secretary of State, 1895.12.3, pp.137~140).

도피시키려고 시도하였다. 당시 러시아공사관의 통역을 담당하던 김홍륙은
이완용·이윤용·윤치호 등을 미국공사관으로 도피시키는 것에 도움을 주었
다.35) 씰은 이들 8명이 잡힌다면 고문을 당하고 흥선대원군에 의해서 죽임
을 당할 것 같다고 했다. 당시 인천에 정박해 있던 요크타운(YorkTown)호는
곧 상하이로 떠나니 이들을 태워서 보낼 것을 물어보았다.36)

　춘생문사건이 발생하기 이전 선교사들이 국왕 곁에 있었고, 이 사건 전
후로 피난처를 제공해주었기 때문에 미국 선교사들과 알렌, 씰 등은 이 사
건에 개입되었다는 혐의로부터 자유로울 수 없었다.37) 알렌은 "조선에서
는 음모가 많이 일어나기 때문에 일이 발생할 때마다 진보적 관리들이 미
국공사관으로 피난했고, 이들을 차마 문밖에서 돌려보낼 수는 없다."고 하
였다.38)

　리차드 올니는 이들을 대피시키려는 것에 대해 거부했다. 그는 "8명은
그 나라의 법을 어긴 것인데 미국공사관으로 도피시키는 것은 허용될 수
없다고 하였다. 또한 요크타운호를 통해 그들을 피난시키는 것 또한 인정
할 수 없다."고 했다.39) 그리고 고종의 조카인 李埈鎔 옹립사건이 발생했
을 때도 씰에게 "직접적인 개입을 하지 말고 조선 외무부에 접촉을 해야
한다."고 했다.40)

　올니는 조선의 거중조정 요청에 대해서도 "조선에 있는 미국 대표가 어

35) 『윤치호일기』 1897년 2월 8일.
36) FRUS, Korea, Mr. Sill to Mr. Olney, 1895.12.1, p.974. 8명은 李範晉·李允用·李完
　　用·尹雄烈·尹致昊·李夏榮·閔商鎬·玄興澤 등이다.
37) 해링턴 著 이광린 校註, 『개화기의 한미관계』, 일조각, 1973, 301쪽.
38) H.N. 알렌 저, 신복룡 역주, 『조선견문기(한말 외국인 기록 4)』, 1999, 201쪽. 이윤
　　용, 이완용, 이하영, 현흥택 등은 한동안 계속 미국공사관에 파천해 있었다(『윤치
　　호일기』 1896년 1월 6일). 이후 정탐꾼들이 계속해서 미국공사관 주변을 오가면서
　　공사관 안과 밖에 있는 인물들을 수소문하였다(『윤치호일기』 1896년 1월 21일).
39) FRUS, Korea, Mr. Olney to Mr. Sill, 1895.12.2, p.974 ; 이민식, 『근대한미관계사』,
　　2001, 616쪽.
40) KAR II, Richard Olney to John M. B. Sill, 1895.12.17, p.274.

느 때라도 미국 정부의 지시 없이 행동하는 것을 암시하는 행위를 하는 태도를 보이지 말 것"을 씰에게 당부했다.[41]

그런데 한달 후에 보내는 보고서에서는 올니는 매우 격양된 어조를 보였다. 씰이 반복해서 지시사항을 위배하고 조선의 정치적인 사건들에 대해 독단적으로 나섰기 때문이다. 씰은 10월 8일 명성황후 시해사건 이후 11월 26일에 무욕당한 명성황후의 지위를 이선으로 다시 회복하자는 회의를 열었다. 10월 6일에 (일본에 의한) 포고령을 인정하지 않겠다는 입장이었다. 이에 대해 올니는 "조선의 관리들과 그 문제에 대해서 교류하는 것을 허용하지 않았고, 미국 정부가 어떠한 관심과 표현을 표출하는 것도 안된다." 고 하였다. 미 국무부는 씰의 이러한 행동에 대해 유감을 표현했고, 그의 행동을 철저하게 저지하였다.[42]

올니는 또한 조선에 거주하는 모든 미국인들에게도 "조선 내부 관리 문제에 대해서는 충고를 하는 것 혹은 어떤 의견을 표현하거나 주제넘게 나서는 것을 금지해라."고 했다. 그리고 미국인들이 해야 할 일들은 선교, 학교에서 가르치는 것, 복음을 전파하는 것, 아픈 사람을 돌보는 것으로만 규정하였다. 또한 올니는 "조선에 미국인들이 들어온 이래로 비정상적인 경로를 통하여 충고를 하거나 조선을 통제하려고 하는 경우가 많으니 가능하면 멈추게 해야 한다."라고 했다.[43] 미국과 다른 정책을 펼치던 씰은 그

---

41) FRUS, Korea, Mr. Olney to Mr. Sill, 1895.12.31, pp.974~975.
42) FRUS, Korea, Mr. Olney to Mr. Sill, 1896.1.10, p.975.
43) FRUS, Korea, Mr. Olney to Mr. Sill, 1896.1.11, p.975. 올니가 언급한 대로 미국인들이 들어온 이래 선교사들과 조선에 주재하고 있는 미국인들은 조선을 돕기 위해서 여러 가지 노력들을 했다. 기독교를 믿지 않는 이들에 대해서 야만으로 생각했던 백인들은 그들에 대해 복음을 전파함으로써 그들을 야만에서 벗어나게끔 하는 것이 그들의 의무라고 생각했던 것이다. 백인의 의무에 대해서는 김진희, 「백인의 의무」, 『미국사연구』 19, 2004 참조. 선교사들의 정치개입을 자제할 것을 당부하는 내용은 1897년 3월에도 보인다(Scott S. Burnett, ed., Korean-American Relations, 1896~1905(Honolulu University of Hawaii Press, 1989 Horace N. Allen to Secretary of State, 1898.1.10, p.162)(이하 KAR III로 표기함), John Sherman to John.

지시를 따를 수밖에 없었다.44)

씰은 12월 1일 "명성황후의 죽음에 대해 적절한 대책을 찾기 위한 회의에서 그 대표를 맡았는데, 자신이 맡은 대표직에 대해 후회한다."고 했다. 또한 씰은 "자신이 조선의 사건들에 의해 종종 임의적·의식적으로 찾게 된다."고 했다. "이러한 간섭이 직접적으로 미국인의 이권에 악영향을 미친다."고도 했다. 더불어 이것이 "조선의 평화와 질서에 위험을 끼치고 결과적으로 미국인의 안전에도 영향을 미친다."라고 하였다.45)

이러한 태도 변화는 씰이 미국의 경고에 완전하게 굴복한 것일 뿐만 아니라 청일전쟁 이후 미국의 불개입정책이 더욱 강화되었음을 말해주는 것이었다. 이에 대해 윤치호는 "왕후피살 직후 대군주의 조칙이 강요에 의해서 내려졌기 때문에 내각이 불법적 존재라고 주장했던 미국공사관 측이 이제 태도를 바꾸어 현재의 조칙이 합법적이라고 말하는 것은 도대체 어째서인가?"라고 하면서 미국의 태도를 비판하였다.46)

그러나 1년이 지난 후에 씰은 "고종이 나약한 것이 아니라 명성황후를 시해한 공범자 홍선대원군으로부터 지난 반세기간 수도 없이 암살음모로 위협받았기 때문에 그는 특별한 보호가 필요한 것"이라고 한 것은47) 당시 그가 조선 문제에 적극 개입하려고 하는 마음을 깊이 가지고 있었지만, 당시 미국의 태도에 굴복한 것임을 보여주는 것이다.

씰은 정식으로 외교업무를 배우거나 경험하지 않고 인맥으로 조선에 도착하였다.48) 씰은 외교관 본연의 업무인 자국의 이익에 최대히 충실하게

M. B. Sill, 1897.3.30, pp.194~195) 기타 선행연구에서도 올니의 불간섭주의에 대해 언급하였다(문일평, 앞의 책, 2016, 276쪽, 홍경만, 앞의 글, 1990, 673~675쪽).

44) FRUS, Korea, Mr. Sill to Mr. Olney, 1896. 1. 13, p.976.

45) FRUS, Korea, Mr. Sill to Mr. Olney, 1896. 1. 20(Recieved 2.18), p.977.

46) 『윤치호일기』 1895년 12월 1일.

47) KAR III, John M. B. Sill to Secretary of State, 1896. 7. 17, p.19.

48) John M. B. Sill은 청일전쟁 직전인 1894년 4월에 서울 주지 미국 辨理公使 겸 總領事로 부임하였다. 씰은 미국 미시건주에서 교육행정가로 40년을 근무하고, 외

임하였으나, 호의적인 미국인식을 갖고 있던 고종과의 접촉을 통해 그에 대한 친밀한 감정을 가지게 되었고, 외교적 업무를 수행하는 것에 있어 감정적 태도를 보여준 것으로 생각된다.

요컨대 그는 청일전쟁 직전 미관파천 시도에서도 보이듯 미국무부의 훈령을 어기고 고종의 미관파천 요청에 긍정하는 태도를 보였을 뿐만 아니라 명성황후 시해사건시 알렌과 함께 이를 미국무부에 적극 보고하는 모습을 보여주었고, 춘생문사건시 고종과 친미세력들에게 호의적인 모습을 보여주었다.

따라서 춘생문사건은 미국의 불간섭주의와 조선 주재 미국인들 및 친미세력들이 다수 관련된 사건으로, 신변의 위협을 가지고 있던 고종을 궁 밖으로 탈출시키려 했던 사건이다. 이 사건에서 미국공사관으로 도피하려고 했던 직접적인 정황은 찾을 수 없으나, 이후 아관파천과 아관파천 이후인 대한제국기 미관파천 시도의 전조가 된다는 점에 있어서 매우 중요한 사건이었다.

교적 경험이 없이 조선에 부임하였다. 그는 미시건 대학 출신인 클리블랜드 대통령 참모 디킨슨(Don Dickinson)과 국무부 차관보 얼(Edusin F. Uhl)의 추천으로 조선에 오게 되었다(손정숙,『한국 근대 주한 미국공사 연구(1883~1905)』, 한국사학, 2005, 160쪽). 그의 활동에 대해서 구미 논문으로는 Jeffery M. Dorwart, "The Independent Minister: John M. B. Sill and the Struggle against Japanese Expansion in Korea, 1894~1897", Pacific Historical Review Vol 44-4(1975.11), pp.485~502가 있다.

제5장

대한제국 선포 직후 고종의 미관파천 시도

1. 러시아의 고종에 대한 신변 위협

명성황후 시해사건 이후 위협을 느낀 고종이 궁궐 밖으로 탈출하려고
했었던 春生門事件은 실패로 돌아갔지만, 조선에서의 반일분위기는 여전
했고, 고종은 더욱 신변에 위협을 느끼게 되었다. 이에 고종은 러시아공사
관으로 파천할 것임을 타진하였다.

> 逆徒 패거리들이 지난 9월부터 저를 끊임없이 둘러싸고 있습니다. 최
> 근에 외국인들의 외모를 본 따 취해진 단발령은 전국적으로 분노와 폭
> 동을 촉발시켰습니다. 매국노들은 나와 나의 아들을 죽이기 위해 이러
> 한 기회를 이용하고자 했습니다. 왕세자와 나는, 나를 위험에 빠뜨리는
> 것에서 벗어나기 위해 러시아공사관에 보호를 구했습니다. 이에 대해
> 두 명의 공사는 어찌 생각하십니까? 만약 허용한다면 나는 수일 내 밤중
> 을 선택하여 러시아공사관으로 비밀리에 피신코자 합니다. 그 날짜를
> 선택하여 나에게 알려주기 바랍니다. 나를 구할 다른 방법은 없습니다.
> 두 공사는 나를 보호하고 지켜줄 방법을 진정으로 원하는 바입니다.[1]

러시아는 1895년 10월 27일, 이미 국왕을 보호하기 위한 모든 조치들을
승인한다고 했다.[2] 그런데 당시 대리공사 쉬뻬이에르는 전신선이 망가져
서 러시아에 이 사실을 보고하지 못하고 있었고, 러시아공사관 병사 수가

---

1) АВПРИ. Ф.150, Оп.493, Д.5, лл.5-6об(김종헌 역, 『러시아 문서 번역집 II』, 선
   인, 2011, 223쪽).
2) АВПРИ. Ф.150, Оп.493, Д.215, лл.235об(홍웅호 역, 『러시아 문서 번역집 V』,
   선인, 2011, 297쪽).

적자 고종은 러시아공사관으로 가는 것을 망설이게 되었다. 그런데 쉬뻬이에르는 많은 수의 무장 군인을 파병해 줌으로써 고종에게 확신을 주었고, 100명의 러시아 해병이 비밀리에 제물포에서 서울로 파견되었으며, 고종은 러시아공사관으로 오겠다고 최종적으로 이야기하였다(俄館播遷). 이후 고종은 외교단 대표와 씰을 불러서 파천의 이유에 관해서 설명하였다.[3] 고종은 군사적 파견이 확실시된 이후에야 러시아공사관으로의 피신을 결심한 것이다.

아관파천 이후 일본의 위협에서 벗어나게 된 고종은 친일파를 즉각 처단하였다. 김홍집은 흥분한 군중에게 피살되었고, 유길준은 일본으로 망명하였다. 이에 친러파가 득세하기도 했지만, 친미파도 내각에 많이 기용되었다. 이는 러시아가 조선 내정에 깊이 관여한다는 인상을 지우기 위한 목적이었다.[4] 하지만 미국무장관 존 셔먼(John Sherman)은 주한미국공사에게 "아관파천시 조선의 외교관계에 개입하지 말 것"을 강조하였다.[5]

아관파천 이후 고종은 자신의 신변을 호위하기 위하여 군제개편을 단행하였다. 그는 아관파천을 전후하여 친위대를 증강하였고, 새로운 지휘관을 임명하였다. 친위대는 1896년 3월 5개 대대 4,400명으로 개편되었고, 이후 4월 22일에 확대 개편되었다.[6]

러시아공사관으로 파천해 있던 1896년 9월, 고종은 외국인 거주지와 접해있는 경운궁으로 가려는 의도를 가지고 있었다.[7] 고종은 이때부터 친미파를 중심으로 한성도시개조사업을 구상하고 있었던 것으로 생각된다.[8]

---

3) АВПРИ. Ф.150, Оп.493, Д.5, лл.25~31об(김종헌 역, 『러시아 문서 번역집 Ⅱ』, 선인, 2011, 218~222쪽).
4) 이민원, 『명성황후 시해와 아관파천』, 국학자료원, 2002, 125쪽.
5) 『미국의 대한정책(1834~1950), 한림대학교 아시아문화연구소 자료총서1Department of State, U.S. Unites States Policy Regarding Korea(1834~1950)』, 한림대학교 출판부, 1987, 25쪽.
6) 서인한, 『대한제국의 군사제도』, 혜안, 2000, 62쪽, 169~170쪽.
7) KAR Ⅲ, John M. B. Sill to Secretary of State, 1896.9.1, p.21.

이 시기에 러시아의 세력이 강했기 때문에 고종이 중요한 의사 결정을 하려면 러시아의 동의를 얻어야만 했다. 프랑스 선교사 뮈텔은 "러시아가 조선 점령 의도를 갖고 있다."고 평할 정도였다.[9] 아관파천 직후 일시적으로 친미파인 박정양 내각이 수립되었다고 해도, 친러파세력들은 고종의 신변을 보호해주는 대가로 조선의 이권에 관여하였다.[10]

1897년 2월 20일 고종은 경운궁에서 러시아 군대의 도움을 받아 환궁하였고, 베베르는 이에 반대하지 않았다. 심지어 러시아 군사고문관 뿌짜따 대령은 고종의 환궁시 곁에 있기도 하였다.[11] 1897년 1월 러시아 조선주재 군무관 총참모부 대령 스트렐비치키는 "왕의 신변 보호를 할 것이 아니라, 한시라도 빨리 조선을 차지해야 한다."[12]고 할 정도로 조선에 대해 적극적인 정책을 펼치고 있었다.

국제 정세상으로도 러시아는 조선에 집중했다. 로바노프 - 야마가타(모스크바 의정서) 협정 이후 로바노프 로스토프스키는 "러시아가 요동 반도

---

8) 이 도로개조사업은 이후에 고종 황권강화의 상징이나 다름없지만, 그 사업의 범위가 크지 않았던 만큼 대한제국의 권력기반도 협소했다는 평가가 있다(전우용, 『서울은 깊다』, 돌베개, 2008, 205쪽). 사업의 주도세력과 관련된 연구는 「대한제국시대의 도시계획 - 한성부의 도시개조사업」, 『향토서울』 50호(1990); 이태진 『고종시대의 재조명』, 태학사, 2000 ; 한철호, 「대한제국 초기 한성부도시개조사업과 그 의의」, 『향토서울』 59, 1999 등이 참조된다.

9) 『뮈텔주교일기』, 1896년 1월 15일.

10) 1896년 2월부터 러시아는 경원·경선 광산채굴권(1896년 4월), 인천 월미도 저탄소 설치(1896년 9월), 무산·압록강유역·울릉도 삼림벌채권(1896년 9월), 부산 절영도 저탄소 설치(1897년 10월), 한아은행 설치(1898년 3월) 등의 이권 침탈을 했으며 이는 일본이 주도하던 이권침탈의 주도권이 미국에게 넘어갔다가(운산금광 채굴권(1895년 7월), 경인철도부설권(1896년 3월, 1898년 12월에 일본에 매각)) 러시아에 다시 넘어가는 모습을 보여주는 것이다(신용하, 『독립협회연구(上)』, 일조각, 2006, 193쪽).

11) *KAR Ⅲ*, John M.B. Sill to Secretary of State, 1897.2.22, p.24.

12) АВПРИ. Ф.150, Оп.493, Д.7, лл.94-97об(이원용 역, 『러시아 문서 번역집 Ⅲ』, 선인, 2011, 48쪽).

의 항구로 연결된 철도 부설을 청국이 허용하지 않을 것이라고 보고, 조선
에 집중할 것"을 러시아 재무장관 위테에게 간언했고 이는 받아들여졌다.[13]

러시아 세력이 조선에서 힘을 얻게 되자 러시아어 통역관이었던 金鴻陸
이 정치 권력을 잡게 되었고 그는 고종의 신변을 위협하였다.[14] 김홍륙은
춘생문사건 당시 친미파들을 미국공사관으로 도피시킨 인물이었지만, 그
렇다고 해서 친미파는 아니었다. 주한미국공사 알렌(Horace N. Allen)은 그
에 대해서 "매우 평범하고 교육받지 못했으며 한자도 읽고 쓰지 못하지만,
러시아어를 잘했다."라고 평가했다. 또한 베베르와 쉬뻬이에르는 "김홍륙
은 금전 문제에 관한 행위로 조선인들에게 불만을 사고 있지만, 이것은 조선
에서는 매우 일상적인 일"이라며 그를 옹호해주었다. 알렌은 "김홍륙이 아
무도 러시아어를 하지 못하는 상황에서 폭력적이고 위협적인 언어를 고종에
게 가했다."라고 했다. 김홍륙은 독립협회에서도 지탄받던 인물이었다.[15]

김홍륙뿐만 아니라 아관파천에 주도적인 역할을 담당했던 러시아공사
쉬뻬이에르도 고종의 신변에 위협을 가하였다. 그는 1884년과 1885년 두
차례에 걸친 한러밀약설과 관련이 있었고, 1896년 2월 아관파천 당시 주일
러시아 대리공사로 임명되었으며, 1897년 8월에 주한 러시아공사로 부임
하였다.[16] 아관파천 직후 쉬뻬이에르는 "고종은 자신의 운명을 애통해하

13) A. 말로제모프 저, 석화정 역,『러시아의 동아시아 정책』, 지식산업사, 2002, 139쪽.
14) 이와 관련해서는 장경호,「아관파천 전후(1896~1898) 정치권력 변화와 김홍륙 독
    차사건 재검토」,『한국근현대사연구』81, 2017 참조.
15) KAR Ⅲ, Horace N. Allen to Secretary of State, 1898.3.14, pp.41~42. 이민원, 앞의 책,
    2003, 203쪽.
16) 김영수,「주한 러시아공사 쉬뻬이에르의 외교활동과 한국정책」,『역사학보』233,
    2017, 154쪽에는 1897년 8월에 부임했다고 되어 있고, 신용하,『독립협회 연구(上)』,
    일조각, 2006, 80쪽에는 9월 7일에 부임했다고 되어 있다. 쉬뻬이에르는 1897년 8
    월 26일에 일본에서 출발하였기 때문에(김영수,「서울주재 베베르의 외교활동과
    한국정책」,『서울과 역사』94, 2016, 23쪽), 8월 26일~9월 7일 사이 조선에 있었던
    것으로 추측된다. 따라서 쉬뻬이에르의 부임과 함께 친러정부가 미국공사관에『독
    립신문』폐간을 요청한 것으로 추측해 볼 수 있다.

며 러시아의 도움만을 기다리고 있었다. 나는 세자를 비롯한 자신을 보호해달라고 하는 요청을 받았다."라고 하면서[17] 고종의 신변 보호가 자신에게 달려 있음을 확신하였다.

한편, 친미파들은 이러한 러시아의 득세에 제동을 걸었다. 1897년 2월부터 『독립신문』과 서재필은 친러파 정부에 대해 비판적이었다. 쉬뻬이에르가 부임한 1897년 8월, 정부는 미국공사관에 『독립신문』의 폐간을 요청하였다.[18] 러시아의 조선주재군무관 총참모부 대령 스트렐비치키는 "미국이 청일전쟁 이전과 달리 영미 선교사들을 중심으로 협회와 시위대를 조직하는 등 조선에서 커다란 영향력을 행사하고 있다."[19]고 보고하기도 했다.

그간 베베르와 가까웠던 알렌도 친미파에 비판적인 쉬뻬이에르가 부임하자 이를 달갑지 않게 생각하지 않았다.[20] 쉬뻬이에르는 반러운동과 뜻을 같이하는 특정한 미국 고문관들, 그리고 독립협회 편집장 서재필에 대해 불만을 느끼고 있었다.[21]

윤치호는 "러시아 공사 쉬뻬이에르가 러시아의 이권을 위하여 김홍륙을 통해 고종을 협박하였다."라고 했다.[22] 알렌도 "조선 내각의 급격한 변화

---

17) АВПРИ, Ф.150, Оп.493, Д.5, лл.5-7об(김종헌 역, 『러시아 문서 번역집 Ⅱ』, 선인, 2011, 211~213쪽).

18) 신용하, 『독립협회 연구(上)』, 일조각, 2006, 67쪽·780쪽. 이에 대한 내용은 『독립신문』 1897년 11월 11일자 참조. 김영수, 앞의 논문, 167~171쪽. 해링턴도 쉬뻬이에르가 친미파의 거두인 이완용을 배제하고 고종이 러시아의 충고만을 듣게 하였다고 했다(해링턴 著 이광린 校註, 『개화기의 한미관계』, 일조각, 1973, p.66).

19) АВПРИ, Ф.150, Оп.493, Д.7, лл.94-97об(이원용 역, 『러시아 문서 번역집 Ⅲ』, 선인, 2011, 47쪽).

20) 해링턴, 앞의 책, 1973, 312쪽.

21) KAR Ⅲ, Horace N. Allen to Secretary of State, 1898.3.19, p.43. 알렌은 군사교관 니안스테드가 중병에 걸렸고, 러젠드르는 프랑스계 미국인으로 미국에 산 지 얼마되지 않아 프랑스와 연대가 있는 러시아와 친밀하다고 했으며, 서재필은 한국에서 태어났지만 미국 시민권자라고 밝히며 친미세력이 러시아에 반대하는 것은 아니라고 해명하면서 쉬뻬이에르의 불만을 억눌렀다(KAR Ⅲ, Horace N. Allen to Secretary of State, 1898.2.16, p.47).

가 새로운 러시아 공사의 강압적인 제안으로 말미암은 것"이라고 했다. 또
한 "쉬뻬이에르가 베베르가 하는 정책을 완전히 뒤바꾸었고 친미파 관료
들을 박해함으로써 미국을 모독하고 있다."고 했다.[23] 게다가 대표적 친미
파인 박정양이 사임했을 때 고종은 "러시아파에 의해서 개인적으로 박정
양에게 이야기도 하지 못하고, 몇 번이나 보려고 했으나 왕의 곁에서 그를
감시하는 러시아 통역관 김홍륙 때문에 보지 못했다."고 밝힌 바 있다.[24]

심지어 쉬뻬이에르는 고종에게 모든 일은 오직 러시아를 통해서 조언을
받고 해결하라고 말하기까지 하였다.[25] 또한 그는 미국에 친밀한 감정을
가지고 있는 이들을 자신의 공사관에 들어오는 것을 허락하지 않았으며,
미국과 미국인들에게 "미국에 친근한 감정을 가진 조선인은 대한제국 정
부에서 자리를 가질 수 없다."고 이야기하였다.[26]

쉬뻬이에르가 한국에 부임한 시기는 군사교관과 재정고문이 한국에 도
착하였을 때였다. 군사교관 뿌짜따의 파견 이후 추가적인 군사교관 확보가
일본과 영국의 반대로 말미암아 난항을 겪다가 1897년 7월 28일에 다시 군
사교관이 파견되었다. 군사교관 파견을 반대하던 외부대신 이완용은 학부
대신으로 전임되었다. 쉬뻬이에르는 재정고문 알렉시에프를 파견하고 재
정 고문관 영국인 브라운을 해임하여 10월 6일 알렉시에프로 교체하게끔
하였고, 한러은행을 설립하고자 하였다.[27] 이처럼 쉬뻬이에르는 자국의 이
권을 위해 고종의 신변을 담보로 공격적인 외교정책을 펼쳤다.

---

22) 『윤치호일기』 1898년 3월 18일.
23) *KAR III*, Horace N. Allen to Secretary of State, 1897.10.5, p.32.
24) *KAR III*, Horace N. Allen to Secretary of State, 1897.10.9, p.32.
25) *KAR III*, Horace N. Allen to Secretary of State, 1897.9.17, p.158.
26) Despatches from U.S. Ministers to Korea, 1885-1905(M134) 22 Rolls,와 Despatches
    from United States Consuls in Seoul, 1886-1906(M167) 2 Rolls Vol. 13 No. 9.
    "Anti-American Remarks of New Russian Minister" Allen to John Sherman.
27) 이민원, 앞의 책, 2002, 218, 221, 243쪽.

2. 美館播遷 시도 이전 미국의 태도

아관파천 기간 동안 신변보호를 약속받기 위하여 러시아에 민영환을 필두로 한 특사단을 파견한 후 비밀협정을 맺은 고종에게 있어[28] 러시아는 그에게 신변 보호를 위해 반드시 필요한 국가였다. 그러나 김홍륙과 쉬뻬이에르 등 러시아의 압박은 오히려 커다란 부담이 되었다. 환궁 직전 1896년 11월에는 고종을 러시아공사관에서 도피시키려고 하였던 음모가 탐지되기도 하였다.[29]

이렇게 되자 고종은 환궁 이후 다시 미국에 의지할 수밖에 없었다. 고종은 러시아공사관에 있을 때인 1896년 12월 22일에, 이듬해 5월 첫째주 수요일에 워싱턴에서 열리는 만국우편회의에 조선측 대표단을 파견하기로 합의하였고,[30] 의친왕 이강을 미국 선교사들과 함께 미국에 보내는 일에 대해서도 논의하였다.[31] 의친왕은 1897년 5월 22일 일본에 알리지 않고 도피하려했고,[32] 언더우드는 의친왕을 미국에 보내기 위하여 일본에 갔으며,[33] 이후 의친왕은 일본에 거주하기 전에 워싱턴에 머물렀고, 1899년 미국으로 갔다. 알렌은 로아노크 대학 총장에게 고종이 '의화군(의친왕)의 로아노크 대학 입학'을 요청한다는 사실을 전달하였다.[34]

---

28) 서인한, 앞의 책, 2000, 90~91쪽 ; 김영수, 「명례궁약정과 한러비밀협정을 통해본 모스크바대관식(1896)」, 『역사와 현실』 106, 2017, 304쪽.

29) DUSMK Vol 13. "Reported Conspiracy in Seoul" John M. B. Sill to Richard Olney. 그런데, 이것이 미국공사관으로의 피신을 타진한 것인지는 분명하지 않다.

30) DUSMK Vol 13, No. 37. No. 6.

31) DUSMK Vol 13, No. 40 John M. B. Sill to Richard Olney. 이는 일본에 의해서도 감지되었다(『주한일본공사관기록』 권12, (6)[宮廷錄事·施政任免一束·雜件] 報告第24號, 第48號, 加藤 辨理公使→大隈 外務大臣, 1897년 3월 31일).

32) 『주한일본공사관기록』 권12, 大隈重信 → 加藤增雄, (31) [義和宮殿下 渡美에 대한 後續措置의 件] 1897년 5월 29일.

33) 『알렌문서』 「R3-L6-02-068」 1897년 4월 26일 Horace N. Allen → Frank F. Ellinwood

34) 『알렌문서』 「R3-L6-05-065」 1900년 6월 14일 Horace N. Allen → Julius D. Deshler

그뿐만 아니라 고종은 대한제국을 선포한 직후인 1897년 10월 13일에 미국공사관 옆에 왕립도서관을 지어 임시피난처로 활용하려 했다. 알렌은 고종으로부터 미국공사관 사유지로 허락받은 Private road[35] 해당 증빙서가 없어 곤란을 겪고 있다가 한성판윤(당시 친미파 李采淵)으로부터 받았다는 점을 보고하였다. 그런데 이렇게 하사받은 길이 오히려 독이 되었다고 주장하였다. 그 주장은 다음과 같았다.

이와 같은 주장을 하는 제 이유는 다음과 같습니다. 폐하는 유사시 러시아공사관으로 갈 것을 다시는 생각하지 않습니다. 그리고 폐하는 궁궐을 넘어 영국공사관으로 간다면 환영해 줄 것을 알지만 그것도 바라지 않습니다. 특히 그는 우리 공사관으로 오고 싶어 합니다. 저는 그가 다른 열강들을 불신한다는 것을 매우 잘 알고 있습니다. 저는 러시아가 그러했던 것처럼 우리는 보호처를 말해줄 수 없다는 점을 기회가 있을 때 언급했습니다. 저는 이것을 전임자(역자 주: John M. B. Sill)가 했던 것처럼 이를 매우 명백하게 했습니다. 그리고 제가 승진함에 따라 (역자 주: 주한미국공사 취임) 이것은 더욱 강력해졌습니다. 그는 지금 그가 여기로 영구히 파천해 온다는 것을 기대할 수 없게 되자 소위 "왕립도서관"이라는 것을 우리 공사관 옆 문에 설치할 계획을 세웠습니다. 이곳은 미국인들로 둘러싸인 곳입니다. 제가 그린 "왕립도서관"을 참조하십시오. 저는 그가 위험이 닥치면 이 도서관으로 오리라는 것을 알고

알렌의 영향으로 그가 나온 오하이오 웨슬리언 대학에 많은 이들이 진학하였다 이와 관련해서는 장경호, 「19세기 말~20세기 초중반 미국 유학생들의 명단과 졸업 후 활동」, 『한국민족운동사연구』 105, 13쪽 참조.

35) 현재 고종 여부로 논란이 되고 있는 이 길은 현재 고종이 아관파천 당시 파천한 길이라고 불리는 길로 문화재청에 의해 2016년 9월부터 복원사업이 진행되어 2018년 10월에 개방하였다. 그러나 이는 알렌이 고종에게 하사받은 미국공사관 뒷길을 증명하기 위한 미국공사관 길(Private road)이다. 알렌은 유사시 미국공사관이 이 길을 차단할 수 있는 권리를 고종으로부터 받았지만, 각주 36)에도 보이듯이 길은 고종이 유사시 미국공사관으로 파천하기 위한 정략이 담겨 있는 길이었다. 아관파천보다는 미관파천과 더 관련이 깊다.

있습니다. 이러한 상황은 그에게 보호를 줄 수 있을 것입니다. 그리고 우리는 미국인 자산을 보호하기 위하여 그를 어쩔 수 없이 보호해야 할 것입니다.[36)]

이처럼 고종은 정식으로 미관파천을 타진하기 이전에도 꾸준히 파천 의향을 내비쳤고, 이것이 좌절되자 왕립도서관을 세울 계획을 짰다. 고종의 의도대로라면 미국인이 주변에 있는 왕립도서관에 있으면 언제라도 도움을 받을 수 있기 때문이다. 알렌이 그린 왕립도서관은 다음 그림을 보면 알 수 있다.

---

36) My reasons for this opinion are as follows: - His Majesty does not wish to be taken to the Russian Legation again in case of disturbance; he knows he will be welcome at the British Legation just over the wall from his Palace, but does not wish to go there either. He is especially desirous of coming to our Legation, as I know perfectly well that he distrusts every other power. I have used every opportunity to impress upon him the fact that we cannot do for him as Russia did and we cannot keep him as a refugee. I have made this so clear, with the consent of my predecessor and still stronger since my promotion, that he now realizes that he cannot expect to obtain indefinite asylum here. He has therefore begun the building of a so-called "Library Building" on a piece of ground he acquired next door to us, and which is all surrounded by American property. I know that he intends to flee to this place in time of danger, thinking that his situation will afford him protection and that we will be compelled to protect him in protecting American property(DUSMK, Vol 13. No. 11, Mr Allen to Secretary of State(1897.10.3.)), 한철호, 앞의 책, 1998, 234쪽. 이 도서관은 주한일본공사관의 기록을 보면 1898년 1월 말에 준공을 앞두고 있다고 되어 있다(『주한일본공사관기록』 권12, (5)[美館 播遷계획이 暴露된 件에 관한 事實報告], 機密第7號, 加藤 辨理公使→西 外務大臣, 1898년 1월 24일). 이 도서관은 1899년 6월 8일 박정양, 민기선, 박기양 집에 폭탄이 터지는 사건이 발생했을 때 (『주한일본공사관기록』 권13, (42) [爆裂彈 投入에 관한 件], 機密第47號, 日置 臨時代理公使→靑木 外務大臣, 1899년 6월 15일)와 경운궁이 불이 났던 1904년 4월에 고종의 파천 처가 되었다.

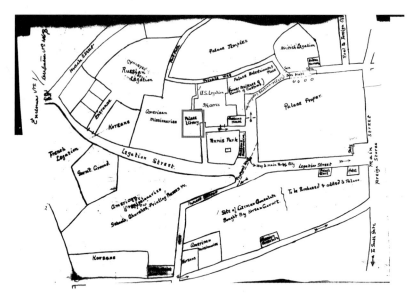

〈그림 3〉 1902년 당시 정동 지도(1902. 5. 24)(DUSMK, Vol 13. No. 29, Allen to Secretary of State) 가운데 Palace Library라고 되어 있는 것이 왕립도서관이다.

그림에서도 보이듯 Palace Library 옆에 바로 미국공사관이 있었고, 바로 옆에는 선교사들이 거주하는 곳이 있었다. 따라서 유사시 언제라도 미국공사관으로 피신하려는 고종의 의지를 살펴볼 수 있는 것이다.

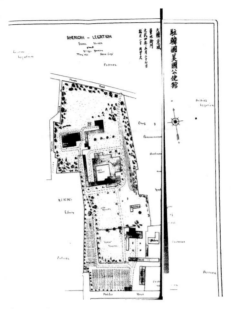

〈그림 4〉 광무 4년(1900년) 5월 27일 미국공사관 리모델링 계획안(DUSMK, "Scale plan of the grounds and buildings of the Legation" Vol 13. No. 251, Mr Allen to Secretary of State에서 발췌)

대략적인 미국공사관 주변 모습을 짐작할 수 있다. 알렌은 자신의 키가 6피트 2인치인데, 공사관 천정이 6피트 6인치라 불편하고, 침실이 땅 바로 위에 있어 건강이 걱정된다고 했다. 공사관 내에서 지내던 공사 2명이 말라리아로 사망하고, 국무부 직원도 말라리아로 상태가 좋지 않다는 점을 언급했다. 그리고 공사관 출입구도 너무 비좁아서 국무부에 건물 신축을 요청했고, 4천불을 추산했다. 미국 의회에서는 이를 거부하고 오히려 알렌의 무례함에 문제제기를 했다(『알렌문서』 R5-B5-06-001, R5-B5-06-003). 알렌은 이에 대해 딘스모어가 자신의 성공에 대한 질투때문이라고 주장했다(『알렌문서』 「R4-L7-04-041」 1902년 7월 17일 Horace N. Allen to Edwin V. Morgan). 따라서 알렌은 보수공사 정도를 할 수밖에 없었는데, 우물 이전(25원), 침실 문 교체(28원), 식당 뒤편 은색 옷장, 식당 출입구 개방, 벽돌 담 수리, 자물쇠, 내부 선반 장착, 창문 유리 폭(34원), 하인방 확장(40원), 사무실 바닥 보수(95원), 석재 장식 교체, 배수, 콘크리트 표면 버스(185원), 사무실 뒷문(12원), 지붕 보수(95원), 게스트하우스 식목(25원), 페인팅(90원) 등 총 638원을 들어 보수공사 했다(『알렌문서』 R4-L7-10-005).

또한, 명성황후 장례식 때 러시아의 위협으로 말미암아 알렌에게 "조대
비 장례식 때 파견한 것처럼 미군을 경호로 붙여 달라."고 요청했다. 알렌
은 "이들은 미국인들의 안위를 위해서만 보호되는 이들"이라고 하면서 전
임 미국공사 씰(John M. B. Sill)과는 다른 태도를 보였다.[37]

씰은 지속해서 발생하는 대한제국 내의 동요에 대처할 군대가 필요하다
고 생각하였고, 현재 대한제국의 군대는 이러한 동요를 진압하기 위해서는
역부족이라고 판단하였다. 하지만 그는 미군 파견에 대해 어떠한 의견을
제시하지는 않았다.

고종은 1897년 4월 23일 씰이 제물포에 가느라 자리를 비운 사이 군사
교관을 더 부르는 문제에 관련하여 알렌에게 의견을 구했다. 알렌은 이에
대해 대답을 회피했고, 26일에 가토 마쓰오[加藤增雄]가 고종을 직접 알현
하여 미국이 더 많은 군사교관을 파견하는 문제에 대해 거부하는 의견을
냈다. 또한 미국공사관에 자국의 의견을 전달하였다. 그러자 미국공사관은
일본의 이익을 침해할 어떠한 일도 하지 않을 것이라고 하여, 중립적인 태
도를 보였다.[38]

당시 베베르는 군사교관 파견을 증가시키는 것을 외부대신 이완용이 거
부하자 군부대신 심상훈과 상의하였다. 이완용은 이에 이 문제가 외부의
문제이지 군부와 상관없다고 주장하다가 베베르에 의해 평양으로 좌천되
었고, 친러파 閔種默이 그 자리를 대신하였다. 미국공사관은 친미파 이완
용의 좌천에 대해 "조선에서 커다란 손실이고 미국의 이권 확보에 대해서
도 난점으로 작용하였다."라고 했다. 그러나 미국은 그에 대해 아쉬움만
드러낼 뿐 미국의 공식적인 입장을 나타내지는 않았다.[39]

러시아 군사교관을 파견하는 문제에 대해 주한미국공사 씰이 찬성하는
태도를 보이자 이를 경계한 일본은 주미일본공사 호시 도루[星亨]로 하여

---

37) *KAR III*, Horace N. Allen to Secretary of State, 1897.11.27, pp.37~38.
38) *KAR III*, John M. B. Sill to Secretary of State, 1897.5.10, pp.26~27.
39) *KAR III*, John M. B. Sill to Secretary of State, 1897.10.9, pp.32~33.

금 미 국무장관에게 당시 前주한미국공사 씰의 태도에 대해 주의를 줄 것을 요청하기도 하였다.[40]

이처럼 미국은 미관파천 요청 이전 조선에 대해 정치적 중립을 지킬 것을 강조하였다. 미관파천이 있기 얼마 전 당시 미국무장관 존 셔먼은 1897년 7월 17일에 알렌에게 신중하게 행동할 것을 당부했다.

미국 정부는 부산 석탄기지고 설치와 관련하여 간섭하지 않고 러시아의 정책을 좌절시키기 위한 다른 문제들에 관여하지 않은 알렌의 세심한 태도에 기쁨을 표합니다. 한 외국에 행동을 하는 것에 반대하는 것은 대표업무가 아닙니다. …… 편파적 지지는 어떠한 형태로든 조선인들이 미국을 중립으로 여기고, 대한제국의 통치자가 채택한 국내 정책과 관련되어 유일한 동맹국이라고 간주시키게 되는데, 이는 부적절하고 원치 않은 효과를 가져오게 됩니다. 미국정부는 대한제국의 내부 사항들에 대해 조력자 혹은 보호 동맹국이 되는 것은 의미가 없습니다. 대한제국과 어떠한 열강 사이에 어떠한 문제가 있을시 미국의 호의적인 중재를 발생시키는 것은 1882년 조약의 첫 번째 조항으로 규정되었으며, 이는 부당하고 억압적인 처우를 받을 경우 미국과 대한제국 중하나가 상호간 원활한 상태를 가져오는 것으로 한정되어 있습니다. 적절한 용어로의 거중조정은 오직 중재를 원하는 정부와 함께 두 당이 동의해야 이뤄질 수 있습니다.[41]

---

40) 『주한일본공사관기록』권12, (40)[前任 駐韓美 國 公使 실의 擧動에 관한 件], 密送第62號, 外務大臣 伯爵 大隈重信→在京城 辨理公使 加藤增雄, 1897년 7월 24일.

41) The Department would be glad to believe that you have been scrupulously careful not to give to your intervention in the matter of the Foosan coaling station, or to any other matter in which Russian policy or conduct may be involved any appearance of a desire merely to thwart the purposes of Russia. … Any such partiality would not only be in itself improper, but might have the undesirable and unfortunate effect of leading the Koreans themselves to regard the United States as their natural and only ally for any and all such purposes of domestic policy as Korea's rulers may adopt. This government is in no sense the counsellor of Korea as to its internal destinies, neither

미관파천 직전, 미국 측의 거중조정에 대한 입장은 대한제국이 바라는 거중조정과는 거리가 있었다. 곧 미국은 정부와 의회의 양 당이 동의하지 않은 상태에서 거중조정 요청은 받아들일 수 없다고 했다.[42]

이처럼 미국은 대한제국의 내부 문제에 대해 중립적인 입장을 계속 견지하겠다는 태도를 보였는데, 대한제국 선포 당시에도 다음과 같은 태도를 보였다.

> 지난달 14일 18번 외교 문서로 보내온 조선의 왕이 황제의 칭호를 획득하는 의식을 치르는 것과 관련한 답변입니다. 미 국무부는 폐하가 황제 칭호를 상정한 것에 대해 신중하기를 바라며 귀하가 그랬듯이 이것이 정부가 바뀐 것을 이해하시고, 단순히 "최고위자의 국가 지배"의 부분에서 변한 그것뿐 새로운 관계에 대한 공식적인 입장은 필요가 없을 것입니다. 새로운 정부가 힘을 얻게 되면 또는 왕조의, 혹은 헌법상의 국가 기능과 조직 변화가 일어나도 마찬가지입니다. 만약 공식적으로 황제의 칭호가 변했다는 것을 인정하는 순간 공사관의 지위도 변경해야 할 것이고, 귀하는 별도의 지시사항이 있을 때를 기다려야 합니다.[43]

---

is it bound to Korea by any protective alliance. The only contingency in which the amicable mediation of the United States in any matter between Korea and other powers may be extended is defined in Article 1 of the treaty 1882 and is reciprocally limited, in the case of unjust or oppressive dealings of other powers with either the United States or Korea, to the exercise of the Good offices of the other to bring about an amicable arrangement. It is hardly necessary to observe that good offices in the proper sence of the term can only be used with the assent of both the parties with whom the offering government seeks to mediate(*KAR Ⅲ*, John Sherman to Horace N. Allen 1897.11.19, pp.160~161). 미국은 석탄 보급 기지를 위해 三沙澳의 섬을 조차하고자 하였으나 일본에 의해 저지당했다(『주한일본공사관기록』 권15, (226)[露淸協商案 및 慶親王 修正案 提示 건(2)] 來電第256號, 在淸 內田 全權公使→小村 外務大臣, 1900년 12월 10일. 『미국의 대한정책(1834~1950)(한림대학교 아시아문화연구소 자료총서1Department of State, U.S. Unites States Policy Regarding Korea(1834~1950)』, 한림대학교 출판부, 1987, 24쪽.

42) *KAR Ⅲ*, John Sherman to Horace N. Allen 1897.11.19, pp.160~161.

43) I have to acknowledge the receipt of your No. 18, Diplomatic Series, of the 14th

미국이 고종의 황제 칭호를 인정해줄 것이라는 쉬뻬이에르의 예상44)과
는 다르게 알렌이 대한제국 선포에 대한 보고를 미국에 보냈으나, 미국에
대한 입장은 변하지 않았다.

3. 고종의 미관파천 시도와 미국의 활용

1) 고종의 미관파천 시도

대한제국 수립 직후인 1897년 말 고종은 미국공사관으로 대피하려고 했
다. 1897년 12월 24일 밤, 고종은 자신이 가장 신뢰하는 환관을 알렌에게
보내어 "러시아가 고종의 보호를 위해서 병사들을 보낸다."라고 하는 정보
를 넌지시 알려주었다.

〈표 5〉 러시아 세력기 미관파천 시도 전후의 상황(1897~1898)

월 일	사건	전거
1897.2.20.	고종, 러시아공사관에서 환궁 단행	『승정원일기』
1897.3.22.	고종, 만국우편회의에 이범진, 민상호 파견	『주한일본공사관기록』 DUSMK

---

ultimo, in relation to the ceremony attending the assumption by the king of Korea of
the title of Emperor. The Department commends your prudence in dealing with His
Majesty's assumption of the Imperial title and understands, as you do, that is not a
change of Government, but merely a change of style on the part of "The Chief Ruler
of the Country", and as such needs no formal entrance upon new relations, as in the
case of a revolutionary Government assuming power, or a dynastic or constitutional
change in the organization and function of a state. Should any other Governments take
official cognizance of the change in His Majesty's title, and re-accredit their envoys
accordingly, you will at once report the fact to the Department and await further
instructions(*KAR III*, John Sherman to Horace N. Allen, 1897.11.30, p.161).

44) АВПРИ. Ф.150, Оп.493, Д.7, л.128-31об(이원용 역, 『러시아 문서 번역집 III』,
선인, 2011, 65쪽).

1897.4.23.	고종, 미군 군사교관 요청	『구한국외교문서』「미안」 KARⅢ
1897.5.9.	고종, 의화군 미국 유학 요청 (실제 파견은 1900년)	『주한일본공사관기록』 DUSMK
1897.6.	김홍륙, 이범진 미국으로 가게 하는데 도움줌	『주한일본공사관기록』
1897.7.	김홍륙, 박정양 탄핵	『주한일본공사관기록』
1897.7.17.	존 서면, 정치적 문제 신중하게 접근할 것을 강조	KARⅢ
1897.7.27.	알렌, 미 공사 취임	KARⅢ
1897.7.28.	러시아 군사 파견	KARⅢ
1897.8.	쉬뻬이에르, 주한러시아공사로 부임	KARⅢ 『주한일본공사관기록』
1897.9.17.	쉬뻬이에르, 조선에 대한 모든 것 러시아를 통해 할 것을 고종에게 지시	DUSMK
1897.10.3.	쉬뻬이에르, 친미파 배제 선언	DUSMK
1897.10.3.	고종, 미국공사관 근처 왕립도서관 건축 지시	DUSMK
1897.10.12.	고종, 황제즉위식 거행	『고종실록』
1897.11.19.	미국, 고종의 거중조정 요청 거부	KARⅡ
1897.11.22	명성황후 장례식 때 미군 파견 거부	KARⅢ
1897.11.30.	미국, 대한제국의 공식 인정을 거부	KARⅡ
1897.12.24.	고종의 미관파천 시도	KARⅡ
1898.1.8.	알렌, 대한제국 내 상업적 이익을 위해 미국이 친절한 태도를 취해야 한다고 보고함	KARⅢ
1898.1.19.	고종의 미관파천 시도에 대한 소문이 돔	주한일본공사관기록
1898.1.26.	고종, 알렌에게 Boston 함대의 병사들을 파견 받아 보호받을 것을 요청.	KARⅢ

위 표와 같이 러시아 군사는 이미 1897년 7월 28일에 파견되어 있던 상태였다. 고종은 본인이 어떻게 해야 할지에 대해 알렌에게 자문했지만, 알렌은 어떠한 충고도 할 수가 없었다. 그러자 고종은 일본도 군사를 파견하려 한다고 말했다. 고종은 이것이 자신의 생명을 위협하는 것으로 판단했다. 고종은 영국과 일본이 연합하여 영국이 러시아의 개입을 막아내면 일본이 조선에서 마음대로 뜻을 펼칠 것이라고 했다. 이러한 상황 속에서 고종은 미관파천을 요청했다.

24일 밤 폐하가 가장 신뢰하는 환관을 제게 보내어 러시아가 그의 감시를 위해 군대를 보낸다는 정보를 저에게 넌지시 알려주었습니다. 그리고 폐하는 어떤 일을 해야 할지에 대해 저에게 자문하였습니다. 러시아가 왕과 궁전을 감시하는 것에 동의했던 밀담을 염두에 두고, 러시아 함대가 곳곳에 있다는 것은 저에게 이상한 일이 아닙니다. 그리고 저는 이러한 사항에서 어떠한 충고도 할 수 없다고 하였습니다. 그는 그리고 나서 일본이 또한 군대를 파견할 의도가 있었다고 말하였습니다. 이러면 폐하는 목숨이 위태로워진다고 말하였습니다. 저는 대답하길 "저는 그렇게 생각해보지 않았다고 했지만, 폐하가 계속 말씀하시기를 영국과 일본이 연합한다면, 그리고 영국이 러시아의 개입을 막는다면 일본은 대한제국에서 그들의 의지를 관철할 수 있다고 하셨습니다.

그리고 폐하는 (미국공사관으로의) 파천을 요청했습니다. 나는 즉각적으로 그것이 그에게 최악의 상황을 만들 것이라고 답변했습니다. 저는 그를 여기에 불러들일 수 없었습니다. 저는 그가 온다고 해도 그를 보호해줄 수 없으며 비록 미국공사관 문안으로 들어오는 것에 성공한다고 하더라도 오랜 시간 그를 지켜줄 수가 없습니다. 그리고 미국공사관 파천 요청 이후에 폐하의 상황은 전보다 더 악화할 것입니다. 그는 러시아에 보호를 요청했었고, 그것은 러시아의 이익으로 돌아갔으며 우리가 폐하에게 가장 친절한 감정으로 즐겁게 해주지만, 우리는 지금보다도 폐하의 상황을 더욱 악화하는 것에 도움이 되는 그 어떠한 상황에 대해서도 깊은 유감을 표해야 합니다.[45]

---

45) ··· On the night of the 24th instant, His Majesty sent his most trusted Eunuch to me with the information that Russia was about to send soldiers here or his protection, and asked me what he should do. Mindful of the secret convention by which Russia had agreed to protect the King and the Palace, and Knowing that the Russian fleet was pretty well engaged elsewhere this did not seem strange to me, and I had to reply that under the circumstances I had no advice to offer. He then went on to say that the Japanese were intending to send soldiers as well and that in such case, His Majesty's life would be in danger. I replied that I thought not, but he went on to say that they understood that England and Japan had united, and if the former should keep Russia engaged, the latter could work her will in Korea, and he plainly suggested asylum at this Legation for His Majesty I very promptly replied that would be the

1898년 1월, 고종이 거처를 미국공사관으로 옮기려고 했다는 소문이 일본공사인 가토 마쓰오로부터 탐지되었다. 당시 시위대는 러시아 군사교관의 지휘 아래 있었고, 김홍륙을 비롯한 친러파 인물들이 고종을 늘 감시하고 있었던 까닭이었다. 1월 13일 미관파천설이 나돌자 쉬뻬이에르는 당황하여 고종을 추궁했고, 고종은 그를 두려워한 나머지 그런 일이 없다고 하였다. 이에 쉬뻬이에르는 한 번 더 이러한 일이 일어난다면 고종을 다시 러시아공사관으로 데려간다고 하였다. 가토 마쓰오는 이런 사실을 알렌에게 물어보았으나 알렌은 고종의 미관파천을 거부했다고 이야기하였다.[46] 위의 가토 마쓰오의 지적대로 알렌은 다음과 같이 이를 거부하였다.

오늘 폐하가 제게 보호를 요청했고 보스턴 함대 함장 와일드가 필요한 경호원을 보내는 것을 거부한 것과 관련하여 제가 인터뷰한 서울의 『독립신문』 1월 26일자 내용을 추출하여 보냅니다. 저는 이 전보가 워싱턴에서 신빙성을 갖는다고 믿었고, 동아시아 신문에 복사되는 중이었다는 것을 알게 되었습니다. 미국공사관과 전적으로 연결되어 있던 이 음모와 관련해서 불명예스러운 소식이 흘러 들어가게 된 것을 매우 유감스럽게 생각합니다. 언급된 위의 전보 날짜와 관련하여 폐하가 아닌 누군가가 뜬소문을 퍼뜨렸으며, 그 뜬소문은 폐하가 미국공사관으로 파천하려고 했지만 제가 허락하지 않은 사항에 대해 완전히 거부했다는 것이고 저는 그 사항에 관해 관심을 두지 않았습니다.[47]

---

worst thing for him; I could not invite him here; I could not protect him if he came, and even if he should succeed in getting inside our gates, I would be unable to keep him long, and his condition after such an attempt would be worse than before; he had asked for Russian protection and it was for their interests to see that he got it, and while we entertain the kindliest feeling toward His Majesty we would deeply regret being in any way instrumental in making his condition any worse than it now is(*KAR III*, Horace N. Allen to Secretary of State, 1897.12.27, p.40) ; *KAR III*, Horace N. Allen to Secretary of State, 1898.3.8, p.163 ; 한철호, 앞의 책, 1998, 234~235쪽.
46) 『주한일본공사관기록』 권12, (5)[美館播遷계획이 暴露된 件에 관한 事實報告], 機密第7號, 加藤 辨理公使→西 外務大臣, 1898년 1월 24일.

1898년 1월 26일 고종의 미관파천 시도에 관한 소식과 보스턴 함 와일드 함장에게 경호병 파견을 요구했다는 소식이 대한제국내의 『독립신문』에서 『뉴욕 헤럴드 신문』으로 옮겨가 돌았다. 그러나 알렌은 "고종이 미국 공사관으로 대피하려고 했다는 것에 대해서는 이미 이에 대해 거부했다고 하고 그것에 대한 관심을 두지 않는다."고 했다. 또한 "명성황후 장례식 당시 보호병 파견을 요구받은 사항을 거부했다."라고 미국에 밝혔다. 이에 존 셔먼 미국 미국무장관은 다음과 같이 보고하였다.

지난달 8일에 주신 82번의 서신, 황제가 미국공사관으로 파천한다는 소식에 대해 우려를 표하고 있다는 사실을 잘 받아보았습니다. 이것에 관련해서 미 국무부는 이 민감한 문제에 신중한 대처를 보여주길 바란다는 말을 전합니다.[48]

미국은 고종의 미관파천 요청이 민감한 문제이니 이에 대하여 신중하게 대처하라고 알렌에게 당부하였다. 당시 고종에게 최우선시되는 사항은 신

---

47) I have the honor to hand you enclosed an extract from the Seoul "Independent" of today, being an interview with myself in regard to a telegram from Seoul dated January 26 to the New York "Herald" to refused to furnish the necessary guard. I see this telegram obtained some credence in Washington and is being copied by the news-papers of the Far East. It is very annoying to be dragged thus into unpleasant prominence in connection with these Seoul intrigues, when this Legation is known here to be entirely from such connection. About the date of the above cited telegram, some one, not His Majesty, did start a rumor that His Majesty was about to take refuge at this Legation, but as I had made it perfectly plain to him that I could not allow such a course, I paid little attention to it(*KAR Ⅲ*, Horace N. Allen to Secretary of State, 1898.3.8, p.163).

48) I have to acknowledge the receipt of your despatch No.82. of the 8th ultimo, in relation to the rumor, that the Emperor of Korea is to take refuge at your legation, and expressing your annoyance threat. In reply, I have to inform you, that this Department commends the prudence shown by you in this delicate matter(*KAR Ⅲ*, John Sherman to Horace N. Allen, 1898.4.19, p.163).

변 안전이었으므로 경호병 문제에 대해서 계속 외국에 의지하였다. 그는 법률고문관 그레이트하우스(Greathouse)에게 밀지를 보내 외국 군대를 고용하여 궁궐 수비를 보충하게끔 하였다. 다만, 러시아 군사교관 철수가 진행되고 있으므로 張鳳煥을 시켜 러시아공사와 교섭하였다. 따라서 영국·미국·프랑스·독일·러시아에서 30명을 고용하여 9월 15일에 서울에 도착하였다. 독립협회는 이들에 대한 배척 운동을 벌였다.49)

이러한 상황을 놓고 볼 때 러시아는 러시아 군사교관을 파견한 이후부터 조선 정부에 대해 압박을 가할 생각을 했었다. 명성황후 시해사건 등 일련의 생존권 위협을 받은 고종이 러시아에 특사까지 보내며 파견받은 러시아 군사교관은, 쉬뻬이에르의 압박에서도 볼 수 있듯이 오히려 고종에게 독이 되어 돌아왔다. 쉬뻬이에르 뿐만 아니라 김홍륙 등 러시아 통역관 등의 친미세력에 대한 견제 속에서 고종이 택할 수 있는 것은 미국공사관으로 파천하는 일이었다.

하지만 미관파천이 시도 단계에서 끝나고, 대한제국 선포에 대해 미국으로부터 어떠한 호응도 얻지 못한 고종은 황권강화를 위한 대책을 다시금 마련하였다. 고종이 대한제국을 선포한 이후 미국공사관으로 대피하려고 했다는 점은 아직 본인의 신변 안전을 완전히 해두지 못했다는 점을 보여주는 것이기 때문이다. 따라서 고종은 자신을 위협하던 러시아 세력을 몰아내기에 앞서 김홍륙 제거 작전을 마련하기 시작하였던 것이다.

러시아를 등에 업은 김홍륙은 정부의 주요 인물들과 갈등을 벌여 그들로부터 지탄의 대상이 되었다. 그것이 구체적으로 드러난 것이 김홍륙 암살시도사건이었다.50) 김홍륙은 궁에서 러시아공사관으로 가는 길에 3명의

---

49) 『주한일본공사관기록』, 권12, (33)[30명의 雇傭 外國人巡査 排斥의 件] 機密第39號, 加藤 辨理公使增雄→外務大臣 伯爵 大隈重信, 1898년 10월 5일. 이 고용은 결국 독립협회의 반발로 실패로 돌아가고 말았다. 독립협회가 외국 경호 병력 반대 의견을 관철시킨 사항에 대해서는 신용하(2006), 앞의 책, 413~418쪽을 참조.
50) 정교 저, 김우철 역주, 『대한계년사 3권』, 소명출판사, 2004, 26~27쪽.

암살단에 의해 공격받았지만, 찰과상을 입었다.[51] 선행연구와 일부 기록에
의하면 이 사건은 이재순이 주도했다. 당시 이재순은 유진구를 통해 김홍
류을 암살할 것을 지시했으나, 그가 종친인 이유로 유진구의 단독 범행으
로 결론이 나게 되었다.[52] 암살시도가 있었던 1898년 초는 당시 러시아의
절영도 租借 요구가 있자 독립협회를 비롯하여 러시아를 배척하는 운동이
격화되는 시섬이었다. 러시아 공사는 외부대신에게 사건의 진상과 범인의
처벌을 요구하였다. 그러자 러시아파는 반대파의 사주에서 나타난 것이라
고 생각하여 경무사 李忠求와 모의하여 자객의 혐의가 있는 이진구·유기
환·송정섭 등을 체포하여 고문과 가책을 씌워 실제 없는 공술을 하게하고
위증을 하게 하여 민영준 등 11명을 포박해서 疑獄을 일으키려 하였다. 러
시아 측은 김홍류 암살시도가 고종이 주도한 것이라고 하고, 김홍류 등 러
시아 당의 중요한 자들로 내각을 조직하라고 요구하였다. 또한 러시아공사
관에서 직접 사죄하라고 하였다.[53] 고종은 러시아의 이러한 압력을 느낀
모양인지 김홍류에게 조리를 잘하고 공무에 힘쓸 것을 당부했고,[54] 김홍
류 암살시도사건을 주도한 자를 찾아내 3일 안에 잡아들이도록 경무청에
명령하였으며,[55] 이틀 후에 김홍류을 한성판윤에 임명하였다. 1898년 3월
에 설립한 한러은행은 당시 김홍류의 한성판윤 임명과도 관련이 깊으나,[56]

---

51) 『윤치호일기』 1898년 2월 23일. 이 사건으로 이재순은 구금되었다(『윤치호일기』, 1898년 2월 26일).

52) KAR Ⅲ, Horace N. Allen to Secretary of State, 1898.3.14, p.41 ; 김영수, 『미쩰의 시기 - 을미사변과 아관파천 - 』, 경인문화사, 2012, 249쪽.

53) 『주한일본공사관기록』 권12, (14)[排露熱의 勃興 및 露國士官, 顧問官 등 撤收의 件], 機密第16號, 加藤 辨理公使→外務大臣 男爵 西德二郎 1898년 3월 31일.

54) 『승정원일기』 고종 35년(1898) 2월 14일(양력 3월 6일). 김홍류은 표면상 사직을 청하였다.

55) 『고종실록』, 35년(1898) 2월 22일(양력) 선행 연구에서는 신임 러시아 공사 마튜닌 (N.G. Martunine)의 내정불간섭 정책으로 김홍류이 러시아파로서의 힘을 잃자, 고종은 이재순으로 하여금 그를 직접 살해하도록 은밀하게 지시했다고 보았다고 보았다(조재곤, 앞의 논문, 2008, 102쪽).

실제 김홍류의 재임기간도 한 달이 되지 않아 한성판윤에 재임하면서 실직을 담당했다고 보기는 힘들다.[57]

김홍류 암살시도사건이 있던 후에 김홍류은 독립협회의 우두머리들을 없애려고 하는 시도가 있었지만, 사람들이 응하지 않았다.[58] 또한 쉬뻬이에르는 이 문제로 대한제국에 강경한 대응을 하려고 했지만, 당시 러시아 외무장관 무라비에프는 이를 제지하였고, 러시아는 대한정책을 전환하게 되었다.[59] 1898년 3월 10일 독립협회의 러시아 절영도 조차와 러시아 사관 및 재정 고문에 대한 반대가 일어났다. 제1차 만민공동회라고도 하는 이 민중대회가 열렸던 3월 8일은 서울 종로에 무려 1만여 명이 모여 러시아의 침략간섭정책을 규탄하였다.[60] 이러던 와중 쉬뻬이에르는 러시아 사관 및 탁지부 고문 철수를 통하여 고종을 압박하였다.

김홍류은 학부협판에 임명되었으나 금방 遞差되었다. 아관파천 이후에도 외부협판에도 임명될 뻔 했으나 윤치호의 만류로 임명되지 않았다.[61] 그는 고종의 곁에서 계속 비서원 승을 맡았던 것이다. 비서원은 비서감의 후신으로 시종원으로부터 독립된 기관이었다. 조병세가 김홍류의 품계가

---

56) 이민원 앞의 책, 2002, 223, 233쪽. 당시 김홍류은 한성판윤을 맡으면서 내부협판 김중환, 이충구와 더불어 한러은행을 경성에 있는 자신의 집 부근에 설치할 것을 의논하였다. 탁지부 고문관 알렉세예프가 은행을 주관해 전국의 재정권을 장악하려는 의도가 숨어있던 것이다(조재곤,『그래서 나는 김옥균을 쐈았다』, 푸른역사, 2005, 327쪽).

57) 장경호, 「고종대 한성판윤의 특징과 변화(1863~1907)」,『서울학연구』65, 2016의 부록 3 참조

58)『윤치호일기』, 1898년 3월 8일. 이로 인해 윤치호는 커다란 위협을 느꼈다(유영렬, 『개화기 윤치호 연구』, 한길사, 1985, 113쪽).

59) 이민원, 앞의 책, 2002, 238~240쪽.

60) 제1차 만민공동회에 관련해서는 신용하, 앞의 책, 2006, 363~372쪽 참조. 만민공동회 당시 고종은 미국 공사에게 서신을 보내 각국 사신을 모아 이에 대한 대책을 마련하게끔 하였다(『주한일본공사관기록』권12, [(46) 事變에 관한 第1次 謁見의 件] 機密第54號, 日置 代理公使→外務大臣 子爵 靑木周藏, 1898년 12월 10일).

61)『윤치호일기』, 1896년 2월 25일.

오르게 되는 것에 대한 의문을 제기하자, 고종은 그가 통역을 잘하기 때문에 배려하는 것이라고 밝혔다.[62]

　그러나 이러한 고종의 발언 후에 김홍륙은 한성판윤에서 물러나게 되었고 그 자리를 이채연이 맡게 되었다. 김홍륙에 대한 암살시도로 말미암아 독립협회를 통제할 기회를 얻었다는 쉬뻬이에르의 예상과는 달리, 러시아는 재정고문과 사관을 1898년 3월 7일 철수하게 되었다.[63] 또한 러시아가 한반도에서 영향력을 발휘하게 된 로바노프 - 야마가타 의정서 체결 이후, 러시아는 만주에 집중하기 위해 대한제국에서의 영향력을 일본에게 양보한 내용을 담은 로젠 - 니시협정을 1898년 4월에 맺었다. 이로써 러시아는 대한제국의 내정간섭 뿐만 아니라 대한제국에서의 일본의 상업과 공업 등에 관여하지 않을 것임을 일본과 협약하였다.[64] 절영도에 석탄 기지를 차지하려는 러시아와 그곳의 미국인 거주지를 두고 갈등하던 상황도 쉬뻬이에르가 없는 자리에서 각국 대표들이 회의를 개최하여 처리하였다.[65] 이로써 러시아는 대한제국에서의 영향력이 감소되었다. 1898년 6월에는 쉬뻬이에르의 후임인 마튜닌이 알렌에게 자국 공사관의 경호 병력을 증원해 달라고 요청했을 정도로 영향력이 줄어들었다.[66]

　김홍륙이 고종을 독살하려고 시도했다고 하는 이른바 '김홍륙 독차사건'이 발생하자, 경무청에서는 러시아공사관 주방에서 일하고 있던 전선사 주사 孔洪植을 조사했다. 공홍식은 김홍륙의 사주를 받아 독이 든 약을 탔

---

62)　…而(缺)鴻陸之八座進秩, 李容翊之久不還任, 抑何故也 上曰, 以其通語之故, 有所示意矣…(『승정원일기』139책, 고종 34년(1897) 2월 14일).

63) *KAR Ⅲ*, Horace N. Allen to Secretary of State, 1898. 3. 19, pp.42~43. 선행 연구에서는 이것이 독립협회와 정부의 지속적인 반러운동으로 말미암아 시행되었다고 보고 있다(신용하, 『독립협회연구(개정판)』, 일조각, 2006).

64) 『주한일본공사관기록』권9, (14)[韓國問題에 관한 議定書 送付의 件] 機密送第 21號, 外務大臣 男爵 西德二郞→在韓 辨理公使 加藤增雄, 1898년 4월 30일.

65) FRUS, Korea, Horace N. Allen to Secretary of State, 1898.6.3, p.482 ; KARⅢ, Horace N. Allen to Secretary of State, 1898.6.3, p.44.

66) *KAR Ⅲ*, Horace N. Allen to Secretary of State, 1898.6.24. p.48.

고, 이에 김홍륙의 아내도 같이 체포되었다.[67] 김홍륙을 심문하는 과정에서 엄한 고문이 있었고, 러시아를 제외한 각국 공사에서는 김홍륙의 처벌이 가혹하다 했다. 영국대리공사 조던(John N. Jordan)은 "이 처벌이 가혹한 인권 침해이며, 사건의 정당한 정황을 밝혀야 한다."고 했다.[68] 일본 임시대리공사 가토 마쓰오 또한 "김홍륙 사건을 비밀리에 처결하고 그 시체를 거리에 내버린 상황에 대해 대한제국이 文明의 城 체면을 더럽히고 汚損시킨다."고 했다.[69]

김홍륙 독차사건과 그의 처벌과정에서 발생한 고문에 대해서 알렌은 개인적인 항의를 하였다. 그러자 존 헤이 국무장관은 인도적인 차원에서 하는 뜻은 알겠으나 '항의'라고 하는 외교적인 단어는 극도로 민감한 것으로 규정할 수 있다고 하면서, 대한제국 내부 문제에 대해 사람을 다치게 하거나 미국시민에 대한 권리를 침해하는 것이 아니면 절대로 관여하지 말라고 하였다.[70] 하지만 알렌은 매우 적극적이었다. 김홍륙 독차사건 이후 연좌제가 부활한 것에 대해 독립협회 및 다른 서구 공사들과 연합하여 항의했다.

한편 알렌은 "김홍륙 독차사건 이후에 출범한 새 내각에 워싱턴에 다녀온 경험이 있었던 박정양·민영환·민상호 등의 임명으로 독립협회가 매우

---

67) 『황성신문』, 1898년 9월 16일자 ; 『매일신문』 1898년 9월 16일자.
68) 『구한국외교문서』 권14, 「영안」 1451호, 1898년 10월 1일.
69) 『구한국외교문서』 권4, 「일안」 4844호, 1898년 10월 3일 ; 『주한일본공사관기록』 권13, 照會第73號, 1898년 10월 21일.
70) KAR Ⅲ, John Hay to Horace N. Allen, 1898.11.14, p.51. 실제로 독립협회는 노륙법과 연좌제 부활 등 전근대적 법을 부활시키려는 것에 커다란 위기의식을 가지고, 申箕善·李寅祐·沈舜澤·尹容善·李載純·沈相薰·閔泳綺 등 7대신의 탐학을 규탄하고 파면을 요청하였다. 그리고 1898년 10월 1일부터 10월 10일까지 민중대회를 열어 친러 수구파 정부의 퇴진을 요구하였다. 그 결과 천러수구파 정권은 붕괴되었고, 고종은 친미파 박정양, 민영환, 조병호, 서정순, 윤용구 등을 내각에 기용하였고, 미국 공사는 이것이 평화적 혁명이었다고 보고하기에 이르렀다(신용하, 『갑오개혁과 독립협회운동의 사회사(신용하 저작집34)』, 2001, 401~411쪽).

만족하고 있다."는 사실을 미 국무부에 전달했다.[71]

친미파가 내각에 진출한 이후 독립협회는 발언의 자유를 얻었을 뿐만 아니라 의회설립을 시도했다. 그러나 보부상을 중심으로 한 황국협회의 반발이 만만치 않았다.[72] 독립협회는 이에 굴하지 않고 여성권 신장, 외국군이 정부를 지키지 않게 하는 것, 세금은 재정부에서 독립적으로 관할하도록 하는 요구들을 관철시켰다. 그런데 며칠이 지나지 않아 조병식과 보부상들은 친미파 박정양이 대통령에, 윤치호가 부통령이 되려고 한다는 거짓 전단을 만들었고,[73] 고종은 이를 통해 내각을 해산시키고 그 자리에 조병식을 새 내각 대신으로, 민종묵을 외부대신으로 임명하였다. 미관파천 요청시 책임을 회피했던 조병식과 권력추구형 친러파 민종묵이 이 자리에 올랐다는 사실은 당시의 세력이 다시 수구화되는 것을 보여준 것이었다.

이에 17명의 독립협회 간부들이 구속되었고 윤치호와 나머지 한명은 탈출하였다. 수천의 민중들은 감옥 앞에 모여서 밤새 간부들과 함께 구금당하기를 청하였다. 군은 민중의 해산을 위해 총을 쏘았고, 이로 인해 서울에 있는 미국인들은 커다란 공포에 휩싸였다. 주한영국공사 조던은 미국 시민의 보호를 위해 각국 대표들과 함께 고종의 알현을 요청하기를 알렌에게 요청하였고, 일본공사도 이를 승인하였으나 알렌은 영국·일본 對 프랑스·러시아의 다툼 속에서 어느 한 편에 서기를 꺼려 이 요청을 거부하였다. 오히려 알렌은 개인적으로 고종을 만나기를 희망하였다.[74]

이러한 갈등 속에서 알렌은 서울에 미국인들이 많이 있지만, 경비병이 간신히 보호할 정도의 수준이라고 하며 심지어 미국인들 스스로가 지켜야 할 상황이라고 밝혔다. 그러나 이전 공사와 달리 알렌은 보호병 증원을 요

---

71) *KAR III*, Horace N. Allen to Secretary of State, 1898.10.13, p.52.
72) *KAR III*, Horace N. Allen to Secretary of State, 1898.10.27, pp.53~54.
73) 당시 보부상을 중심으로 한 황국협회의 활동에 대해서는 조재곤, 『한국 근대사회와 보부상』, 혜안, 2001 참조.
74) *KAR III*, Horace N. Allen to Secretary of State, 1898.11.14, pp.54~55.

청하지 않았는데, 그것이 해군을 번거롭게 할 것이라고 판단했기 때문이다. 그는 공사관에 보호를 목적으로 오는 수많은 망명자들도 거부했다.

고종은 각국 공사들을 초대하여 각국 공사들에게 자신의 보호에 대해서 조언을 듣기를 원했으나 알렌은 이에 대해 답변하지 않았고, 미국인들이 처한 위험성에 대해 강하게 항의하였다. 열강의 항의로 고종은 독립협회의 재건을 약속하고, 보부상을 해산시켰다.[75]

그러나 이는 제대로 지켜지지 않았고, 민중들은 다시 집회를 열었다. 여기에는 미국인 선교사들로부터 가르침을 받은 개신교인들도 참여하였다. 알렌은 자칫 이들이 미국인에 영향을 끼칠 것을 두려워하여 집회를 삼가도록 하였다.[76]

이후 이채연이 한성판윤으로 복귀하였는데, 이는 김홍륙 독차사건을 전후로 하여 친미파들이 다시 정계에 진출하게 되었다는 것을 의미한다. 김홍륙이 제거 된 이후 친미파 세력들이 내각에 들어설 뿐만 아니라, 친미파 이채연은 1900년에 의문의 사망을 당할 때까지 미국인들과 긴밀한 협조를 하면서 한성도시개조사업을 수행하게 되었다. 일찍이 이채연은 철도 회사 사람과 광산 회사 사람을 자기 집에 초청하여 대접해 외국인들로부터 호평을 얻었다.[77] 또한 한성부 濬川 사업시 미국인들과 합작하였다.[78]

김홍륙 제거작전 이후 친미파 이채연의 한성판윤 재기용과 그의 재임시 한성판윤으로서 독립협회와 갈등을 해야 하는 상황[79]은 당시 복잡한 사회 정황을 보여주는 지표일 뿐만 아니라, 고종이 수구세력을 기용하면서도 미국에 계속 의지하고 있는 모습을 보여주는 것이었다.

---

75) *KAR III*, Horace N. Allen to Secretary of State, 1898.11.28, pp.56~57.
76) *KAR III*, Horace N. Allen to Secretary of State, 1898.12.23, p.57.
77) 『독립신문』 1896년 12월 26일.
78) 『독립신문』 1897년 3월 6일.
79) 장경호, 「고종대 한성판윤 이채연의 정치성향과 활동」, 『향토서울』 85, 2013, 93쪽.

2) 미국의 미관파천 시도 활용

그런데, 주한미국공사 알렌은 이러한 고종의 친미의식을 자국의 이익을 위하여 적절하게 활용하였다. 고종의 미관파천에 대해 다음과 같은 태도를 취하였다.

> 저는 지난 저녁 국왕의 어머니가 돌아가신 사항에 대해 알리는 전보를 첨부하였고, 국왕 어머니의 죽음에 대해 대통령께 보낸 것에 대해 답으로 조의를 표하는 전보를 보낼 것을 제안했습니다. 저는 심사숙고하며 이 전보를 보내지 않았습니다. 이것을 보내는 이유는 전쟁 때문에 제가 응하기를 거부한 모든 요구에 대해 사람들이 도움과 조언을 요청했고, 국왕은 지속해서 일본과 러시아 사이에 어떠한 곤경 사항을 발견할 시 서울에서 유일한 중립 지역인 미국공사관으로 파천을 거부당하자 상처를 받은 것으로 보입니다. 그는 지금 이것이 불가능한 것을 알고 안타까워하였으며 이때 그에게 조금이라도 친절한 개인적 관심, 예컨대 조의를 표한다든지 하는 것은 매우 시의적절해 보입니다. 우리는 지금 여기에 상당한 상업적인 이익을 가지고 있으며 저는 국왕의 호의적인 의지가 필요합니다. 저는 그 전보가 보내지기를 희망합니다.[80]

---

80) I have the honor to append confirmation of my telegram of last evening informing you of the death of the mother of His Majesty, and suggesting the advisability sending a telegram of condolence in reply to one which I understand His Majesty sent to The president upon the death of the latter's mother. I did not send this telegram until after due deliberation. My reasons for sending it were, that I am, owing to the war excitement, constantly being asked for advise and assistance by these people, all of which requests I decline to accede to; His Majesty seems to feel hurt at my persistent refusal to offer him asylum at this Legation, to which he wishes to come in case of trouble between the Japanese and Russians, as it is the only strictly neutral place in Seoul. He knows now that this is impossible, and regrets it, so that the opportunity to show him a little kind personal attention, such as would be the sending of telegram of condolence, seems to be very timely. We now have very considerable commercial interests to protect here, and I need the good will of His Majesty. I hope the telegram will be sent…(*KAR III*, Horace N. Allen to Secretary of State, 1898.1.10,

1898년 1월 고종의 어머니인 驪興府大夫人 閔氏가 사망하였을 때 알렌은 미국에게 조의 표시를 할 것을 제안하였다. 미국공사는 1월 17일 오후 4시와 18일 오후 3시에 고종을 만나 위로해 주었다.[81]

미국공사관으로의 파천시도 시기는 앞서 언급한 1897년 12월과 이듬해 1월을 전후한 시기였다. 알렌은 이 미관파천이 실패로 돌아간 이후 대한제국 내에서 자국 이권확보가 어려움을 겪게 될 상황에 대해 우려했던 것으로 보인다. 그러나 위의 내용에서와 같이 알렌은 미국이 여흥부대부인 민씨의 사망에 조의를 표하기를 원하였다.

고종이 지속해서 미국에 도움을 요청했는데, 실패했음에도 불구하고 계속 친미적 기조를 유지한 이유는 바로 알렌의 외교술에서 찾을 수 있다. 헝가리 외교 문서에서는 미국이 "멀리 떨어져 있으므로 의심을 받지 않고 공평무사한 나라로 행세할 수 있다는 점을 활용하였다."라고 보고 있다.[82] 이를 직접 실행했던 것은 알렌이었다.

알렌은 고종 탄신 50주년에도 "대통령이 축하 전보를 보내준다면 여기 있는 미국인들의 이권에 좋을 것"이라고 하였다.[83] 또한 알렌은 고종에게 호의적인 태도를 견지하게 하여 미국에 대한 기대는 저버리지 않게 하는 선에서 자국의 실리를 최대한으로 추구하는 전형적인 외교술을 발휘하였다.

위에서 살펴본 바와 같이 고종의 미관파천 요청에 대해 알렌은 고종이 미국에 호의적인 감정을 가지고 지속해서 파천신청을 하는 점을 이용하여 지속적인 거부를 하였다. 또 한편으로는 대한제국에 경사나 조사가 있을 때 미국 대통령이 직접 축하나 조의를 표하게끔 하였다. 알렌은 또 다음과

---

p.162). 실제 알렌은 여흥대부인 사망에 대한 조의를 표하였다(『日記1』(장서각 소장K2-250) 이하 『日記』, 광무 2년 1월 13일).

81) 『日記1』 광무 2년(1898) 1월 17일, 18일.

82) 엄찬호, 「고종의 대외정책 연구」, 강원대학교 박사학위 논문, 2000, 87쪽의 각주 95번 『한국근대사에 대한 자료 - 오스트리아 헝가리제국 외교보고서(1885~1913)』, 신원문화사, 1992, 90쪽 재인용

83) KAR III, Horace N. Allen to Secretary of State, 1901.7.19, p.169.

같이 말했다.

> (대한제국 내) 미국의 영향력은 어떠한 힘이나 영향을 받는 것도, 미
> 국의 새로운 많은 이권에 의한 것이 아닙니다. 미국의 영향력은 (대한
> 제국과 미국의) 친근한 관계의 진척, 교육, 그와 비슷한 일들에 대한 것
> 에 의한 것입니다. 이러한 사심 없는 미국의 태도로 말미암아 (대한세
> 국이) 미국의 조언을 종종 구합니다.[84]

알렌은 대한제국의 사건 중에서 중요한 부분을 담당하고 있고, 다른 외
국 대표단 중에서도 대한제국의 문제 개입에 대해 자신만큼 자유로운 사
람이 없다고 하면서 자신의 영향력에 대한 자신감을 내비쳤다.[85] 알렌 등
대한제국 내 미국인들이 그들의 이권과 미국인들의 권리 및 자신을 보호
하기 위하여 대한제국의 미국에 대한 기대를 이용한 것은 당시의 한미관
계를 가장 잘 보여주는 사례라고 생각된다. 1897년 4월 12일 서울 – 제물포
선이 부설된 이후,[86] 1898년 2월 25일에는 미국인 콜브란이 서울전기회사
로부터 계약하여 전차부설권을 얻었다.[87] 알렌은 정치적인 문제가 아닌
순수하게 상업적인 이유로 헌트와 콜브란이 차관을 제공할 것이라고 하였
고, 고종은 이에 기뻐했다.[88] 후술하겠지만, 이후 미국은 대한제국 내에서

---

84) …American influence is as great as it could be, unbacked by any show of force. It
  is probably as great as we have any desire it should be, and aside from the protection
  of our new considerable interests, it tends only to the furtherance of friendly relations
  and the encouragement of educational and similar work. From the very disinterestedness
  of our position, America is often turned to for advice(*KAR III*, Horace N. Allen to
  Secretary of State, 1897.9.17, p.159).

85) *KAR III*, Horace N. Allen to Secretary of State, 1898.12.13, p.164. 구미학자들은 알렌
  이 조선인들이 미국을 믿는 것을 이용하여 개인적인 이득을 취했다는 점을 밝혔
  다(Wayne Patterson and Hilary Conroy, "Duality and Dominance : A Century of
  Korean-American Relations", 1982, The University of Albama Press, p.5).

86) *KAR III*, John M. B. Sill to Secretary of State, 1897.4.12, p.212.

87) *KAR III*, Horace N. Allen to Secretary of State, 1898.2.15, p.213.

자국의 이권을 안정적으로 확보해나갔다.

그렇다면 이 시기의 미관파천 또한 춘생문사건과 아관파천처럼 고종이 절대권력을 추구하기 위한 의도인가? 아니면 김홍륙과 쉬뻬이에르의 위협에 따른 고종 본인의 안위를 찾기 위한 궁여지책인가? 대한제국기 고종의 미관파천 시도는 단지 그의 안위를 찾기 위한 것이 아니었다. 이는 친러세력이 득세한 당시의 상황에서 친미파 중심의 세력 개편, 그 가운데에서 대한제국을 확고히 하려던 고종의 한계점을 나타낸 사건이었다. 전제군주를 표방하면서 강대국 미국에 의지하여 외교적 전략을 추구한다는 것 자체가 모순점을 지니고 있었다.

한편, 입헌군주제를 지향하는 친미파 중심의 독립협회 세력들은 고종의 황제권 강화에 제동을 걸었고 고종은 러시아세력을 일소하고 이들을 등용한 지 얼마 되지도 않아서 다시 탄압하려고 하였다. 대표적인 친미파이자 독립협회의 발기인인 당시 한성판윤 이채연이 독립협회의 탄압과 고종의 입장을 두고 고민을 겪었던 것도 이와 같은 이유에서였다.[89] 따라서 고종의 미관파천 시도는 그가 여전히 미국에 의지하고 있음을 가장 잘 보여주는 사례였고, 주한미국공사 알렌은 이를 적극적으로 활용하였다. 이러한 사실들은 대한제국 초기 한미관계를 가장 바로 보여주는 것이었다.

---

88) *KAR Ⅲ*, Gordon Paddock to Secretary of State, 1901.11.1, p.169.
89) 장경호, 앞의 논문, 2013, 93쪽.

〈그림 5〉 1899년 미국공사관과 주변 지역 모습
출처 : 『알렌문서』 R5-B5-F1-007

제6장

미서전쟁 이후 고종의 미관파천 재준비와
미국의 태도

1. 대한제국의 중립화 요청과 미국의 태도

고종이 미관파천 시도를 여러 번 거절당했음에도 불구하고 지속적으로 친미인식을 가지고 미관파천을 준비하고 있었던 점은 1898년 이후에도 확인된다. 1898년부터 1904년 2월 러일전쟁 이전까지는 한반도 내(특히 의주 등 서북지역)에서 러시아와 미국 간에 이권 다툼을 두고 경쟁하던 시기였다. 미국의 동아시아 정책이 바뀌자 고종이 이에 편승하여 한반도에도 적극적으로 개입해줄 것을 바랐던 것이다. 고종의 최종 목표는 미국의 힘을 입어 한반도를 중립화시키는 것이었다. 그러나 알렌은 다음과 같은 입장을 가지고 있었다.

> 가까운 미래에 한국은 러시아와 일본의 공동 통제 아래 들어갈 것이고 이는 미국 기업들에게 최고의 이익이 될 것이다.[1]

주지하듯이 1898년 미서전쟁 이후 미국은 적극적인 동아시아 정책을 펼쳤다.[2] 고종은 이에 발 빠르게 움직였다. 1899년 봄, 알렌을 불러서 "미국

---

1) ··· I think will see Korea under the joint control of Russia and Japan for the near future, which will be for the best interests of American enterprises here(『알렌문서』 1898년 3월 13일 R3-L6-03-035)
2) 이에 대한 열강의 반응은 최문형, 『국제관계로 본 러일전쟁과 일본의 한국병합』, 지식산업사, 2004, 47~75쪽 참조. 청국에 대한 문호개방 정책을 바라보는 미국의 태도와 관련하여 영국을 견제하기 위한 것이라는 테일러 데넷의 견해와 이를 비판하는 그리스월드의 견해가 있는데, 최문형은 미국이 각국의 세력 범위 내에서 균일한 통상대우를 받으려고 했다고 주장한다(최문형, 『국제관계로 본 러일전쟁과

이 '청국의 영토 보전'을 한다는 신문을 보았는데, 알렌이 같은 식으로 대한제국에도 적용할 수는 없는가."에 대해서 물었지만, 미국무부는 알렌의 이와 같은 소식을 듣고 적용할 수 없다고 거절하였다.[3] 그런데 알렌은 거절당한 사실을 고종에게 직접적으로 알리지 않았는데, 거절당할 경우 대한제국의 미국에 대한 의존도가 줄어들고, 대한제국에서 미국의 이권 확보가 어려움을 겪기 때문이었다.[4] 알렌은 이어 휴가차 미국으로 귀국하는 길에 멕킨리 대통령과 존 헤이 국무장관을 만나 대한제국의 중립화 요청[5]을 했지만, 미국은 중립주의를 이유로 거절하였다.[6]

그러나 고종의 대한제국 중립화 시도를 위해 미국을 끌어들이려는 시도는 계속되었다. 1899년 이전 고문관 러젠드르(Charles Legendre)의 사망으로 1899년 11월 15일 궁내부 고문관으로 채용된 샌즈(William Franklin Sands)는 1900년부터 1902년 12월까지 대한제국의 중립을 위한 실무를 담당하면서 대한제국의 중립화 정책에 힘을 기울였다.

1900년 3월 20일 미국은 문호개방정책을 펼친 이후 청국에 적극적으로 개입하겠다고 모든 열강에 선언하였다.[7] 그리고 당시 러시아는 대한제국에 대해 압박을 가하기 시작했다.

한편, 1900년 2월 16일 馬山浦에 관심을 두고 있던 러시아는 전투함 3척을 거느리고 제물포에 도착했다. 당시 파블로프는 마산포에 거류지를 요구했고, 일본은 이에 대해 10리 반경 내에만 외국인들이 토지를 얻을 수 있다는 점을 들면서 다른 국가가 이를 어기는 것은 공정성에 어긋난다고 하

　　일본의 한국병합』, 지식산업사, 2004, 65~75쪽).

3) *KAR Ⅲ*, Horace N. Allen to Secretary of state, 1900.10.2, pp.69~70.

4) 엄찬호, 「고종의 대외정책 연구」, 강원대학교 박사학위논문, 2000, 94쪽.

5) 한반도 중립화 운동은 박희호, 『한국사43(국권회복운동)』, 2003, 13~77쪽이 자세하다.

6) F. H. 해링튼 著, 이광린 譯, 앞의 책, 1983, 340쪽

7) FRUS, China, John Hay Instructions sent mutandis to the United States ambassadors at London, Paris, Berlin, St. Petersburg, and Rome, and to the United States minister at Tokyo, p.142.

며 조약체결을 예로 들어 강하게 반발했다.8) 이 배는 2월과 3월에 걸쳐 6주 동안 마산포에 정박하였다.9)

마산포 해군기지 확보를 시작으로 대한제국으로의 활발한 진출을 꾀하고 있었던 러시아의 파블로프 공사10)는 미국이 대한제국의 중립을 보장해줄 의도를 가지고 있는지 아닌지에 대해 알렌에게 물어보았으나, 알렌은 이 일에 대해 아는 바가 전혀 없다고 언급하였다.11)

그러자 주일러시아공사는 짜르로부터 받은 성명을 조병식을 통하여 고종에게 전달하게 하였다. 그 내용은 다음과 같다.

> 1) "러시아가 아닌 다른 열강사이에서 정치적 혹은 외교적 합의를 했을 때 동의하지 않는다."는 것을 러시아 외교부를 통해 고종에게 전달
>
> 2) 러시아는 대한제국의 유일한 친구이며, 대한제국을 도와줄 준비가 되어있고, 앞장서서 보호하는 유일한 국가이다.
>
> 3) 일본은 궁극적으로는 대한제국을 해할 부정직한 속임수들을 성사시키려고 시도하고 이야기하고 있는 중이었으며 지금 일본정부가 함께하여 미국을 통해 제안한 것은 일본이 직접 제안한 것과 다르지 않다.
>
> 4) 마지막으로 일본이 대한제국의 황권을 위협하는 음모를 꾸미고 있는 중이었던 망명자들을 보호하고 이러한 음모자들은 다음에 미국으로 망명한다.

---

8) *KAR Ⅲ*, Horace N. Allen to Secretary of State, 1900.3.19, p.86.

9) *KAR Ⅲ*, Horace N. Allen to Secretary of State, 1901.5.28, p.88.

10) 파블로프 공사는 1899년 1월부터 1905년까지 활동하였다. 그는 일본을 견제하며 러시아의 이권을 획득하고자 한러전신선 연결, 마산포 조차, 경의철도 부설 등을 추진하다가 나중에 청으로의 진출을 위해 일본과 협력을 꾀하였다(현광호, 「대한제국기 주한러시아공사의 활동」, 『역사학보』 190, 2006).

11) *KAR Ⅲ*, Horace N. Allen to Secretary of State, 1900.10.9, p.70.

주일러시아공사는 위와 같은 4가지를 고종에게 전달하게끔 하였다. 결국 일본과 미국은 같은 생각을 가지고 있으니, 미국 역시 멀리하라는 내용이 주를 이룬다. 또한 러시아는 친러파 金永駿을 탁지부 대신으로 임명하게 할 것을 요청하였다.[12]

러시아는 대한제국에서 자국의 영향력을 높이기 위해 파블로프를 통해 적극적인 정책을 펼치고 있었는데, 대한제국이 러시아가 아닌 미국을 통해 국제적 독립을 시도하려는 것에 대해 반감을 가지고 있었다. 이에 러시아는 일본과 미국이 협력관계에 있다고 보고 고종에게 러시아와 더 긴밀한 협력을 하자는 뜻을 조병식을 통하여 전달하게 한 것이었다.

문제는 여기서 알렌의 태도인데, 고종은 민상호를 통해 러시아로부터 받은 이와 같은 압박을 알렌에게 전달하였고 어떻게 해야 할지를 물어보았지만, 이에 대해 알렌은 적극적인 개입을 하지 않았다. 미국 정부 역시 마찬가지였다. 고종은 주일미국공사 벅(Alfred E. Buck)을 통하여 한국의 독립과 중립성을 국제적으로 보장받으려고 했다. 그러나 미서전쟁 이후에도 대한제국에 대한 중립정책을 유지하고 있었던 미국 국무장관 존 헤이의 중립주의로 실패하였다.[13]

1900년 8월 31일, 고종은 알렌을 긴밀하게 불러 당시 만주의 상황에 대해서 물어보았다. 러시아와 일본 사이에 어떠한 분란이 생길지 물어본 것이었다. 알렌은 "러시아 군대가 시베리아철도와 연결된 영토의 보호를 위하여 그 지역을 점유했고 그것은 이미 청과 동의가 되었다."고 하는 일반적인 소식 외에는 아는 것이 없다고 답변하였다. 고종은 이어 만주에서 일본과 러시아의 상황에 대해서 하야시 곤스케와 대담했던 것을 알렌과 상

---

12) *KAR III*, Horace N. Allen to Secretary of State, 1900.10.20, p.72.
13) 김원모, 「19세기 말 미국의 대한정책(1894~1905)」『국사관논총』 60, 1994, 86~87
    쪽. 김원모는 이 당시 주일한국공사를 김가진이라고 했는데, 김가진은 그 이전에
    재임하였고, 1900년에는 조병식이 주일한국공사로 있었다. 이에 대해서는 *KAR III*
    와 한철호,『한국근대 주일한국공사의 파견과 활동』, 푸른역사, 2010을 참조.

의하였다. 고종은 이러한 상황이 대한제국에 영향을 끼칠 것을 두려워하였
다. 하야시 곤스케는 고종에게 극동 문제에 관련해서 문제들을 결정할 회
의가 도쿄에서 있으니 대한제국에서 도쿄에 고위 관료를 보내어 이 심의
에 참여, 대한제국에 대한 좋은 처방을 얻을 길을 모색하라고 했다. 덧붙여
일본과 영국이 대한제국의 독립과 중립을 보장하기 위한 국제적인 의무를
확보하기 위해 도와줄 것이라고 밝혔다. 고종은 조병식을 파견하였고 일본
은 그에 대하여 특별히 고려했다.

그런데 알렌은 도쿄 회의에서 대한제국의 중립과 독립에 관한 문제에
대하여 만약 일본과 영국이 대한제국의 독립과 중립을 보장하기 위한 계
획을 가지고 있다고 가정하면 적절하다고 했다. 동시에 미국이나 다른 유
럽 열강들이 대한제국과 맺은 조약은 대한제국이 독립국임을 인정하고 맺
은 조약이며 다른 국가가 무자비하게 이 독립을 빼앗을 수 없다고 했다.
알렌은 청일전쟁 당시 그레샴이 미국에 매우 강한 전보(a strong telegram)
를 보내어 고종이 요청한 거중조정을 실현하였다고 밝혔다.

이렇게 알렌은 앞서 살펴본 것처럼 그레샴의 개입은 어디까지나 미국의
이권이 침해되지 않는 범위에서 일본에 이야기한 것이고, 당시 대한제국의
독립보전을 위해 실질적으로 행동한 것은 없었으며, 이는 일본의 로비도
큰 작용을 했던 것이다.

고종은 일본에 대해 상당한 경계를 하고 있었다. 그는 몇 년간 워싱턴에
조선공사로 있었고 대한제국에서 미국 상업 확대를 도왔던 이채연이 갑작
스럽게 죽게 되었던 것에 대해 긴 시간 알렌과 이야기했고,[14] 친일파 세력
들이 친미세력들을 없애려고 한다는 점을 언급하며, 이에 대해 공포를 느
끼고 있었다. 알렌은 계몽된 일본인들이 그러한 것을 인정할 일이 없다고

---

14) 알렌은 이채연이 사망한 후 한국인들을 다루기가 어려워졌으며 미국에서 이권을
효과적으로 확보하기가 힘들다고 판단했다. 그래서 그는 통역관을 새로 뽑아 궁궐
에서의 정보와 메시지를 전달할 이를 고용했다(『알렌문서』「R4-L7-04-044」1902
년 7월 23일 Horace N. Allen to Leigh S. J. Hunt).

하자 고종은 1895년 명성황후 시해사건으로 신변안전에 공포를 느낄 때 주위를 지켰던 것도 바로 명성황후 시해사건을 일으킨 일본인이었다고 하자 알렌은 아무 말도 하지 못했다. 마침 대한제국 내에서 차지하고 있는 미국의 이권에 일본인들은 매우 격렬하게 항의하였다. 하야시 곤스케는 고종에게 넌지시 말하여 미국이 진행하는 전차, 전기, 수도사업 건설을 위한 은행 차관 제공 등 미국의 사업들에게 일본의 몫도 할당할 것을 강하게 요청했다. 하야시는 계속해서 대한제국 군대 양성을 위하여 일본이 천만엔의 차관을 제공하는 것을 이야기했고, 그것은 정치적인 문제가 아닌 상업적인 문제와 관련이 있는 것이라고 했다. 하야시는 현재 러시아가 대한제국에 차관을 제공하는 것을 막고 있다고 밝혔다.[15]

고종은 친미파 민상호를 통하여 알렌에게 극비 사항을 알렸다. 주일특명전권공사 조병식에게 명을 내려 주일미국공사인 벅에게 대한제국의 국제적 독립을 도와달라고 부탁하는 것이었다. 벅은 일본정부를 통하여 독립을 보장을 받는 것은 불가능하고 미국에 제안을 하는 편이 가능성이 있다고 언급했다. 알렌은 국제적 독립 보장은 개입으로부터 대한제국을 보호할 수 있을 것이지만, 이 보장은 열강으로 하여금 "혼자 속을 끓이게 될 것"이라고 하였다.[16]

조병식은 이것을 잘못 이해하고 그에게 유리한 쪽으로 해석하였다. 조병식은 "대한제국이 스위스 같이 영구 중립국이 되길 바랬고, 열강들이 이것을 보장하면 모든 침입 혹은 간섭으로부터 독립과 안보를 획득할 수 있을 것"이라고 전망했으며 이것을 벅이 해주기를 바랬다.

그러나 벅은 종래에 이 일은 본인이 할 일이 아니며, 워싱턴에 주미한국공사를 통해 정식으로 도움을 요청하라고 했는데, 조병식은 알렌이 부재했다는 이유로 그와 상의할 수 없었다고 하면서, 임무에 성공하지 못했다는

15) *KAR III*, Horace N. Allen to Secretary of State, 1900.8.31, pp.81~84.
16) *KAR III*, Horace N. Allen to Secretary of State, 1900.9.10, pp.68~69.

비난(미국이 도움을 거부했다는 사실)을 피하려고 했다.17) 알렌 역시 책임 회피를 하기 위하여 미 국무부에 조병식이 일부러 자기에게 상담을 하지 않고, 벅과 이야기를 했다는 점을 보고했다.

분명한 점은 미국의 불간섭주의로 대한제국의 거중조정 요청이 실패하기도 했지만, 주한미국공사 알렌과 주일한국공사 조병식 간의 소통이 되지 않았다는 점을 알 수 있다. 이는 민상호를 비롯한 친미파 세력을 견제한 조병식의 독단적 성향에서 비롯된 것으로 볼 수도 있겠다. 알렌은 이와 같은 중립 제안은 도리어 일본이 대한제국에 차관을 제공하여 대한제국의 군대를 증강시킬 빌미를 제공할 것으로 전망하였다.18)

이와 더불어 대한제국내 친미파와 친러파가 갈등하게 된 사건이 일어난다. 첫 번째, 1901년 3월 월미도사건이 바로 그것이다. 閔景植은 아버지 閔泳柱가 불법으로 제물포 항에 위치한 섬(월미도)을 일본에 판 것에 대해 그 죄를 덮으려고 당시 평리원 재판장이었던 김영준에게 눈 감아 줄 것을 부탁했다.

김영준은 민경식을 돕기 위하여 가짜로 러시아공사관에 친미계열 인물이 총을 쏘게 하자고 함으로써 불법으로 섬을 판 것을 덮고, 친미 세력 또한 일망타진하자는 계획을 세웠지만, 민경식은 이를 거부하였고, 서로의 의심은 커져갔다. 이 와중에 민경식이 먼저 선수를 쳐서 러시아공사관에 총을 쏜다는 음모를 고종에게 알렸다.19) 김영준은 고문을 당하는 중에 충격적인 음모를 고백하였다. 고종을 납치하여 다른 궁궐에 옮기고 친미파 및 친일파 관료들을 제거한다는 계획을 세웠다는 것이었다.20) 이는 1898

---

17) *KAR III*, Horace N. Allen to Secretary of State, 1900.10.11, p.71.

18) *KAR III*, Horace N. Allen to Secretary of State, 1900.10.29, p.73.

19) *KAR III*, Horace N. Allen to Secretary of State, 1901.3.12, p.84 ; 『주한일본공사관기록』 권16, (20)[金永準等就縛에 關한 件] 機密第22號, 林→外務大臣, 1901년 3월 6일.

20) *KAR III*, Horace N. Allen to Secretary of State, 1901.3.22, p.85.

년 9월 고종의 김홍륙 제거작전 이후 잠잠했던 러시아가 이권확보를 위해 대한제국에서 다시금 움직이는 모습을 보여주는 것이다.

두 번째, 알렌과 친러파 李容翊과의 갈등이다. 알렌은 이용익이 미국의 이권을 방해하고 있다고 생각했고, 미국에 친절하거나 알렌의 주변인들을 제거하고 있다고 생각했다.[21)]

이와 같은 국내에서 친미파와 친러파간의 갈등은 당시 국제적 배경을 살펴보면 알 수 있다. 이 당시 만주를 두고 러시아와 미국이 대립구도를 띄었다. 청일전쟁 이후 뤼순항을 얻고, 동청철도 지선을 획득하는 등 만주 진출을 위한 본격적인 수순에 나선 러시아는 1898년 3월 28일 로젠‐니시 협정 이후, 영국과 철도 이익에 관한 협정(Scott-Muravieff agreement)을 맺어 영국은 양자강 유역, 러시아는 강 이북을 철도 이권 범위로 상정하였다. 한편 미국에서는 국무장관 존 헤이가 문호개방정책을 발표하자, 러시아는 국적에 상관없이 모든 상품에 관세를 부과해야 한다고 했고, 러시아에 임차되어 있는 항구에 대해서 청국이 다른 국가에 우선권을 부여할 의도가 없다고 하면서, 미국의 문호개방정책에 대한 자국의 이권 침해를 우려하는 태도를 보였다.[22)]

1900년 만주에서 의화단사건이 일어나자, 일본은 6월에 만주로 군대를 파견하였고, 1901년 만주점령을 완료했다. 다음 1월과 2월에 마산포에 함대를 정박시켰고, 1901년 3월 러일관계는 일촉즉발의 개전 위기에 다다랐다. 러시아는 경제적 상황을 볼 때 일본을 적국으로 돌리는 것은 좋지 않다고 판단했지만, 1901년 9월 고무라 주타로[小村壽太郞]는 러시아에 강경책을 펼쳤다.

미국 입장에서는 이권이 관련된 청국내의 분쟁을 원할 리가 없었다. 당시 미국은 이를 중재하려는 태도를 보였다. 1901년 1월 미국은 "러시아로

---

21) *KAR Ⅲ*, Horace N. Allen to Secretary of State, 1902.11.21, p.177.
22) FRUS, China, Count Mouravieff to MR. Tower, 1899.12.18~30, pp.141~142.

부터 만주를 점령할 의사가 없고, 만주에서의 행동이 일시적이라는 것을 보장받았다."는 것을 일본에 전달하였다.[23] 또한 만주뿐 아니라 전 청국을 개방하는 일이 바람직하다고 청국에 권고했고,[24] 청국이 광산 채굴과 철도 부설 및 기타 공업상의 특권을 한 회사에 양여하려는 협정에 대해서도 반대하였다.[25]

그러나 일본은 1902년 1월 러시아를 가상 적국으로 가정하여 만주로 진출하려는 러시아를 견제하고 있었던 영국과 동맹을 체결하였다(제1차 영일동맹).[26] 영국과 일본의 동맹에 대해 미국에서는 여론의 지지를 받았고, 언론에서도 환영하는 분위기였다.[27] 일본 정부 역시 미국의 문호개방주의를 손상할 의도가 없었다고 하면서 미국과 우호 관계를 유지할 것을 희망하였다.[28] 이러한 미국·영국·일본의 합작으로 길림성 내 광산채굴권 특허 밀약에 대해서도 공동 항의를 제출하는 등 청국의 이권을 침탈하였다.[29]

---

23) 『주한일본공사관기록』 권17, (4)[滿洲問題에 관한 國務卿의 意向回報 건] 來電 第6號, 在美 高平 全權大使→加藤 外務大臣, 1901년 2월 1일.

24) 『주한일본공사관기록』 권17, (134)[美國의 對淸全國土開放勸告에 따른 日本의 役割受任 건], 來電第79號, 在上海 小田切 領事→加藤 外務大臣, 1901년 5월 3일.

25) 『주한일본공사관기록』 권17, (258)[協定에 관해 在淸美國公使가 本國政府에서 受領한 訓令 건] 來電第32號, 在淸 內田 全權公使→小村 外務大臣, 1902년 2월 4일.

26) 김기정은 중심부 – 주변부 이론을 영일동맹에 적용하면서 당시 국제정세상 청국과 조선이 영향력 중복 주변부 지역이었으며, 러시아의 영향력 독점에 대항하기 위하여 영일동맹이 결성되었다고 설명한다(김기정, 『미국의 동아시아 개입의 역사적 원형과 20세기 초 한미관계연구』, 문학과지성사, 2003, 53쪽, 93~94쪽).

27) 『주한일본공사관기록』 권17, (266)[日英協約締結에 관한 건], 來電第23號, 在英 林 全權公使→小村 外務大臣, 1902년 2월 13일. (271) [日英協商에 대한 美國 歡迎興論 報道 건] 來電第15號, 在美 高平 全權公使→小村 外務大臣, 2월 14일.

28) 『주한일본공사관기록』 권17, (270)[協定에 관한 在淸 러시아 公使의 美國 公使에 의 覺書 交付 건], 來電第39號, 在淸 內田 全權公使→小村 外務大臣 1902년 2월 14일(발신) 15일(수신)

29) 『주한일본공사관기록』 권17, (326)[吉林省內 鑛山採掘權 特許密約에 대한 抗議 提起 건] 來電第111號, 內田 全權公使→小村 外務大臣, 1902년 5월 28일.

러시아의 만주철병협정(露淸條約)이 체결되었지만, 러시아는 철수하지 않았다. 이에 러시아는 대한제국의 영구 중립화 문제에 대해 논의하기 위하여 러시아, 일본, 미국 등이 보증해서 대한제국의 중립화를 보장하려고 했다. 하지만 주일 미국공사로부터 이 정보를 들은 일본은 이 제의를 반대하도록 하는 교섭을 행했다.[30]

영일동맹 이후 姜錫鎬를 중심으로 한 李允用·李完用·李夏榮·朴定陽·金嘉鎭 등은 궁내부 고문관 미국인 샌즈와 결탁하여 "일본이나 러시아에 치우치면 안 된다."고 하여 친미파 내각을 조직하려 하였다.[31] 1902년 7월에는 영국의 전함과 순양함이 제물포에 도착하였고, 곧 미국함대도 도착할 예정이었는데,[32] 1902년 8월에는 에반스(Robley D. Evans) 제독이 알렌을 통해 고종을 점심에 알현하여 오찬을 같이 할 일정을 잡았고, 한국인 관리들과의 오찬 일정 또한 제물포 기함에서 잡아 놓았다.[33]

1902년 10월에는 미 해군부가 마산포 근처에 해군기지를 설치하고자 하였다. 알렌은 그렇게 된다면 미국이 한반도에서 강력한 영향력을 펼칠 수 있을 것이라고 전망했다.[34] 미국은 의주 개방과 더불어 이익을 창출하고, 그곳에 해군 기지를 설치하여 미국인들의 신변을 보호하려는 의도였던 것

---

30) 서영희, 『대한제국 정치사 연구』, 서울대학교 출판부, 2003, 130~132쪽.
31) 『주한일본공사관기록』 권18, (10)[日英協約 발표에 관한 이곳 政界의 상황], 機密 第36號, 林 公使→小村 大臣, 1902년 2월 25일.
32) 『알렌문서』 「R4-L7-04-046」 1902년 7월 25일.
33) 『알렌문서』 「R4-L7-05-010」 1902년 8월 6일, Horace N. Allen to Robley D. Evans
34) ···Admiral Rogers told me the other day that the Navy Dept want a naval station on the Korean, and after much surveying he has decided on "Silvia bay just around the corner from Masampo. This is confidential of course. I rather hope I may be instructed to move in the matter, since the Koreans seem to think that America does not count and they may treat us as they please with no fear of their conduct being brought home to them. If it is decided to do anything in the matter it will be necessary for the Government to first decide on pretty strong measures as a fast resort(『알렌문서』 「R4-L7-06-005」 1902년 10월 5일자. Horace N Allen to Edwin V. Morgan).

이다.

러시아는 이러한 미국과 손을 잡으려고 했다. 1902년 9월에 러시아는 미국을 통하여 중립화정책을 획책하고자 하였다. 그러나 이는 실패하였고, 1903년이 되자 샌즈의 해임 등으로 말미암아 친미세력들이 쇠퇴하게 되었다.[35] 당시 대한제국이 중립화된다면 러시아가 만주에서 자유롭게 행동할 수 있기 때문에 이 문제는 만주를 포함한 청국 전체 문호 개방문제와 배치되는 사항이었다.

따라서 청국의 문호개방을 원하는 미국은 대한제국의 중립화로 인해 러시아가 만주에서 진출하게 되는 상황을 달가워 할리 없었다. 미국은 일본과 공조하여 대한제국의 중립화 문제에 대해 반대의 입장을 가지고 있었다. 조병식이 일본에 가서 대한제국의 중립안을 의논했을 때 당시 주일미국공사 에드윈 던(Edwin Dun)이 그 사실에 대해 듣기만 하고 실제적으로 깊이 관여하려는 태도를 보이지 않았던 것도 바로 그러한 이유에서였다.[36]

1903년 5월 30일 알렉세예프 제독은 대한제국 문제에 대해 만주에 대한 독점지배체제 구축을 위해서 철병협정을 파기하고 대한제국에 대한 일본의 지분을 인정하자고 했다. 6월 23일에는 대한해협의 자유항행권을 보장받을 경우 한반도의 남부와 중부를 일본에게 양보하고자 하였으며, 만주에서 자국의 지위를 공고히 하고자 하였다. 1903년에 이르러 러일 간에 전쟁의 분위기가 청국과 서울에서 고조되었다.[37]

그렇다면 이러한 와중에 미국은 자국의 이권보호에 대해 어떻게 대응했을까? 아관파천 이후 러시아 공사 베베르는 알렌을 통해 미국이 울릉도를

---

35) 모리야마 시게노리 저, 김세민 역,『근대한일관계사연구』, 현음사, 1994, 186~188쪽.
36) 『주한일본공사관기록』권18, (40)[韓國 中立問題에 관한 러시아 外交官의 제안에 관한 건], 機密第130號, 林 公使→小村 外務大臣, 1902년 11월 4일.
37) 러일전쟁 발발과정에 대해서는 A. 말로제모프 저, 석화정 역,『러시아의 동아시아 정책』, 지식산업사, 2002, 125~282쪽 ; 최덕규,『제정 러시아의 한반도 정책 1891 ~1907』, 경인문화사, 2008, 80~91쪽과 조재곤,『전쟁과 인간 그리고 '평화' – 러일 전쟁과 한국사회 –』, 선인, 2017, 18~62쪽을 참조하였다.

포기하게 해달라는 의사를 전달하게끔 하였고, 러시아는 1896년 8월 29일
에 울릉도를 포함한 한반도 북쪽의 산림벌채권을 획득하였다. 파블로프 공
사가 취임한 이후 러시아 회사 바룬 군즈버그(Bron de Gunzburg)는 대한제
국 북서지역의 압록강에 많은 직원들을 보내어 공장을 세우고 채벌했다.
그런데 문제는 청의 허가를 얻은 일본도 이 지역에서 산림채벌을 했기 때
문에 문제가 다소 복잡하게 되었다.38) 일본 공사관 서기 하기와라[萩原守
一]는 러시아인 200명이 압록강에 도착했다는 사실을 알렌에게 전달했다.
알렌은 파블로프에게 이 사실에 대해서 물어보았고, 파블로프는 이에 대해서
정확히 들은 바가 없지만 제물포 러시아 영사 폴리아노브스키(Polianovsky)가
이 지역으로 떠났다는 사실을 전달했다.

1903년 4월 24일 압록강 지역의 산림벌채권을 가지고 러시아와 일본간
의 갈등이 심화되고, 의화단사건 이후 만주점령을 완료한 러시아는 만주를
고수해야 했는데, 같은 지역에 산림벌채권을 청으로부터 획득한 일본과 타
협점을 찾아야만 했다.

이곳은 미국과도 관련이 있었다. 1902년 7월경 미국 선교사들도 목재를
얻지 못해서 곤경을 겪고 있는 상황이었다.39) 1903년 선교사들은 또 불만을
제기했다. 알렌에게 대한제국 정부가 보상을 하게끔 요청했다. 선교사들은
대한제국과 압록강으로부터 채벌된 많은 양의 목재를 받도록 계약했는데,
이번에는 다시 러시아 문제가 얽히게 된 것이다.40) 러시아는 산림벌채와
더불어 용암포를 조차하였는데, 이에 대해 영국의 조던(John N. Jordan)과
일본의 하야시 곤스케가 반발하고 나섰다. 당시 알렌과 가까웠던 이하영은
용암포 문제와 관련해서 고종과 수차례 만나서 이야기를 했다는 점을 알렌에
게 알렸다. 알렌은 이하영에게 미국 정부는 "용암포보다 의주 개시를 원한다

---

38) *KAR III*, Horace N. Allen to Secretary of State, 1903.4.24, p.103.
39) 알렌은 평안북도 관찰사의 벌목 방해 문제와 관련해서 불만을 제기한 바 있었다(『알
    렌문서』「R4-L7-04-030」 1902년 6월 24일 Horace N Allen to Leigh S. J. Hunt).
40) *KAR III*, Horace N. Allen to Secretary of State, 1903.5.26, p.104.

고 했는데, 의주와 청국 안둥(安東, 현재의 단둥)이 접해있기 때문"이라고 밝혔다.41) 이 의주항 개방을 추진하기 위하여 알바니(Albany)호가 지원되었는데, 미국은 의주항이 용암포에서 40마일 위에 떨어져 있어 시장성이 좋았고, 안둥항을 전략적으로 활용하는데 유리하다고 판단했다.

해군 에반스 해군소장으로부터 어제 온 서신은 아시아 항구에 관한 것으로 순양함 알바니호가 압록강 의주항을 개방하기 위한 미국의 요청을 진행하고 있는 알렌을 위해 한국의 수도 서울의 제물포 항으로 가고 있습니다.

해군 기록에 의하면 의주는 미국에 의해 용암포 대신 잠재적인 항구로 채택되었습니다. 용암포가 압록강 입구에서 40마일 위에 있기 때문입니다. 그 한도 내에 있는 공간은 마찬가지로 교통이 개방되고 중립화되기 때문에 상업적으로 상당한 이득입니다. 미국 해군 장교들은 두 번째 만주 항구로 처음에 안둥 대신 목단에 이어 Tatungsu?를 선택했지만, 일본이 같은 요구를 했고 청과의 조약에서 항구 개방을 확보하면 미국의 요청은 불필요해지기 때문에 안둥이 선택되었습니다.

안둥이 중국에 있는 압록강을 살펴본 해군 장교들은 강 건너편에 있는 의주항이 자유항이 된다면 전략적으로나 무역관점으로나 그 위치가 개선될 것이라는 점을 확인하게 되었고 지금 알렌 공사가 방문할 것입니다.42)

---

41) ···Wiju lies directly opposite the port of Antung, which is to be opened to trade by China under our new treaty, and is an important post on the great road running from Peking to the Korean capital. United States naval officers recently have inspected the place and pronounced in its favor as against Yongampho, and it is also pointed out that the possession of a considerable concession at Yongampho by Russians might involve international complications in the presentment of a claim for an open port there(『알렌문서』 R5-B5-15-004).

42) A cablegram received at the Navy Department yesterday from Rear Admiral Evans, commanding the Asiatic station, announced the sailing yesterday of the protected cruiser Albany from Yokohama, Japan, for Chemulpo the port of Seoul, the Korean capital, where United States Minister Allen is proceeding to further the request of the

즉, 미국은 상업적으로나 전략적으로나 일본과 러시아의 손이 닿지 않는 제3의 항구인 의주를 개방함으로써 당시 압록강 유역에서의 세력균형을 이룸으로써 미국의 이권을 안정적으로 확보할 계획이었던 것이다.

1903년 6월 말 하야시 곤스케는 미국공사 패독(Gordon Paddock)에게 의주 개시에 대해 물었다. 일본 입장에서도 러시아가 용암포를 조차하는 것은 원치 않았기 때문에 미국의 힘을 끌어들여 용암포를 개항장으로 하고자 한 것이다. 패독은 미국 정부가 그곳의 개시를 원한다고 답변하였다. 공식적인 자리에서 패독은 "가능하다면 압록강에 개시를 하는 것이 대한제국에 도움이 될 것 같다."고 말했다. 앞서 언급했듯 러시아는 의주 개시를 원하지 않았고, 만주 문제가 완전히 해결되지 않은 상황에서 러시아로서는 압록강에 개시가 설치되는 것도 원치 않는 상황이었다. 이 가운데 고종은 열강들의 입장차이에 대해 어떠한 결정을 내리지 못하는 미온적 태도를 보였다.[43]

United States for the opening to the world's commerce of the Korean port of Wiju, on the Yalu River. It appears from the records of the Navy Department that Wiju was selected by the United States as a prospective port instead of Yongampho because lying forty miles above the latter port, which is at the mouth of the Yalu River, the country within that limit will likewise be opened to traffic and neutralized, a substantial gain in the extent of the market afforded. The United States naval officers at first fixed upon Tatungsu as the second Manchurian port after Mukden to be opened instead of Antung. but if appears that Japan had previously made the same demand and had secured its allowance in its treaty with China, so that a request from the United States was unnecessary and Antung was chosen instead(『알렌문서』 R5-B5-15-009).

The naval officers who examined the reach of the Yalu River, in which Antung lies on the Chinese side, found that its position strategically and from a trade point of view would be vastly improved were the port of Wiju, on the opposite side of the river, neutralized by being made a free port, and this is now the object of Minister Allen's visit(『알렌문서』 R5-B5-15-009, Cruiser Albany Sent to Aid Minister Allen in His Negotiations).

43) *KAR Ⅲ*, Gorden paddok to Secretary of State, 1903.11.19, pp.105~106. 이 사건의 발생 배경과 관련해서는 김소영, 「용암포사건에 대한 대한제국의 위기의식과 대응」,

이에 당시 외부대신 서리를 맡은 이하영도 용암포 개항을 두고 개항은 대한제국에 이롭고 편안한 계책이지만, 반대하는 국가도 있고 찬성하는 국가도 있어서 분명한 결정을 할 수 없다고 하였고, 이를 이유로 사임하기를 원하였다.[44] 고종은 만류하였지만, 이하영은 결국 1903년 12월 19일에 사임하였다. 알렌은 12월 17일 서한을 보내 이하영의 권한으로 의주개시를 시행하라고 했는데, 이에 부담을 느낀 듯 하다. 고종 또한 마찬가지였다. 영국과 일본인들이 의주개시와 관련하여 고종알현을 원하였으나 고종은 병을 핑계 대고 만나지 않았다. 알렌 역시 의주를 개방할 것을 요청하였다.[45]

　의주 개시 요청은 러일전쟁 발발 직후 성사되었다. 알렌은 외국 무역을 위해 의주를 여는 문제로 고종의 알현을 요청했고, 처음에 고종이 그의 알현을 승인하지 않았다. 고종은 1903년 12월 5일 알렌을 만나서 이 문제에 대해 논의하였고, 알렌은 이 문제가 호의적 해결을 볼 것으로 예상하였다.[46] 처음에 고종은 의주항 개방에 소극적이었으나, 미국 언론에서도 의주를 자유롭게 개방하기를 바랐고,[47] 1903년 12월 28일 알렌은 "의주는 상업적 수단으로 보기보다는 러시아와 대립구도를 띠고 있는 일본과 영국 등의 나라와 거리를 둠으로써 중립을 지키기 위한 목적을 가지고 있다."고 밝혔다.[48] 결국 1904년 2월 24일 의주 개방이 결정되었고,[49] 용암포는 러

『한국근현대사연구』 31, 2004, 134~140쪽 참조. 일본이 의주 개시를 요구한 1903년 4월부터 러일전쟁이 발발하는 1904년 2월까지 의주 개시를 다룬 연구는 김원수 「러일전쟁의 발단과 의주 개방 문제」, 『한일관계사연구』 11, 1999을 참조.

44) 『승정원일기』, 고종 40년(1903) 10월 9일.

45) 『알렌문서』 R5-B5-15-001 1903년 12월 15일.

46) 『구한국외교문서』 권12, 「미안」 2910호, 1904년 2월 14일.

47) 『알렌문서』 R5-B5-15-003

48) … I am glad to know at last what the Dept. means. Wiju is no port and is useless for commerce, but it is valuable as supporting a principle and keeping us out of joining the British and Japanese in insisting upon having Yongampo.…(『알렌문서』, R4-L7-11-021, 1903년 12월 23일)

49) 『구한국외교문서』 권12, 「미안」 2923호, 1904년 2월 25일.

시아에 의해 조차되지 않고,50) 의주와 마찬가지로 항구로 개방되기만 하였다.

2. 미관파천 준비와 미국의 활용

국제적 정세가 복잡하게 돌아가고 있는 가운데, 고종의 신변에도 계속 위협이 발생하였다. 다시 의화단사건 이전으로 돌아가 보면, 1899년 6월 8일 당시 박정양·민기선·박기양 등 저택에 폭탄을 던지는 사건이 발생하자 고종이 도서관(이후 漱玉軒)으로 대피하는 등51) 소요가 끊이지 않았다. 이에 불안감을 느꼈는지 고종은 미관파천이 시도로 끝난 이후에도 미국공사관으로 파천할 생각을 꾸준히 하고 있었다.

다음의 문서는 1897년과 1898년에 있었던 미관파천 요청이 실패한 지얼마 되지 않은 1900년 9월 17일 하야시 곤스케가 외무대신 아오키 슈조에게 보낸 문서로 고종의 미관파천에의 의지를 보여주는 문서다.

민병석·성기운의 일파도 또 동일한 主義 아래 운동했음을 발견하였습니다. 이들 일파는 미국파가 궁중에 세력을 차지하고 있는 것을 꺼려어떻게 해서든지 이것을 배척하려고 계획하던 중에, 한국 황제는 미국파의 종용으로 만일의 사변을 당하면 미국공사관으로 파천할 계획을세우고, 그 준비로 내탕금을 조금씩 미국인에게 위탁한 것이 거의 100만圓에 가깝다는 사실을 탐지할 수 있었습니다. 그래서 오오미와[大三

---

50) ···Wiju is directly opposite Antung and the State Department concluded that is would be much more advantageous to American trade to have the open port in Corea so close to one of the open ports in Manchuria. For that reason it withdrew its request in favor of Yangampo, in which Russia and Japan were also concerned, and is now engaged alone in trying to have Wiju made free to foreign commerce. Antung and Wiju are at the same end of the great road to Pekin(『알렌문서』 R5-B5-15-007)

51) 『주한일본공사관기록』 권13, (42)[爆裂彈 投入에 관한 件], 機密第47號, 日置 臨時代理公使→靑木 外務大臣, 1899년 6월 15일.

輪]에게 마음에 품은 뜻(內意)을 흘리며 한국 황제를 알현한 시기에 그 비밀을 모조리 한국 황제 앞에 폭로시켰습니다. 그 결과 한국 황제는 의외의 방면에서 그 비밀 계획이 누설되었음에 놀라고, 이는 전적으로 미국파의 술책에 빠져 비겁하게 행동한 것임을 참회하였습니다. 이리하여 미국에 의지하려는 생각을 끊고 그 대신 일본 황제에게 親翰을 보내어 혹시 만일의 위험이 있을 경우에는 일본의 보호에 의뢰할 것을 미리 결정하여 두어야 한다는 評議에 따라 鐵道院의 技師 아무개가 使者가 되어 親柬을 가지고 일본에 도항하여 조병식에게 교부하여 일본 황제 폐하께 봉정하게 하도록 內議했습니다.52)

이 보고가 있기 한 달 전 알렌은 "대한제국에서 위기 상황이 발생할 경우에 자국민 보호를 위하여 병력을 파병할 수 있다."는 점을 밝혔다.53)

앞서 살펴보았듯 당시의 국제적 정세는 1900년 의화단사건 당시 러시아의 만주 점령으로 대한제국에 위기의식을 불러일으켰던 상황이었고, 이에 고종은 유사시 미국공사관으로 파천할 준비를 하고 있었다.

고종은 1900년 2월부터 의화단의 동향을 주시하기 시작하였다. 그는 하야시 곤스케와의 대담에서 북경에서의 불온한 상황이 신문에 계속 보도되

---

52) …右之外閔丙奭成岐運ノ一派モ亦夕同一ノ主義ノ下ニ運動シタル事ヲ發見致候右ノ一派ハ米國派ノ宮中ニ勢力ヲ占メタルヲ忌憚シ何トカシテ之ヲ排斥セントシテ計劃中韓帝ハ米國派ノ慫慂スル所トナリ萬一ノ事變ニ遭遇セハ米國公使館ニ播遷ノ目論見ヲ爲シ其用意トシテ內帑錢ヲ追々米國人ニ委托サレタルコト殆ント百萬圓ニ近シトノ事ヲ探知シ得タリ之ニ依ツテ大三輪ニ內意ヲ含メ韓帝ニ謁見ノ時期ニ於テ其秘密ヲ悉ク韓帝ノ前ニ暴露セシメタル結果韓帝ハ意外ノ邊ニ其秘計ノ漏洩シタルニ驚キ且ツ右ハ全ク米國派ノ術中ニ陷チ卑怯ノ振舞ヲ及ヒタルコトヲ懺悔シ米國ヘ賴ラントノ念ヲ割斷シ其代ニ日本皇帝ニ親翰ヲ贈リ若シ萬一ノ危險ノ虞アルニ當ツテハ日本ノ保護ニ賴ランコトヲ豫メ決定シ置クヘシトノ評議ニ由リ其使者トシテ鐵道院ノ技師某御親束ヲ携ヘテ日本ニ渡航シ趙秉式ニ手交シ日本皇帝陛下ニ捧呈セシメントノ事ヲ內議シタルカ(『주한일본공사관기록』, 권14, (71)[日韓密約에 관한 件], 1900년 9월 17일, 機密第87號 林 公使→外務大臣 子爵 青木周藏).

53) *KAR Ⅲ*, Horace N. Allen to Secretary of State, 1900.8.31, p.82.

고 있는 상황에 대해 주목하였다.[54] 미국과 일본 역시 의화단사건이 평양
과 운산에 영향을 미칠 것을 경계하여 대책 마련을 논의하기도 했다.[55]

1889년 1월 27일에 창간한 일본경제신문『中外商業新報』에서는 "의화단
병력을 우려한 고종이 미국의 병력을 빌려 이를 막으려고 시도하였다."는
보도를 1900년 7월 20일과 21일에 내보냈다.[56] 실제로 미국의 병력이 파견
된 일은 없었지만, 이를 기회로 미국인들은 자국의 이익확보에 힘썼다.
1897년에 미국 공사로부터 빌린 20만 달러를 상환하지 못하는 대한제국의
상황을 이용하여 필요한 돈의 융통을 제의하였던 것이다.[57] 또한 이 시기를
전후하여 운산금광채굴권을 완전히 미국의 소유로 하기도 했다.[58]

당시 일본정부의 실질적인 한국보호국 정책을 계승하고 있었던 하야시
곤스케는 대한제국 내에서 현영운파, 민병석파, 기쿠치 겐조파 등이 한일
동맹을 지지하는 세력들이라고 보았고, 한일동맹을 통해 종래에는 한국보
호국화를 강력히 추진하려 하였다.[59] 당시 궁내부 고문관 샌즈를 비롯한
내관 姜錫鎬 등의 친미파와 민병석은 대립하고 있었는데, 이 계획은 사전
에 발각되었다. 당시 고종에게 가장 위협이 되었던 일본에 있는 망명자의
귀국[60]을 위해 일본과의 교섭을 하자는 의견과 미국을 통해 대한제국중립

---

54)『주한일본공사관기록』권14, (3)[謁見始末 報告의 件], 機密第3號, 林 公使→外
　　務大臣 子爵 青木周藏, 林→東京, 青木, 1900년 2월 15일.
55)『주한일본공사관기록』권15, (124)[平壤附近 人心不穩에 관한 美公使 來意 件]
　　機密本省其他歐文往復控, 1900년 7월 16일.
56)『주한일본공사관기록』권14, (61)[機密漏洩嫌疑에 관한 情報], 機密第74號, 林
　　公使→青木 外務大臣, 1900년 8월 4일.
57)『주한일본공사관기록』권15, (28)[第一銀行으로부터의 借金 件], 機密本省其他
　　歐文往復控, 林→東京, 青木, 1900년 3월 3일.
58) 이배용,『구한말 광산이권과 열강』, 한국연구원, 1984, 82~83쪽.
59) 현광호,「義和團사건 이후 일본의 대한정책」,『역사와 담론』45, 2006, 97쪽.
60) 이전에 일본으로 망명했던 이들이 1895년 7월 2일 박영효를 중심으로 쿠데타를
　　일으킨다는 소문이 있었고, 이들은 결국 다시 일본으로 망명하였다. 또한 명성황
　　후 시해사건과 아관파천을 전후하여 망명자들이 여럿 있었다. 이들은 고종 퇴위를
　　그 목적으로 가지고 있었기 때문에 왕권에 큰 위협이 되었다. 이에 대해서는 현광

화 및 내정개혁을 하려는 의견이 대립하고 있었다.

전자는 주로 嚴純妃파였는데 이 엄순비파는 친미파와 대립하는 趙秉式 등의 친러파, 보수파 尹容善, 친일파 김영준, 중립파 민병석이었다.[61] 이중 민병석이 고종의 미국공사관 파천 계획을 사전에 감지했던 것이다.

상인이었던 오오미와[大三輪]는 안경수에 의해 교환국의 실질적인 책임 자로 추천되었고,[62] 1891년 11월 26일 정식으로 교환국 會辦에 임명되었 던 인물로 고종의 큰 신임을 받고 있던 인물이었다.[63]

1900년 당시 황실, 궁내부 예산이 65만 5천원이었다는 점을 감안한다면 고종이 미국인에게 위탁하려고 했던 내탕금 100만원은 실로 황실 예산을 넘어서는 큰 액수였다. 게다가 1900년은 내장원이 궁내부에서 독자적인 기 구로 부상하여 황실재정확보가 용이해졌던 시기였기 때문에[64] 이러한 고 종의 지출도 가능했던 것이 아닐까 한다.

미국의 소극적 태도와 일본·러시아의 방해 등으로 인하여 중립화정책이 실패로 돌아갔을 뿐만 아니라[65] 미국공사관 파천으로의 계획을 요청조차 하지 못하고, 수포로 돌아갔지만 고종은 여전히 미국에 의지하였다.

1901년 1월 24일, 고종은 은밀히 알렌을 식사에 초청한 이후 미국 공사

호, 「대한제국기(1897~1904) 망명자문제의 정치 – 외교적 성격」, 『사학연구』 58·
59합집, 1999 ; 문일웅, 「대한제국 성립기 재일본 망명자 집단의 활동(1895~1900)」,
『역사와 현실』 81, 2011 등 참조.
61) 모리야마 시게노리, 앞의 책, 1993, 167~168쪽. 친일파 김영준과 친미파 강석호의
대립관계에 대해서는 장희흥, 「대한제국기 내시 강석호의 활동」, 『사학연구』 89,
2008을 참조.
62) 『일성록』, 1892년 11월 2일.
63) 安田吉實, 「李朝貨幣『交換局』と大三輪文書について」, 『朝鮮學報』 72, 1974.
그는, 1901년까지 대한제국의 중립국화에 찬성했지만, 1903년 대한제국에 파견되
어 한일동맹을 하게끔 하였다(서영희, 앞의 책, 2005, 171~172쪽).
64) 김윤희, 「대한제국기 황실재정운영과 그 성격」, 『한국사연구』 90, 1995, 84~86쪽.
65) 모리야마 시게노리, 앞의 책, 1993, 170~171쪽 ; 박종효는 일본이 만주에 대한 러
시아의 보호권 설정이 시작되었다는 날조된 구실로 대한제국의 중립화를 방해했
다고 보았다(박종효, 『한반도 분단론의 기원과 러·일 전쟁』, 2014, 224쪽).

에게 주어졌던 특명전권공사의 지위를 다시 회복할 것을 바랬다. 루시우스 푸트에게 주어졌던 특명전권공사는 일찍이 대리공사로 강등된 적이 있었는데, 15년이 넘는 시점에 와서 다시 미국공사에게 이 지위를 부여하려는 것이었다.

이러한 일이 의미 없는 일이라는 알렌의 만류에도 불구하고[66] 고종은 워싱턴에 대등한 지위의 대표를 파견하고자 하였다.[67] 만주 지역의 소요를 듣게 된 고종이 이전에 격하된 미국공사관의 지위를 다시 격상시킴으로써 미국과 대한제국이 대등한 지위를 가진 채 중립을 원했던 것이다. 앞서 살펴본 바와 같이 미국은 대한제국 선포시 공사관 지위 변경에 대해 경계하는 태도를 보였으나, 고종의 계획은 성공하여 미국 대통령이 대한제국 황제에게 우정을 표현하는 수단으로 알렌의 지위를 특명전권공사로 격상시키겠다고 밝혔다.[68] 하야시 곤스케는 이것이 미국 정부에서 상호존중주의를 지킨 결과라고 파악했다.[69]

더불어 고종 납치 사건에 연루된 친러파 김영준이 1901년 3월에 사형당하고, 민경식과 주석면이 유배되면서 정부에서 친미파가 다시 득세하게 되는 계기를 마련하게 되었다.[70] 또한 당시 멕킨리 대통령 재임(1897~1901)

---

66) 알렌은 공식 문서에서는 의미없는 일이라고 했지만, 스티븐스에게 쓰는 서한에서는 자신의 특명전권공사로의 승진이 러시아와의 이권 투쟁에서 승리한 결과라고 판단했다(…It is a good commentary how ever on some work I have been doing the past year in "bucking the be_" and keeping our interests from sliding into Russian hands…(『알렌문서』 R4-L7-01-062))

67) *KAR III*, Horace N. Allen to Secretary of State, 1901.1.24, pp.167~168.

68) 1884년 7월 7일 초대주한미국공사 푸트의 지위는 특명전권공사(Envoy Extraordinary and Minister Plenipotentiary)에서 대리공사(Minister Resident and Consul General)로 직함이 강등되었다(KAR I, Fredk. T. Frelinghuysen to Lucius H. Foote, 1884.7.14.) KAR III, Horace N. Allen to Secretary of State, 1901.6.27, p.247.

69) 『주한일본공사관기록』 권16, (36)美國辨理公使를 全權公使로 昇任하는 件, 機密 第72號, 林 公使→曾禰 外務大臣, 1901년 7월 9일.

70) 모리야마 시게노리 저, 김세민 역, 『근대한일관계사연구』, 현음사, 1994, 172쪽 ; 『알렌문서』 1901년 3월 20일, R4-L7-01-002.

시 알렌이 주한미국총영사에 임명되었고, 특명전권공사로 격상될 정도로
고종이 미국에 대한 기대를 다시금 증폭시키는 계기를 마련하게 되어 고
종으로 하여금 대내외적으로 미국을 중심으로 한 개혁을 꿈꾸게 되었다.
그런데 불행하게도 멕킨리 대통령이 재선된 이후 6개월 만인 1901년 9월
6일에 무정부주의자에게 멕킨리 대통령이 피살되는 사건이 발생하였다.
이에 고종은 알렌에게 이재순을 보내어 깊은 애도의 뜻을 보냈다.[71]

   이렇게 일시적으로 한미관계가 회복된 까닭은 당시 대한제국 내에서 이
권 보호를 위한 미국의 의도가 있었다. "이 시기부터 러일전쟁 직전까지
대한제국에서 미국의 이권사업은 활기를 되찾았다"고 보는 미 국무부 문
서를 토대로 한 정책보고서가 그것을 증명한다.[72] 한편 1899년을 기점으
로 퇴보하였다는 견해[73]가 있어 주목을 요한다.

   주목할 점은 앞서 5장 3절에서도 언급했듯 알렌 등 대한제국 내 미국인
들은 대한제국의 미국에 대한 기대를 이용하였고 이것이 고종이 친미인식
을 계속 유지시키고 지속적으로 미관파천을 시도하게 하는 계기를 마련했
다고 하는 점이다. 1904년 윤치호의 다음과 같은 평가에서도 알 수 있듯이
이것은 미국이 고종의 안보를 담보로 하여 이권을 차지하기 위한 것이었다.

   어제 브라운(Brown) 씨가 말하기를, 황제가 콜브란과 보스트윅과 전
기회사에 70만 원 이상을 지급하고 그들에게 전차 사업에 관한 모든 계
획을 위임하는 데 동의했다고 한다. 이러한 권리 양도는 콜브란과 보스
트윅, 그리고 전기회사 측에서의 어떤 보상 서비스도 없이 이루어졌다.
李學均이 바로 손탁(Sontag) 양 자택에서 도피 생활을 하는 동안 지독하
게 기분 나쁜 계약을 체결한 악당이다. 황제는 이 계약서에 서명했고,

---

71) *KAR III*, Horace N Allen to Secretary of State, 1901.9.20, pp.247~248.
72) 『미국의 대한정책(1834~1950)(한림대학교 아시아문화연구소 자료총서1 Department
    of State, U.S. Unites States Policy Regarding Korea(1834~1950)』, 한림대학교 출판부,
    1987, 27쪽.
73) 모리야마 시게노리, 앞의 책, 1994, 118쪽.

처음부터 50만 원을 지급했다. 콜브란과 보스트윅이 그를 통해 거짓으로 약속한 미국의 보호를 받기 위해서였다![74]

윤치호의 말대로 미국은 대한제국 내의 이권을 안정적으로 확보했다. 콜브란과 보스트윅의 전차·전기 사업과 상수도사업에 대해 영국인 찬스(Chance)가 브라운과 같이 연합하여 미국인들의 사업을 얻고자 하였으나 알렌의 반대가 있었다. 파블로프는 친러파 이용익을 앞세워 광산 개발에 25년 동안 프랑스 차관을 도입하게끔 하였다. 이는 미국인의 이권에도 커다란 타격을 가져오게 되었다. 사실 미국은 일찍이 대한제국의 금광에 관심을 두고 있었고, 1889년 12월에는 알렌의 외교적 수완으로 미국인 피어스(Aillerd I. Pierce)가 廣務局에 고용되어 면밀한 탐사가 이루어졌다. 청일전쟁 이후인 1895년 모스(James R. Morse)는 대한제국정부와 협의하여 운산 광산채굴권을 확보하여 1896년 4월 정식으로 운산 금광 채굴권을 얻어 5월에는 광산기술자를 운산에 파견하였다. 모스가 자본이 부족하여 채굴에 적극적으로 나서지 못하자, 알렌은 앞서 수도 및 철도사업과 관련하여 언급했던 헌트를 끌어들였다. 헌트는 파세트(J. Sloat Fasset)를 끌어들여 사업을 확장하였고, 한국과 공동소유를 하는 것이 아닌 미국인 단독 경영을 제안하였다. 이에 1897년 3월 27일에는 계약을 수정하여 1899년부터 미국의 동양광업개발회사가 단독으로 경영하게 되었다.[75]

한편, 1900년 7월 14일에 영국인들과 미국인들간에 조정이 있었다. 프랑스 차관이 도입된다면 이러한 것들이 철저하게 무산될 것이기 때문에 미국에게도 영향이 있을 것이라는 알렌의 분석이었다.[76] 주한영국공사 거빈스와 미국공사 알렌은 대책을 세웠다. 미국과 영국이 협력하여 콜브란 - 보스트윅 회사의 차관을 올리자는 것이었다.[77]

---

74) 『윤치호일기』 1904년 4월 24일.
75) 이배용, 『구한말 광산이권과 열강』, 한국연구원, 1984, 56~83쪽.
76) KAR III, Horace N. Allen to Secretary of State, 1901.4.24, pp.89~91.

1900년 8월 23일 미국은 헌트와 파세트가 하고 있는 광산사업, 콜브란 - 보스트윅의 전기 사업 등을 가지고 있었을 뿐만 아니라 상수도사업 건설을 위해 대한제국에 차관을 제공한다는 협정을 하고 있었고, 대한제국 곳곳에는 미국인 선교사들이 있었다. 대한제국 내에서 미국의 이권이 성장하는 것에 대해 당시 한반도에서 주도권을 쥐어가던 일본은 공개적으로 비난하고 나섰다.[78] 1901년 2월 알렌은 대한제국이 외국인에게 광산 이권을 허가 하지 않는다는 칙령 포고에 반대의사를 표명하기도 했다.[79]

일본이 남대문 밖에 특별거류지를 설치하고 철도 수비를 구실로 이 지역을 요새화하자 알렌은 친미파를 움직여 이들의 계획에 반대하기도 하였다.[80] 하지만 미국이 일본에 반대하는 움직임을 보이려고 하는 것은 어디까지나 미국의 이권이 침해되는 것을 막기 위해서 자국의 이권을 보장받으려는 것이었다. 한국군 증병을 위한 미국 차관도입에 대해서는 러시아, 영국 등의 반대로 인해 성과가 없었다.[81]

미국 차관 도입 배경에는 새로 임명된 미국인 고문관 샌즈가 先 개혁 後 중립화론을 제기하였던 까닭도 있었다. 그는 먼저 개혁이 있어야 한다고 보았고, 이를 위하여 미국 차관 도입을 주장하였다.[82] 그러나 대한제국이

77) *KAR III*, Horace N. Allen to Secretary of State, 1901.5.11, p.92. 당시 브라운 해고와 관련된 연구로는 이승렬, 『제국과상인』, 역사비평사, 2007, 106쪽 ; 김현숙, 『근대 한국인 서양인 고문관들』, 2007, 334~335쪽 등을 참조.

78) 헌트는 500만 달러의 차관을 선불해 주는 조건으로 궁내부 관할 광산을 독점적으로 개발하려는 권리를 확보하려 시도했고, 일본은 이에 대해 이의를 제기하였다 (『주한일본공사관기록』 권15, 1900년 4월 11일). *KAR III*, Horace N. Allen to Secretary of State, 1900.8.23, p.64.

79) 『알렌문서』 R4-L7-01-003 1901년 2월 2일.

80) 모리야마 시게노리 저, 앞의 책, 현음사, 1994, 100쪽.

81) *KAR III*, Horace N. Allen to Secretary of State, 1900.8.23, p.64. 『알렌문서』 1900년 7월 24일 R3-L6-05-086 미국 차관 도입 실패와 관련한 연구는, 모리야마 시게노리, 앞의 책, 1994, 123쪽 ; 현광호, 「대한제국기 징병제논의와 그 성격」, 『한국사연구』 105, 1999, 169쪽. 홍준화, 「대한제국기 차관교섭 실패의 원인분석」, 『한국사학보』 13, 2002 등을 참조.

실시한 차관 도입 시도는 그 어떠한 것도 성공하지 못하였다.[83] 이처럼 알렌은 고종이 미국에 대한 호의적인 인식을 유지하게 함으로써 미국이 이권을 안정적으로 확보할 수 있도록 하였다.

　1902년 가을, 고종은 알렌을 통해 대한제국 외교 고문을 추천받기를 원하였다. 알렌은 그 자리를 차지할 만한 적절한 인물이 없다고 했지만 고종은 끈질기게 미국인을 외부고문으로 앉히기를 원하였다. 알렌은 대한제국이 유사시에 미국인 고문관을 외교적 분쟁이 생길 시에 방패막이로 사용할 것이라고 전망하고, 실제적으로 미국인 고문관들이 고용됨으로써 미국에 이익이 되는 사항은 없다는 사항을 밝히면서 고종의 반복되는 요청을 차마 잘라 거절하지 못하면서도 미국에는 고용에 대한 부정적인 입장을 표했다.[84] 이와 동시에 고종황제40주년칭경기념식을 통해 미국 사절단을 파견받을 의도를 내비쳤다.[85] 고종황제40주년칭경기념식은 고종이 혼란한 정세 속에서 예산을 낭비한 것으로 비판받았으나, 사실 외국사절단의 도움을 통해 조선이 자주국임을 알리려는 의도가 있었던 것으로 보인다.[86]

　그러나 이후 역설적이게도 외교부 고문에 미국인 스티븐스(Durham W. Stevens)가 임명되었다.[87] 물론 미국이 직접 나서서 한 것이 아니라 일본의

---

82) 김현숙, 『근대 한국의 서양인 고문관들』, 2008, 한국연구원, 245~272쪽. W.F. 샌즈 저, 신복룡 역주, 『조선비망록(한말 외국인 기록 18)』, 1999, 125~137쪽.
83) 이에 대해서는 홍준화, 「대한제국기 조선의 차관교섭과 국제관계」, 고려대학교 박사학위 논문, 2007, 56~78쪽 참조.
84) KAR Ⅲ, David J. Hill to Horace N. Allen, 1903.5.26, pp.210~211.
85) 알렌은 고종황제즉위40주년 기념식이 미국으로부터 사절단을 파견받으려는 의도가 있다고 생각했다(I am afraid now that he will want you to ＿＿＿＿ the U. S. Government to send ＿＿ ambassadors to the celebration of his ＿＿＿ anniversary ＿＿ ＿＿(『알렌문서』 R4-L7-04-009)
86) 이는 알렌문서를 보면 더욱 분명해진다. 기념식 당시 고종은 러시아와 일본 황태자를 초청하기로 되어 있었다. 알렌은 자신이 미국 대표로 참석할 것에 대해 불안감을 가지고 있었다(『알렌문서』 R4-L7-05-016)
87) 『주한일본공사관기록』 (30)[韓國外交顧問 傭聘 계약안 송부의 件], 機密第88號, 林 公使→東京 小村 大臣, 1904년 9월 15일.

정략에 의한 것이었다. 스티븐슨은 1904년 11월 1일에 대한제국에 부임하였으며 1904년 12월 27일 傭聘契約書를 교환하였다. 1907년 동안 일본 외무부의 입장을 대변하여 일본이 대한제국의 국권을 박탈하는데 일조하였다.[88] 고종은 이 스티븐슨이 단지 미국인이라는 이유만으로 그의 고용을 환영하였지만,[89] 스티븐슨이 부임하면서 해외공관 철수 작업은 강력하게 이루어지게 되었다.[90]

이처럼 대한제국의 노력이 무색하게 미국은 자국의 이권을 확보하기 위하여 부단히 노력하였다. 앞서 알렌의 태도에서도 살펴볼 수 있듯이 미국은 고종의 지속적인 친미인식을 이용하여 꾸준히 이권을 차지해왔던 것이다. 1902년 7월 콜브란과 보스트윅 상사는 그들의 차지했던 현물 재산, 권익 등을 150만원에 모두 매각할 것을 대한제국 정부에 강요하였다.[91]

미국은 대한제국 내에 해군 기지를 설치하려고 시도한 적도 있었다. 당시 청국에 해군 기지를 확보하려는 시도가 미국 정책 결정자들에게 거부당하고, 록힐(W. W. Rockhill)은 한반도에 해군기지를 설치할 것을 건의하였다.[92] 미 해군의 로저스 제독은 한반도 남쪽에 항구를 얻으려고 하고 있었는데, 해군에 보고해서 이곳을 장기간 조차할 계획을 세웠다. 알렌은 이곳을 차지하게 된다면 미국의 이권에 도움이 될 것이고, 대한제국이 언젠가는 사고(Crash)가 있을 것인데 만약 그러한 상황이 발생할 시에 이곳을 미국이 차지할 수 있을 것이라고 하였다.[93] 사실상 대한제국의 독립보다

---

88) 스티븐스는 대한제국 일본 양국 정부와 이중계약을 맺어 대한제국의 외교를 감시하였다. 이에 대해서는 한철호, 「대한제국 외교고문 스티븐스의 이중계약과 그 의미」, 『사학연구』 98, 2010가 자세하다.

89) Yur-Bok Lee and Wayne Patterson, *One Hunred Years of Korean-American Relations, 1882-1982*, The University of Albama Press, 1882, p.33.

90) 서영희, 앞의 책, 2003, 205쪽.

91) 『주한일본공사관기록』 권16, (64)[美國의 콜브랜 및 보스트위크商社의 韓國政府에 대한 債權行使], 林 全權公使→東京 山村 外務大臣, 1902년 7월 11일.

92) 김기정, 앞의 책, 2003, 236~241쪽.

93) *KAR III*, Horace N. Allen to Secretary of State, 1902.11.21, p.178.

미국의 이권을 우선시하고 있다는 점을 알려주는 대목이 아닐 수 없다. 그러나 팽창주의자였던 존 헤이도 한반도 남쪽에 항구를 차지하는 것과 대한제국 내의 그 어떤 땅도 차지하는 것을 용납하지 않았다.[94]

다만 국경에 있는 대한제국의 영토를 개방하는 것에 대해서는 찬성하였다. 1903년 10월 8일 미중간 조약을 통해 청국이 丹東을 개방하기로 결정하였기 때문이다.[95] 존 헤이는 압록강에 있는 단동과 더불어 의주를 개항하기를 원하였고, 이 사항을 외부에 서면으로 쓰고, 구두로 직접 말하라는 구체적 지시사항을 내렸다.[96] 알렌은 대한제국 외부에서는 의주와 용암포를 개항하는 것에 대해 찬성하고 있지만, 외부는 그렇게 할 만한 힘이 없다고 판단하였다.[97] 반면 러시아는 의주에 치외법권의 租界地를 허용하지 않는 것이 중요하다고 하였다.[98]

1903년에는 평양이나 진남포에 미국 영사관을 설치하려고 했으나, 진남포 지역의 상업적 중요성이 그다지 크지 않았고, 또한 그 지역에서 일할 인력에 대해 지불해야 할 임금 문제로 설치에 실패하고 말았다.[99]

영사관을 설치하려는 알렌의 요청은 계속되었다. 알렌은 진남포가 제물포 다음으로 미국의 이권과 관련되어 있다고 생각하고 이 항구에 대한 자세한 지도를 미국에 보여주며 미 광산사업과 직결되기 때문에 진남포에

---

94) *KAR Ⅲ*, John Hay to Gordon Paddock, 1903.6.23, p.179. 원문에는 실비아 만(Sylvia)이라고 나오는데(He said he had found that Sylvia Bay, near to Masampo⋯), 한반도 남부 항구를 뜻하므로 여기서의 마삼포는 마산포를 의미하는 것은 아닌 듯하고, 김기정의 연구에서 보면, 이곳은 진해라고 되어있다.

95) 『미국의 대한정책(1834~1950)(한림대학교 아시아문화연구소 자료총서1Department of State, U.S. Unites States Policy Regarding Korea(1834~1950)』, 한림대학교 출판부, 1987, 28쪽.

96) *KAR Ⅲ*, Hay to American Charge d' Affaires, 1903.11.7, p.183.

97) *KAR Ⅲ*, Horace N. Allen to Secretary of State, 1903.12.23, p.186.

98) АВПРИ. Ф.143, Оп.493, Д.108, л.39об(홍웅호 역, 『러시아 문서 번역집 Ⅳ』, 선인, 2011, 102쪽).

99) *KAR Ⅲ*, Francis B. Loomis to Gordon Paddock, 1903.7.27, p.253.

영사를 설치하려 했다. 또한 의주, 용암포, 평양 지역의 미국 이권문제와 관련된 문제를 처리할 영사에 일할 관리가 어느 정도의 돈이 필요한 지에 대한 설명도 빼놓지 않았다.[100] 그러나 이 역시 일본의 방해로 말미암아 실패로 돌아가게 되었다.[101]

---

100) *KAR Ⅲ*, Horace N. Allen to Secretary of State, 1904.4.5, p.256.
101) *KAR Ⅲ*, Horace N. Allen to Secretary of State, 1904.10.19, p.258.

제7장

러일전쟁 전후 고종의 미관파천 시도

1. 전쟁 직전 미관파천 시도와 미국의 대응

1) 러일전쟁 직전 미관파천 시도 배경

고종은 의화단사건이 일어난 후 미국의 도움을 받으려 했지만,[1] 미국은 대한제국의 중립화를 바라지 않았고, 러일전쟁 당시에도 정치적 중립을 견지하고 있었다. 러일전쟁 시작과 동시에 미국은 대한제국에서 일어나는 사건에 대해 관심을 두지 않고 있었다.[2]

고종은 1903년 3월의 징병 조칙과[3] 해군 창설 시도,[4] 원수부에서의 상인 출신 병력 증강[5] 등을 통한 군비 자강을 통해 독립유지를 위한 노력을 시도했으나, 재정적 문제로 실패하였다. 그럼에도 불구하고 고종은 미관파천을 항상 염두에 두고 있었다.

〈표 6〉 러일전쟁 직전 미관파천 시도 전후의 상황(1903~1904)

월 일	사 건	전거
1903.9.30.	알렌, 대통령 루스벨트가 동아시아 정책에 있어 반일정책을 갖게끔 호소하였	KAR Ⅲ

---

1) 신용하, 「광무개혁론의 문제점」, 『창작과 비평』 49, 1978, 143~183쪽 ; F. H. 해링튼 著, 이광린 譯, 앞의 책, 1983, 339~340쪽.
2) 『미국의 대한정책(1834~1950)(한림대학교 아시아문화연구소 자료총서1Department of State, U.S. Unites States Policy Regarding Korea(1834~1950)』, 한림대학교 출판부, 1987, 31쪽.
3) 『고종실록』 광무 7년(1903) 3월 15일.
4) 『고종실록』 광무 7년(1903) 7월 29일.
5) 『황성신문』 1903년 8월 6일 ; 7일.

	으나 실패	
1903.9.30	한국 병사와 군중들이 한성전기회사를 공격	알렌문서
1903.11.28.	고종, 러시아 혹은 프랑스 공사관 파천이나 지방 피난 방안 고려	주한일본공사관기록
1903.12.	알렌, 미국 경호병 100명을 불러들임	조선견문기
1904.1.2.	고종, 미국공사관 파천 요청, 미국 거부 헌종의 계비, 효정왕후 사망시 미군이 보호병으로 파견됨	KAR Ⅲ 구한국외교문서 미안
1904.1.4.	미군, 미 공관과 상민들의 생명·재산 보호를 목적으로 도착함	KAR Ⅲ
1904.1.24	전차파괴사건으로 미해병대 파견	알렌문서 구한국외교문서 미안
1904.2.6.	이용익, 미국이 도움을 줄 것이라 낙관, 마산포 일본 해군들이 도착	Korea's Fight for Freedom
1904.2.	고종, 프랑스 공사관 파천설이 돔	주한일본공사관기록
1904.2.8.	하야시 곤스케, 파천에 대해 경고함	주한일본공사관기록
1904.2.9.	일본군 2,500명이 서울에 도착 주미공사 趙民熙에서 閔哲勳으로 바뀜	KAR Ⅲ
1904.2.10.	러일전쟁 발발	주한일본공사관기록
1904.2.21.	고종 미국공사관 파천 요청 재차 거부	KAR Ⅲ
1904.2.23.	한일의정서 체결	주한일본공사관기록
1904.2.24.	한일의정서 체결과 관련 미국이 중립을 지킨다고 밝힘 미국이 원했던 의주 개방 통지	KAR Ⅲ
1904.2.26.	미국, 대한제국의 중립선언을 인정하지만, 교전국의 옳고 그름을 따지지는 않는다는 애매한 입장 표명	KAR Ⅲ 주한일본공사관기록
1904.3.	미국, 운산 금광을 지키기 위한 미군 파견 통고	KAR Ⅲ
1904.3.2.	미국, 침몰한 러시아 배에 대해 중립을 지킴	KAR Ⅲ
1904.3.7.	이토 히로부미, 고종과 면담 존 헤이, 친일입장 표명	KAR Ⅲ
1904.3.9.	미 공사관, 미국에 있는 조선인 정찰병 철수 요청	구한국외교문서 미안
1904.3.19.	이토 히로부미, 외국인 대표단 면담	KAR Ⅲ
1904.3.20.	고종, 알렌을 훈1등에 서훈하고 태극장을 하사함	고종실록, 승정원일기

1904.3.31.	시어도어 루스벨트, 친일입장 표명	주한일본공사관기록
1904.4.15.	고종, 궁궐 화재시 미 공사관 인접한 궁내 도서관으로 파천	해링턴 著 이광린 校註, 『개화기의 한미관계』, 1973, 338~339쪽.
1904.6.17.	미군이 한국 파수병을 폭행하는 사건 발생	구한국외교문서 미안
1904.9.1.	알렌, 시간상의 이유로 대한제국이 만국지지회에 참가 불가능함을 통지함	구한국외교문서 미안
1904.9.3.	趙民熙, 고종의 거중조정 요청을 미국에 전달	구한국외교문서 미안

앞서 언급했듯 1900년 9월, 100만원의 내탕금을 미국인에게 위탁하는 등 미국에 신뢰를 보이며 미국공사관으로 파천을 하려고 했다. 이 계획은 일본에 사전에 발각되어 실패로 돌아간 듯 보이나, 1904년 1월 2일 알렌은 대한제국의 고위 관료들 중 한 사람으로부터 고종이 미국공사관에 파천하려고 한다는 소식을 들었다. 그 내용은 다음과 같다.

며칠간 황제는 그에게 닥칠 중대한 어려움에 대해 (러일전쟁의) 상황에 아무것도 하지 않는 것처럼 보였습니다. 전적으로 전쟁이 없으며 그에게 해를 끼치지 않을 것이라는 러시아인의 장담에 그의 운명을 걸은 듯합니다. 하지만 새해가 되어 미망인(역자 주: 헌종의 계비 효정왕후)이 서거하자 과거 며칠 동안 그는 꽤나 경각심이 있어보였고, 미신적인 것에 병적으로 집착할 정도로 커다란 동요를 보였습니다.

저는 며칠 동안 황제로부터 전쟁이 발생할 경우 미국공사관으로 파천해오겠다는 전갈을 받아왔습니다. 저는 명백히 이를 거절하였습니다. 저는 또한 그와 같이 미국공사관으로의 파천을 요청하는 고위 관료들의 파천요청도 거절하였습니다. 저는 수송선 자피로(Zaphiro)가 도착하는 대로 경비병을 파견받고, 들끓는 피신자로 가득한 이러한 복잡한 사항을 예방하려고 합니다.

믿을만한 소식통에 의하면 일본인들이 황제가 러시아공사관으로 몸을 맡기면 기뻐할 것이라고 합니다. 그렇게 된다면 그들은 공식적으로 왕을 퇴위시키고 대한제국 정부의 행정권을 차지할 것이기 때문입니다.[6]

러일전쟁 직전 중립주의를 표방한 미국공사관의 주변은 항상 미국에 의
지하려는 고위 관료들로 가득 찼고, 고종 또한 여전히 미국에 대한 의지를
놓지 않고 있었던 것을 보여준다. 한편, 1904년 1월 2일 사망한 孝定王后의
국상을 치루는 상황에서 고종의 심리상태는 극도로 혼란한 상황이었던 점
도 보여준다. 하지만, 알렌은 이번 미관파천 시도 역시 거절하였다.

> 지난 밤 대한제국 행정의 총책임자와 면담을 가졌습니다. 그는 일본
> 공사(역자 주: 하야시 곤스케)가 대한제국을 보호하고 대가로 동맹(역자
> 주: 한일의정서)을 제안했다는 것을 나에게 알렸고, 일본은 대한제국의
> 정책을 지배할 것입니다. 그리고 그 문서는 아직 도착하지 않았습니다.
> 총책임자는 미국의 도움을 매우 갈망합니다. 그러나 저는 어떠한 약속
> 도 하지 않았고 그를 달래주었으며, 미국공사관으로의 파천요청을 거절
> 했습니다.7)

---

6) Until within a few days the Emperor has seemed to care nothing whatever for the
timely warnings he has had of serious difficulty in store for him. He seems to have
put his faith entirely in Russian assurances that there would be no war and they would
let no trouble come to him. During the past few days however he has seemed to be
quite alarmed and this demise of the Dowager just as the new year came in, has put
him into a great state of agitation, as he is morbidly superstitious. I have been
approached for some days now on the subject of receiving the Emperor at this
Legation as a guest in case of war. I have flatly and unequivocally refused. I have
also declined to receive numbers of high officials who have likewise requested asylum
of me. It is believed, and I have it on good authority, that the Japanese would be glad
to have the Emperor take refuge with the Russian Legation as they would then declare
him to have abdicated and take over the administration of the Government(*KAR III*,
Horace N. Allen to Secretary of State, 1904.1.2, p.107).

7) Had an audience with Head of Government of Korea last night. He informed me
Japanese Minister proposed to make an alliance whereby in return for the protection
of Korea, Japan will have control over policy of the Government; the document,
promised me, has not arrive. Head of Government of Korea is very anxious to secure
the assistance of the United States: I have pacified him without any promises, and
refused asylum(*KAR III*, Horace N. Allen to Secretary of State, 1904.2.21, p.117).

한편 알렌은 자신의 아들들에게 보내는 서한에서 다음과 같은 언급을 했다.

　　일본이 오늘 러시아에 선전포고를 보낼 것으로 보이고 그렇게 되면 너도 내가 자연스럽게 내가 바쁘다는 것을 알 것이다. 나는 제물포에 포함(砲艦: Gunboat) 빅스버그[8] 외에 카비테(Cavite)에 해병 100명을 수송해야 하고, 수송선 자피로는 다시 돌아가야 한다. 그리고 나는 즉각 이 해병대원을 곧바로 상륙시켜야 한다. 황제(역자 주: 고종)와 많은 한국인 친구들은 이곳(역자 주: 제물포)으로 피신하기를 갈망하고 있다. 나는 그들의 공포를 진정시켜야만 한다.[9]

제물포 해상에는 미국 함대 빅스버그와 카비테 자피로 등이 있었고, 해병대가 파견되어 있었다. 위 뒤 자료를 보면 고종은 미국공사관으로의 파천 혹은 제물포로의 피신을 생각했던 것으로 보인다. 그런데, 이 시점에 알렌은 "대한제국의 국권을 일본이 강탈해가는 것에 동의"하였다고 보는 견해가 있는데,[10] 알렌이 자신의 아들에게 보내는 문서에서 보면 "일본 또는 러시아가 궁극적으로는 이 땅(한국)을 차지할 것이라고 판단했던 것으로 보아[11] 사실상 알렌은 대한제국이 중립국이 될 여지는 없다고 판단했다.

---

8) 알렌에 의해 파견된 빅스버그호는 미국공사관을 보호하고 미국 이익의 안전을 보장하기 위해 파견되었다. 이 함대는 6개의 포대를 갖추고 있었다(『알렌문서』 R5-B5-15-006).

9) You will naturally understand that I am very busy when I tell you that Japan is supposed to be sending in her ultimatum today; that I have a transport at Chemulpo with 100 marines from Cavite besides the gunboat Vicksburg; that the transport Zaphiro has to go back and I have to land these men right away before I wish to ; that the Emperor and a lot of my Korean friends are anxious to come here for refuge, and I have to stave them off and quiet their fears(『알렌문서』 R4-L7-12-00, 1904년 1월 4일)

10) 長田彰文, 『セオドア・ルーズベルトと韓國 韓國保護國化と米國』, 未來社, 1996 (나가타 아키후미 저, 이남규 역, 『미국, 한국을 버리다』, 기파랑, 2007, 57쪽).

11) …They have forfeited all claim in any sympathy and I am glad that it looks as

〈그림 6〉 1903~1904년 신문에 보이는 미국공사관

이 그림이 포함된 신문 스크랩에서는 1887년 4,400달러를 구입한 주한미국공사관이
최근 지가가 25,000달러에 이른다고 밝히면서 부지에 비해 공사관 건물은 그리 아름
답지 못하다고 보도했다(『알렌문서』, R5-B5-02-013).

이 시점에서 고종 또한 알렌의 의도를 간파했는지 미국공사관 뿐만 아
니라 타국 공사관으로도 파천하려고 했다. 고종은 청일전쟁 직전 영국공사
관으로의 파천을 타진했던 것처럼 미국공사관만 아니라 각국 공사관에 파
천을 타진했다. 그는 신변의 불안을 느껴 프랑스, 러시아 등 타 공사관으로

---

though the common people, who are a fine set, are going to have some rights, for
whether Japan or Russia gets the place eventually, the blood suckers that have been
squeezing the people, will lose their occupation…(『알렌문서』 R4-L7-12-005 1904년
1월 10일).

파천하거나 다른 지방으로 파천하려는 계획을 세우고 있었다. 미국과는 달리 러시아 공사 파블로프는 고종의 러시아공사관으로의 파천에 대해 긍정적으로 생각하였고, 고종의 최측근인 이용익과 吉永洙 등은 프랑스 공사관 파천을 주장하기도 하였다.12)

러일전쟁 직전 고종이 미국공사관으로의 파천을 생각했던 이유로 1903년 12월부터 1904년 4월까지 미군 100명이 미국공사관에 있었던 사실에 주목할 필요가 있다.13) 당시 미국 운송선이 마닐라에서 해병 100명을 태우고 인천에 입항하였다. 일본은 이들이 공사관 호위를 위해 충당된 인원들이었다고 보았고,14) 알렌이 누이에게 보내는 서신에는 "1903년 9월 30일에 있었던 (민간인들의) 한성전기회사 공격 때문에 경비대 배치의 필요성을 인지하고 미 해병대를 불러들인 것"이라고 하였다.15) 고종의 미관파천 시도를 보고한지 3일이 지난 1월 5일,16) 알렌은 36명의 해병대원을 데려오

---

12) 『주한일본공사관기록』 권23, (100)[韓帝 프랑스공사관 播遷說에 관한 情報 件](1) 往電第104號, 林 公使→小村 大臣 1904년 2월 7일 밤, 1904년 2월 8일 오전 1시 30분(發)(1904년 2월 7일) ; 서영희, 앞의 책, 2003, 164, 180쪽의 『일본외무성특수문서』 39권의 797쪽과 『일본외교문서』 37권-1의 440쪽.

13) H.N. 알렌 저, 신복룡 역주, 『조선견문기(한말 외국인 기록 4)』, 1999, 200쪽. 알렌은 이들이 파견한 시기가 1903년 12월이라고 했고, 얼마 되지 않아 경운궁에 화재가 났다고 했는데, 경운궁 화재는 위 표에서 보이는 바와 같이 1904년 4월이었다. 따라서 이 경호병들이 오랫동안 서울에 머물렀던 것으로 추측해 볼 수 있다. 이러한 기록을 입증해주는 것은 주한일본공사관 기록인데, 기록에 의하면 이들 중 75명은 4월 23일에 귀환하였다(『주한일본공사관기록』 (19) [入京 미군의 동정, 內部 大臣 李道宰의 인책 사임설, 프랑스선교사의 동정 忠淸道 지방 비도 봉기, 慶運宮 건축 건 등 報告], 韓機第68號, 발신자 수신자 없음, 1904년 4월 22일)는 기록을 보아 적어도 이 100명의 미군들은 러일전쟁 발발직전부터 4월 22일까지 미국공사관을 호위했던 것으로 보인다.

14) 『주한일본공사관기록』 권23, (5)[러시아陸兵의 木浦 下船說 및 공사관호위를 위한 미국해병 仁川入港 件 報告], 往電第5號, 林 公使→東京 小村 大臣, 1904년 1월 2일.

15) 『알렌문서』, R4-L7-12-011, 1904년 1월 17일.

16) 1904년 1월 10일자 문서에 보면 지난 화요일로 표시되어 있어(last Tuesday) 날짜

고, 곧 이어 54명이 더 파견되었다고 했다.[17)]

　1904년 1월 24일 아침 인력거를 몰던 이가 전차에 치여 사망하였고, 성난 군중들이 한국인 기사를 죽이고 전차를 파괴하는 사건이 발생하자, 한성전기회사에 배치된 미국 해병대 64명 중 20명이 파견되어 군중들을 해산시켰다. 알렌은 "만약 우리 해병대가 없으면 서울은 대혼란이 벌어졌을 것이다."라고 파악했다.[18)]

　그런데 알렌은 고종의 미관파천에 대한 즉각적인 요청은 회피하면서도 "예의상 미국 해병대 36명이 미국공사관으로 온다는 사실을 대한제국 외부에 알리면 기뻐할 것"이라고 하였고, 당시 서울의 외국군 및 대한제국군의 주둔 상황에 대해 설명하며, "긴급상황시 미국공사관이 망명자들로 들끓는 상황으로부터 방지할 것"이라고 했다. 그래서 1904년 1월 미국은 공관과 상민들의 생명과 재산을 보호한다는 목적으로 군대 하사·병사 등을 대한제국에 파견하였다.[19)]

를 살펴보면 1904년 1월 10일은 일요일이고 지난 화요일은 1월 5일이다.

17)『알렌문서』R4-L7-12-005 1904년 1월 10일.

18) A Korean Jinricksha man was accidentally killed by an electric car outside the South Gate this morning, right near a guard of Korean soldiers. The mob killed the Korean motorman and demolished the car. No help being offered by the Korean guard a telephone was sent to the electric office where I have 64 marines, twenty of whom were hurried to the sca__ and the crowd at once disappeared. The cars are running again and I am busy telegraphing and addressing the Foreign Office. Had we not had our marines here this city would be pandemonium today(『알렌문서』R4-L7-12-017 1904년 1월 24일).

19) KAR Ⅲ, Horace N. Allen to Secretary of State, 1904.1.5, pp.186~187 ;『주한일본공사관기록』권21, (2)[미국 水兵 入京 건에 관한 미국 공사와 外部의 왕복 문서 사본 제출], 機密第3號, 林 公使→東京 小村 大臣, 1904년 1월 5일.

〈그림 7〉 미국공사관 수비대(『사진으로 보는 서울』, 서울시사편찬위원회, 2002, 106쪽)

알렌은 러일전쟁 직전 그리스컴으로부터 전쟁이 임박했다는 소식을 듣고 나서 공사관 보호를 위해 미 함대의 병력들이 상륙하게 할 것을 미국무부에 청원하였다. 1월 2일 함대 자피로를 통해 100명의 해병들이 제물포에 도착하였는데, 극심히 추운날씨에도 불구하고 이 함대는 난방시설이 되어 있지 않아 36명의 병사들은 일단 미국공사관으로 이동하였다.[20]

그런데 애초에 파견하기로 했던 인원보다 더 파견되어, 제물포에 정박 중인 미국 함대에서 경호병 100명이 갑자기 미국공사관으로 오게 되었다. 이에 대해 러시아는 반대했지만, 대한제국의 관리들은 미국이 거중조정 요청을 이행했다는 생각에 바람직하다고 생각했다. 이후 이들은 미국공사관과 경운궁 화재사건이 발생하자 진화작업을 하여 고종에게 선물을 받았다.[21] 1904년 4월 14일에는 경운궁에 화재가 나서 고종이 미국공사관과 가

20) KAR III, Horace N. Allen to Secretary of State, 1904.1.5, pp.186~187.
21) H.N. 알렌 저, 신복룡 역주, 『조선견문기(한말 외국인 기록 4)』, 1999, 200쪽.

까운 왕실도서관 건물로 피난처를 옮겼다. 이와 함께 고종은 미국 해병대
가 공사관과 선교사들의 숙소 앞에서 경비를 서게끔 요청하였다.[22] 경운
궁 화재 사건은 『Korea Review』에도 자세히 설명이 되어 있다. 과도한 난
방으로 야기되었던 것으로 추정되는 화재는 1904년 4월 14일에 일어났다.
다음의 그림을 보면 화재가 날 당시 고종은 11번에 해당하는 觀明殿에 있
었고, 화재가 난 건물은 20번에 해당하는 함녕전이었다.[23]

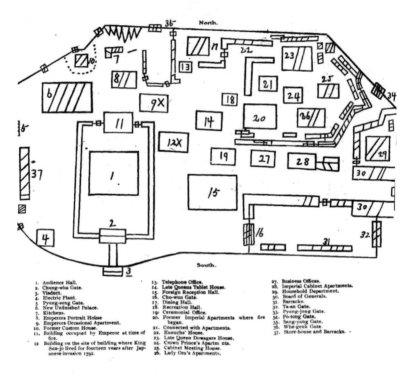

1. Audience Hall.
2. Chung-wha Gate.
3. Viaduct.
4. Electric Plant.
5 Pyung-sung Gate.
6. New Unfinished Palace.
7. Kitchens.
8. Emperors Portrait House.
9. Emperors Occasional Apartment.
10. Former Custom House.
11. Building occupied by Emperor at time of fire.
12 Building on the site of building where King Sun-jo lived for fourteen years after Japanese invasion 1592.
13. Telephone Office.
14. Late Queens Tablet House.
15. Foreign Reception Hall.
16. Cho-wun Gate.
17. Dining Hall.
18. Recreation Hall.
19. Ceremonial Office.
20. Former Imperial Apartments where fire began.
21. Connected with Apartments.
22. Eunuchs' House.
23. Late Queen Dowagers House.
24. Crown Prince's Apartm nts.
25. Cabinet Meeting House.
26. Lady Om's Apartments.
27. Business Offices.
28. Imperial Cabinet Apartments.
29. Household Department.
30. Board of Generals.
31. Barracks.
32. Ta-an Gate.
33. Pyung-jung Gate.
34. Po-tong Gate.
35. Whe-geuk Gate.
36. Sang-yang Gate.
37. Store-house and Barracks.

〈그림 8〉 『Korea Review』에 실린 경운궁 화재 당시 도면

---

22) 해링턴 著 이광린 校註, 『개화기의 한미관계』, 일조각, 1973, 338~339쪽.
23) DUSMK Vol. 21 No. 9. "Anti-American Remarks of New Russian Minister" 『Korea Review』 1904.4 Vol 4-4, pp.155~

러일전쟁의 전운이 감도는 가운데, 경운궁에 불까지 나자 불안한 심리 상태에 놓인 고종은 미국 해병대에 의지하였다. 알렌이 그의 조카사위인 밀러에게 보낸 서한에 보면 러일전쟁의 동태를 언급하면서 "고종이 벽 하나를 사이에 두고 주한미국공사관 옆에 살고 있다."고 밝히면서도 그 역시 제물포에 있는 별장으로 도망가야 한다고 했다.24)

고종은 알렌의 의도도 모른 채 미군이 미국공사관 보호를 위해 서울로 온다는 소식을 들은 후 1월을 전후하여 미관파천을 요청했고, 100명의 미군이 경성에 있는 기간 중인 1904년 2월 다시 한 번 미관파천 요청을 했던 것을 알 수 있다. 1904년 3월 16일 조병식은 미국공사관 내에서는 미군이 망보는 것[立哨]을 허용하나, 경계 바깥에서는 일본군이 지켜야 한다고 알렌에게 말한 바 있었다.25) 그러나 그들이 고종을 호위하기 위해 파견되지는 않았다. 1904년 3월 미국은 러일전쟁 발생 당시 본국의 이권 침탈에 대한 우려 때문에 운산금광을 지키기 위해 미군 60명을 파견할 것을 外部에 통고하였다는 것을 통해 알 수 있다.26) 이는 미국무부의 반발을 샀다. 마닐라 미국신문에서는 "미국인과 영국인 자본가들이 소유하고 있는 광산 지역을 보호하기 위한 알렌의 의도가 담겨 있던 병력이었고, 국무부는 이는 알렌이 월권을 부린 것이며 해병대들을 서울로 불러들이라고 지시하였다."고 보도하였다.27) 알렌도 태도를 바꾸어 광산에 한국군 파견이 오히려

---

24) The Emperor lives almost in our door yard, being only separated by the division fence or wall, and the early morning racket of buggles etc is annoying. We will move to my summer place at Chemulpo as seen as I can get away. I will be up every day or of course…(『알렌문서』「R4-L8-01-004」1904년 6월 7일자)

25) 『주한일본공사관기록』권22, (38)[미국공관 주변 등지의 한국 군대 把守 논란에 대한 回答 件], 照復美使, 外部大臣署理 趙秉式→美公使 安連, 1904년 3월 16일.

26) 『주한일본공사관기록』권21, (2)[미국공사의 雲山 광산 보호를 위해 미군파견 요청에 관한 件] 井上 大尉→林 公使, 1904년 3월 3일.

27) …An astonishing report has been received by the State Department from Minister Allen at Seoul. Marines have been withdrawn from the legation and ordered by ＿ to the interior to guard and protect the mines owned and operated by American and

러시아와 일본의 이목을 끌어 더 위협이 될 수 있다고 보았다.[28] 그 결과
는 미국의 이익에 피해를 끼쳤다. 당시 200명의 조선인들이 불법으로 금광
을 채취하여 미국의 이권이 침해받자 알렌은 이를 금지시켜 줄 것을 대한
제국에 요청하였던 것이다.[29]

이렇게 100명의 미군이 서울에 있었고, 추가적인 미군을 파견 받을 가능
성이 높아지자, 고종은 1월과 2월에 미관파천 요청을 각각 하게 된 것이
아닐까 한다. 고종은 미국에 두 차례 미관파천을 요청하는 동시에 서울에
있는 대부분의 외국 공사관에 파천 혹은 대한제국 중립 보전 요청을 하였
다. 1월에 미관파천을 거부당한 고종이 프랑스공사관으로 파천하려는 준
비를 하고 있다는 소문이 일본에 의해 탐지되었다. 프랑스와 미국공사관에
파천을 동시에 요청했는지, 미관파천이 거부되자 프랑스공사관으로 파천
을 요청했는지는 알 수 없으나, 일본이 마산과 부산 방면으로 상륙했다는
소문이 퍼지자 궁중과 프랑스 공사관의 왕래가 빈번해졌다.[30] 당시 玄尙
健은 프랑스 공사관에 빈번히 출입하면서 프랑스공사를 설득해서 러시아
공사나 프랑스 공사로 하여금 대한제국 중립을 제의하려고 했다. 하지만
이것은 거절당했으며, 다시 고종은 이근택을 시켜 독일과 이탈리아 공사에
게 중립을 실현해달라고 하였다. 일본은 각국 공사에게 고종이 외국으로
파천하는 것은 대한제국의 독립과 서울의 안전을 위협할 것이라고 함으로

English capitalists. This step is without precedent and wholly foreign to the
administration's policy and is entirely outside the jurisdiction of Minister Allen.
Washington is astounded at the news, and grave fears are entertained that serious
complications will ensue before the Marines are called back(『알렌문서』 R2-B3-
02-026, 1904년 3월 6일).

28) 『알렌문서』 「R4-L7-12-037」 1904년 2월 22일자. Horace N. Allen to Walter D.
Townsend

29) 『구한국외교문서』 권12, 「미안」 2999호, 1904년 5월 28일.

30) 『주한일본공사관기록』 권23, (100)[韓帝 프랑스공사관 播遷說에 관한 情報 件](1)
往電第104號, 林 公使→小村 大臣 1904년 2월 7일 밤, 1904년 2월 8일 오전 1시
30분(發)(1904년 2월 7일).

써 고종의 중립요청을 총체적으로 방해하였다.31) 뿐만 아니라, 하야시 곤
스케는 고종에게 파천을 하면 종사와 황실을 보존하기 어려울 것이라고
다음과 같이 1월과 2월 두 차례에 걸쳐서 협박하기에 이르렀다.

時局이 급박하다는 소문으로 인하여 궁중의 두려움이 대단하여 폐하
께서 외국공관으로 옮기시셨다고 말씀하여 방금 그 준비중이라는 소문
이 자자하온대, 이런 이해득실에 대해서 外臣의 소견은 누차 말씀 드렸
고 폐하께서 벌써 통촉하시고 깊이 살피시옵기에 이와 같은 불상사는
만무할 줄 굳게 믿사오나, 소문이라 어수선하며 몇몇 몰지각한 자가 자
기 개인의 이해관계를 두려워하여 군주의 이목을 어지럽혀 백방으로
파천하시기를 勸請한다고 들으니 한심하기 짝이 없습니다. 外臣의 소
견으로는 폐하께옵서 만일 외국공관으로 파천하시면 시국은 우선 서울
성내에서 파탄하여 예측할 수 없는 참상이 나타날 것이며, 종묘사직도
역시 위태로움을 면치 못할 것이며 황실과 국가의 장래를 깊이 통촉하
오시고 경솔하지 마시기를 진심으로 바라옵니다.32)

대일본정부의 방침은 대한국 황제폐하의 황실과 국토를 보호하고 그
독립을 영구히 유지하도록 이번 의거를 행하게 되었는데, 만일 폐하께

---

31) 『주한일본공사관기록』 권23, (101)[京城 중립을 위한 策動, 韓帝 播遷說 및 일·
러 국교 단절 보도에 관한 件], 往電第105號, 林 公使→東京 小村 大臣 1904년
2월 8일 오후 2시 20분(發).

32) 時局이急迫ㅎ다는風說을因ㅎ와宮中恐動이大段ㅎ와陛下계오셔外館에播遷ㅎ시
겟다云ㅎ여方今其準備中이라云ㅎ와所聞이狼藉ㅎ옵는되這般利害에關ㅎ와外臣
의所見는既往에縷次仰達ㅎ옵고陛下계오셔볼세洞燭ㅎ오시믈謹察ㅎ옵키에萬無若
是不幸事온줄牟信이오나所聞이라狼藉ㅎ오셔二三無知覺者가自己利害에恐怖ㅎ
와掩蔽聽明ㅎ와百方으로播遷ㅎ오시믈勸請이라聞ㅎ옵와寒心이不尠이오라外臣所
見으로는陛下계오셔萬一外館에播遷ㅎ옵시면時局은漢城內에셔爲先破綻ㅎ와下
知何境之慘狀을顯出ㅎ오며宗廟社稷이亦不免危殆地境이오며皇室과國家의來頭
를깁히洞燭ㅎ오시고輕率히마옵시믈誠心으로伏願ㅎ옵는이다(『주한일본공사관기
록』 권24, (2) [황제폐하의 外官播遷 저지 上奏文 封書草], 日本公使 林權助→大皇
帝陛下, 1904년 1월).

서 잡배들의 말을 경청하고 믿어 다른 공사관으로 파천하시는 일이 있
으면, 종사와 황실을 보전하기 곤란하게 될 것이니 外臣의 담보를 깊이
믿으시고 경솔하게 동요되지 마옵소서.33)

이미 일본군 2500명은 궁궐을 에워싸고 고종이 궁궐 밖으로 도망가지
못하도록 강요하였다.34) 하야시는 고종을 명성황후가 시해당한 경복궁으
로 옮기려고 시도했지만, 고종은 이를 거부하고 하야시를 만나지 않았
다.35) 일본이 두 차례에 걸쳐 파천을 경계하는 것을 보면 당시 전시직전에
상황이 복잡해지는 것을 두려워했던 것으로 보인다.

두 번째 경고가 있고 얼마 되지 않아 2월 10일 일본은 러시아에 정식으
로 선전포고를 하였다. 2월 11일자『재팬 타임즈(The Japan Times)』에 실린
글에 의하면 대한제국의 보호와 동아시아의 영구적인 평화를 위하여 전쟁
을 일으킨다는 내용이 담겨져 있었다.36) 전쟁에 앞서 미국은 청국이 중립
을 지켜주기를 당부했고, 일본 역시 마찬가지였다.37)

하야시 곤스케가 타 공사관으로 파천하지 말라고 협박했음에도 불구하
고 미관파천을 요청했고, 고종은 끝까지 미국에 대한 의지를 했다. 일례로
1904년 2월 6일 데일리 메일 특파원 메킨지(Frederick Arthur Mckenzie)와
이용익의 대담에서 이용익은 미국이 거중조정 조항을 약속했기 때문에 미

33) 大日本政府主意ㄴ大韓國大皇帝陛下에皇室과國土를保護ㅎ고其獨立을永久에維
持ㅎ고져ㅎ야今次義擧에出ㅎ온즉萬一陛下계서雜流之言을信聽ㅎ오셔他館에播
遷ㅎ옵시ㄴ 일이有ㅎ 면宗社皇室이保全치難ㅎ기有ㅎ 오니丁寧히外臣이擔保를信
ㅎ오셔輕先이動心치마옵쇼셔(『주한일본공사관기록』권23, (105)[한국황실과 국토
보전을 보장하겠다는 林 公使의 上奏文], 往電, 林權助→불명, 1904년 2월 8일).
34) …There are 2500 troops (Japanese) here now, and all is as quiet as can be. Emperor
has finally decided war is sure and has been persuaded to stay in his palace for the
present and not run away…(『알렌문서』「R4-L7-12-031」 1904년 2월 10일자).
35) 『알렌문서』「R4-L7-13-050」 1904년 4월 23일자.
36) FRUS, Japan, The Japan Times, Tokyo, 1904.2.11, p.414.
37) FRUS, Japan, Mr. Hay to Mr. Griscom, 1904.2.10 ; Mr. Takahira to Mr. Hay,
1904.2.11.

국이 도움을 줄 것으로 생각했다.[38] 알렌은 일본이 대한제국을 병탄하려
고 한다는 사실을 대한제국으로부터 들었고, 대한제국은 미국이 도움을 주
기를 강하게 갈망했지만, 알렌은 어떠한 약속도 하지 않고 단지 위로만 해
주었다.[39]

알렌은 고종의 기대를 버리고 미국공사관의 경비병들을 철수하려고까
지 하였다. 알렌은 "미군과 대한제국군이 서로 이해를 하지 못한다는 이유
에서 주한미국공사관을 호위하는 대한제국군의 철수"를 요구했는데,[40] 대
한제국에서는 "비록 언어는 통하지 않아도 각자 우의를 지키면 반드시 오
해하는 것이 없을 것이니 이것을 준수하여 대한제국군이 계속 미국공사관
을 지킬 것을 요청"하였다.[41] 그러나 알렌은 효정왕후 장례식 때 파견되었
던 미국공사관 수비병들이 다시 돌아오게끔 하였다.[42]

1904년 3월 17일 이토 히로부미[伊藤博文] 후작이 도착해서 고종을 3번
만났다. 19일에는 외국인 대표단을 만났고, 26일에 돌아갔다. 고종은 알렌에
게 이토와 했던 이야기를 비밀리에 알렸는데, 그 대략은 서양을 배척하고
일본과 대한제국이 협력하는 것이 장래를 위해 좋을 것이라고 하는 것이었
다. 그런데 알렌은 이 내용을 미국무부에 그대로 보고하면서 콜브란과 보스
트 웍의 한성전기회사에 대해 언급했다. 그는 일본이 말하는 '한국의 독립
을 허구(this fiction of Korean independence)'라고 표현하면서, 만일 이러한
픽션이 유지된다면 미국의 이권을 유지하기 힘들 것이라고 보고 있다.[43]

38) Mokenzie, F.A., 『Korea's Fight for Freedom』, 연세대학교 출판부, 1969, 78쪽.
39) *KAR III*, Horace N. Allen to Secretary of State, 1904.2.21, p.117 ; 나가타 아키후미,
   앞의 책, 2007, 62쪽.
40) 『구한국외교문서』 권12, 「미안」 2937호, 1904년 3월 9일.
41) 『구한국외교문서』 권12, 「미안」 2942호, 1904년 3월 16일.
42) 『구한국외교문서』 권12, 「미안」 2946호, 1904년 3월 18일. 효정왕후(명헌태후)는
   1904년 1월 2일에 사망하였고, 이 당시 미공사관 보호병들이 파견되었다.
43) *KAR III*, Horace N. Allen to Secretary of State, 1904.3.27, p.126.

　　모든 문제들을 볼 때(다양한 양보와 관련한 외교적 압박)은 대한제국
의 황제에게 중대한 걱정입니다. 그는 미국과의 오랜 우정에 극도로 의
존하고 있습니다. 저는 그를 달랬고 제가 할 수 있는 것은 과거 몇년동
안 대한제국의 행동에서 한일의정서 이외에 어떠한 것도 이끌어 낼 수
없다는 점을 지적하는 것이었습니다. 미국 거중조정에 기대는 것은 제
가 당황스러운 입장이 되기 때문에 그에게 고위 관료를 워싱턴에 보내
거중조정을 시행하게끔 하는 것은 하지 말아달라고 했습니다.

　　이와 동시에 저는 황제가 가능한 독립을 유지하려는 의도로 미국이
러일전쟁의 종결을 위해 무언가를 해줄 것을 은근히 기대하고 있다는
것을 알려드립니다. 그는 조미수호통상조약의 제1항을 자유롭고 호의
적으로 해석하고 있습니다. 저는 거중조정의 직접적인 발효를 막을 수
있다고 믿고 있지만, 어떤 상황이 발생할 경우에 미국이 거중조정을 행
할 수 있다는 점을 황제에게 주지시켜야 할 의무가 있습니다.44)

　　이처럼 알렌은 고종의 거중조정이 성가실 것이라는 이유로 외면하였다.

---

44) All these matters, diplomatic pressure in regard to various concessions are naturally
of serious concern to the Korean Emperor. He falls back in his extremely upon his
old friendship with America. It is my endeavor to sooth him all I can at the same
time pointing out to him how the course of his Government during the past few years
could not well lead to any other result than something like the alliance of Feburary
23rd. I have not encouraged him to send a high official as Minister to Washington
in order to invoke the Good offices of the United States as it seems to me that would
only be an embarrassment. At the same time I may as well inform you that the
Emperor confidently expects that America will do something for him at the close this
war, or when opportunity offers, to retain for him as much of his independence as
is possible. He is inclined to give a very free and favorable translation to Article I,
of our Treaty of Jenchuan of 1882. I trust to be able to prevent a direct invocation
of this treaty however though I am obliged to assure His Majesty that the condition
of Korea is borne in mind by United States Government who will use their good
offices when occasion occurs(KAR Ⅲ, Horace N. Allen to Secretary of State,
1904.4.14, p.127). 나가타 아키후미, 앞의 책, 2007, 65쪽에서는 free and favorable을
"제멋대로"라고 의역했는데, 논자는 "제멋대로"라고 하는 표현보다 직역으로 "자
유롭고 호의적"으로 봤다고 했다.

미국입장에서 의례적인 조항이었던 거중조정을 우호적으로 해석한 고종은 청일전쟁에도 그랬듯이 미국이 러일전쟁을 끝내기 위해서 무엇인가를 해 줄 것을 기대하였고, 독립을 유지하고 싶어 했다. 알렌은 어떠한 상황이 발생할 때 거중조정을 할 미국이라는 점을 주지시키는 것이 자신의 의무라고 고종에게 확신시켜야 하지만, 조약은 직접적인 발효는 막아야 한다고 생각했다. 이러한 점에서 다시 한 번 미국에 대한 기대는 유지시키고, 정치적으로 책임은 지지 않겠다는 그의 태도가 엿보인다.

미관파천이 실패로 끝났음에도 불구하고, 대한제국은 미국의 광산 보호 요청이나 기타 미국인 보호에 힘쓰겠다고 약속하였다.[45] 이와 함께 고종은 러시아를 통해 대한제국의 중립을 보전받기 위하여 러시아 파블로프 공사를 통하여 관련 문건을 전하도록 하였다.[46]

러일전쟁이 한창 진행 중이던 1904년 3월 20일, 알렌은 하야시 곤스케와 함께 고종으로부터 훈1등을 서훈받았다.[47] 의주에 이어 용암포 개항도 3월 25일에 결정되었다.[48]

그러던 와중에 내부적으로 한미관계가 악화되는 몇 가지 사건이 발생하였다. 먼저, 1904년 6월 7일에 미군이 한국 파수병을 폭행하는 사건이 발생하였는데, 알렌은 이를 두고 한국 병사가 먼저 총검으로 미군을 위협했고, 미군은 이에 대한 정당방위라고 하며 해명했다.[49]

또한 6월 28일 오후 6시에 惠政橋 근처에서 6살짜리 아이가 전차에 치여 죽는 사건이 발생했는데, 미군은 성난 군중들이 둘러싼 전차를 보호하였지만 警部에서는 군중들의 흥분과 소요가 가라앉을 때까지 도착하지 않았다. 알렌은 대한제국의 경부가 먼저 한성전기회사에 알리지 않고 전차기

45) *KAR Ⅲ*, Ye Che Yong to H. N. Allen 1904.1.4, p.187 ; Horace N. Allen to Secretary of State, 1904.2.27, p.188.
46) 박종효, 『한반도 분단론의 기원과 러·일전쟁』, 선인, 2014, 228~229쪽.
47) 『승정원일기』 광무 8년(1904) 2월 4일.
48) 『구한국외교문서』 권12, 「미안」 2955호, 1904년 3월 25일.
49) 『구한국외교문서』 권12, 「미안」 3013호, 1904년 6월 18일.

사를 심문한 것에 대해 질책하였고, 경부가 이 상황에 대해 먼저 미국 영
사에 알리지 않은 까닭에 대한 해명을 요구함과 동시에 이 사건은 불법적
인 행동을 한 경부의 사과와 적절한 설명이 있을 때까지 미국 총영사와 한
성부간 논의되어야 할 것이라고 강하게 비판하였다. 대한제국은 이에 대해
반박하였으나, 알렌은 기사는 부주의하지 않았고 아이가 전차에 뛰어들었
다고 했으며 조약상 회사에 알리지 않고 미국인이 고용한 기사를 대한제
국에서 마음대로 처리한 것에 대해 비판하였다.50)

　　전차로 피해를 입은 것은 이번이 처음이 아니었다. 러일전쟁 발발 직후
인 1904년 2월 18일 대한제국 군인들은 전차가 경적을 울리자 전차를 공격
해서 운전사를 상해입힌 일이 있었다.51) 1904년 4월 23일에는 알렌은 미
해병대 100명 중 75명을 돌려보냈다.52)

　　1904년 9월 1일 워싱턴에서 열리는 萬國地誌會에도 대한제국은 사정상
참여하지 못하게 되어53) 사실상의 한미관계에 큰 진전이 없어 보였지만,
9월 3일 주미공사로 있던 趙民熙가 대한제국으로 돌아오면서 러시아와 일
본간에 무슨 일이 발생한다면 미국이 도와준다는 소식을 듣고, 돌아와서
고종에게 그대로 알렸다. 이에 고종은 기뻐하며 조민희를 대신할 새로운
주미한국공사를 파견하겠다는 뜻을 미국에 밝혔다.54)

　　그러나 일본은 새로운 공사를 보내는 것을 원하지 않았고 알렌으로서도
일본의 이 뜻을 거부하기는 힘들었다. 알렌은 이와 같은 논의를 일본에게

50) 『구한국외교문서』 권12, 「미안」 3016호, 1904년 7월 5일. 『구한국외교문서』 권12,
　　「미안」 3018호, 1904년 7월 13일. 『구한국외교문서』 권12, 「미안」 3020호, 1904년
　　7월 19일.
51) FRUS, Korea, Mr Allen to Mr. Hay, 1904.2.18, p.451.
52) …I have therefore sent away 75 of my guard of 100 so as not to be forced too much
　　into the protection business…(『알렌문서』 「R4-L7-13-050 1904년 4월 23일 Horace
　　N Allen to C. S. Sperry).
53) 『구한국외교문서』 권12, 「미안」 3033호, 1904년 9월 1일.
54) 조민희 대신에 임명된 주미 전권공사에는 민철훈이 임명되었다(『구한국외교문서』
　　권12, 「미안」 2907호, 1904년 2월 9일).

말하지 않은 것은 도리어 부메랑이 되어 곤경에 빠질 것이라고 전망했다. 다음은 조민희가 주미한국공사 고문인 니드햄박사(Dr. Chas. W. Needham)에게 보낸 전문이다.

제가 워싱턴에 있을 때 존 헤이 각하와 면담을 갖게 되는 영광을 가졌습니다. 저는 그에게 대한제국이 지금 위험에 처해있다고 설명했습니다. 그는 대한제국과 미국 사이의 우정을 고려했고 기회가 있을 때 대한제국을 도운다는 의도를 밝혔습니다. 저는 그에게 따뜻한 감사의 표현을 했고 우리의 황제께서도 이에 대해 깊은 감사의 표현을 했습니다.

지금 러시아와 일본사이에 완전히 끝나지 않은 지금의 전쟁은 여전히 일본이 대한제국에 강압적인 손길을 보내고 있으며 이는 대한제국 내의 일들과 대한제국의 외교관계에 있어서도 일본에게 전적으로 넘어가는 결과를 초래하게 되며 대한제국의 독립은 이루어지지 않을 것입니다.

유감스럽지 않겠습니까?

저는 당신이 좋은 평판을 가지고 있으며 약한 자를 도우는 의지가 있다는 것도 알고 있습니다. 당신은 몇 년간 제 공사관에서 일을 하며 항상 우리를 위해 노력했습니다.

우리 황제 폐하는 당신이 (우리를 도와줄) 능력이 있다는 것을 알렌을 통해서 들었습니다.

이러한 극한의 위기 속에서 우리는 당신의 친절한 도움을 필요로 합니다. 그러므로 저는 당신이 대한제국의 상황을 미국 대통령에게 설명할 수 있는 기회를 갖기를 바라며 대한제국 황실의 통합과 독립을 유지시키는 것에 도움을 주길 바랍니다.[55]

---

55) When I was in Washington I had the honor of an interview with His Excellency, Mr. Hay, the Secretary of State. I explained to him the dangerous position in which Korea is now placed. He considered the friendship existing between the two nations and said it was his intention to help my country when the opportunity offers. I thanked him warmly and when our Emperor came to know of the message of Secretary he also thanked him deeply. Now the war between Russia and Japan has not yet been settled still the Japanese stretch their hands by force upon Korea and it will result in the

미 국무장관 존 헤이는 조민희에게 거중조정을 간접적인 형태로 실현해 줄 것이라는 의례적인 말을 했고, 조민희는 이를 곧이곧대로 받아들여 니드햄 박사에게 위와 같이 부탁을 한 것이었다.

러일전쟁 이전에도 알렌은 다른 외교관들과 협력해서 한반도 북쪽의 여러 항구를 개항하도록 했고, 미국인들에게 무역을 하게 한 반면 러시아인이 점유하는 것은 막았다.56) 기존 연구에서는 이러한 알렌의 태도 및 정책이 아시아의 평화를 가져오고 한국을 일본의 침략으로부터 구원한다는 통찰력 있는 시국관을 바탕으로 한 정책으로 보고 있다.57)

그러나 위에서 살펴본 바와 같이 알렌은 고종의 미국공사관으로의 도피를 거절했고, 고종이 알렌 및 미국에게 의존하는 태도58)에 기대어 알렌은 철저하게 자국의 이권에 집중했다는 것을 확인할 수 있다. 그는 개인적인 이득도 취하려 한 적이 있었다. 1904년 9월 15일 제물포에 대규모 적십자 병원을 건축할 것이라는 소식을 듣고 나서, 대한제국이 일본에 넘어갈 것을 예상하고 인천 牛角洞(현재 인천광역시 동구 창영동)에 있는 본인의 별장을 일본에 매도하려고 하였다.59)

---

domestic affairs and the foreign relations of Korea passing entirely into the hands of Japan, and the independence of korea will be lost. Is it not regrettable? I know your good reputation and your willingness to help the weak. You have remained several years in the service of my Legation and have always endeavored to assist us. His Majesty our Emperor believes in your ability as he has heard of you through Dr. Allen. At this critical time of danger we need your kind assistance therefore I beg to ask that you will take the opportunity to describe the condition of Korea to the President and to the Secretary of State, and help to maintain the independence and integrity of the imperial household of Korea(*KAR III*, H. N. Allen to Secretary of State, 1904.9.3, p.189).

56) 해링턴 著 이광린 校註, 『개화기의 한미관계』, 일조각, 1973, 326쪽.
57) 김원모, 『개화기 한미교섭관계사』, 단국대학교 출판부, 2003, 889쪽.
58) 해링턴, 앞의 책, 일조각, 1973, 326쪽.
59) 『주한일본공사관기록』(40)[미국 공사 소유의 仁川 소재 별장 매입의 件], 機密第97號, 林 公使→小村 大臣, 1904년 9월 30일.

2) 미국의 친일·반러 정책

러일전쟁 직전 미관파천이 시도로 끝난 이후 대한제국의 운명은 다시 러시아와 일본에게로 넘어갔다. 만주를 두고 적대상태에 있었으며 러시아는 언제라도 한반도를 일본에 넘길 요량이었다. 이때 미국의 입장은 어떠했을까?[60]

앞서 언급한 바와 같이 일본측 기록에 의하면 미국은 대한제국의 중립화에 대해 일본과 같이 반대하는 입장을 취하고 있었고, 러시아측 기록에서도 그러한 기록이 있었다. 파블로프는 대한제국의 중립화를 논의하는 과정에서 미국이 자국의 이권이 관련되면 참여할 것으로 바라보았지만, 미국 정부가 일본에 호감을 가지고 있기 때문에 대한제국의 중립화에 대한 미국의 참여를 이끌어내는 것이 쉽지 않을 것으로 보았다.[61]

한일의정서가 체결되기 직전 1904년 2월 6일 오후 마산포에 일본해군들이 도착하였고, 9일에는 2,500명의 일본군들이 서울에 도착하였다. 이날 오후 4시에 일본은 제물포에서 러시아 함대를 공격했고, 이 공격으로 러시아 전함 카레에츠호(Koreetz)와 바리야그호(Varyag)가 침몰했다. 10일에 일본군이 제물포에 상륙했다.[62]

일촉즉발의 상황에서 1904년 2월에 체결된 한일의정서에 대한 당시 미국의 태도는 하야시 곤스케[林權助]가 동경의 외무대신 고무라 주타로[小村壽太郞]에게 보내는 문서에서 찾아볼 수 있다.

---

60) 기존 연구는 미국이 대한제국 문제에 대한 일본과의 협력체제를 구축하는 것을 1903년으로 보거나(김기정, 앞의 책, 2002), 혹은 1899년의 헤이그협약을 기원으로 보고 있다(최정수, 앞의 논문, 2013).

61) АВПРИ. Ф.150, Оп.491, Д.30, Л.177об(김종헌 역, 『러시아 문서 번역집 II』, 선인, 2011, 149쪽).

62) *KAR III*, Horace N. Allen to Secretary of State, 1904.2.7 ; 2.8 ; 2.9 ; 2.12 ; 2.15 ; 2.19 ; pp.109~110.

　　미국 공사는 최근 본국의 友人으로부터 받은 來信으로 인해 자기가 상당히 러시아에 편향적이었다는 평판이 본국에서 일고 있다는 것을 알고 본관과 면담 시 이 사실을 말하면서 유감의 뜻을 표하고, 앞으로 자기의 힘으로 일본의 공명정대한 행동을 본국 등에 전파할 필요가 있으면 언제라도 협의해 달라는 뜻을 전하였습니다. 특히 이번의 일·한 의정서는 열국 중 특히 미국이 예상 밖으로 유화적이었으며, 따라서 일본의 지위는 더욱 열국의 동정을 살 수 있을 것이라고 말씀드립니다.[63]

　　일본은 한일의정서 체결을 두고 여러 나라의 입장을 살폈는데, 이 내용은 미국에 관한 것이었다. 주지하듯 한일의정서로 인해 일본은 러일전쟁에 앞서 군사용도로 대한제국의 영토를 마음대로 사용할 수 있는 권리를 획득하였다. 서구 열강입장에서 이러한 권리는 대한제국 내에서의 이권을 획득하는 것에 있어 상당히 불편한 것이었다. 그런데 "예상 밖으로 유화적"이라는 의미는 예전에는 그렇지 않았던 미국이 한일의정서 당시 일본에 협력적인 태도를 보여주었다는 점이다. 이미 알렌은 1904년 2월 23일에 일본과 체결한 한일의정서는 대한제국의 중립화와는 거리가 먼 것으로 판단하였다.[64]

　　주일미국공사 그리스컴(Lloyd Carpenter Griscom)[65]은 한일의정서 체결

---

63) …米國公使ハ最近本國ノ友人ヨリノ來信ニ依リ自分カ幾分歟露國ニ偏頗心ヲ有スルヤノ評判本國ニ行ハレヽヲ承知シタル趣ニテ本官ニ面談ノ際特ニ右ノ事實ヲ述ヘテ遺憾ノ意ヲ表シ且今後自分ノ力ニ依リ日本ノ公明正大ナル行動ヲ本國其他ニ傳播スル必要アラハ何時ニモ協議ヲ受ケ度意ヲ傳ヘ殊ニ今回ノ日韓議定書ハ列國殊ニ米國ノ豫想以外ニ溫和ナルモノニシテ依テ以テ日本ノ地位ハ益々列國ノ同情ヲ博スルニ至ル可シトノ主意ヲ述ヘタリ…『주한일본공사관기록』권21, (197) [韓·日議定書에 대한 列國公使의 태도 보고 件], 往電第217號, 林 公使→小村 大臣 1904년 2월 29일 오후 5시 30분 발신).

64) …But the protocol signed with Japan on Feburary 23rd last, making Korea an ally of Japan, would effectually do away with any such fiction of neutrality(*KAR Ⅲ*, Horace N. Allen to Secretary of State, 1904.5.10, p.128).

65) 1905년 주일미국대사는 로이드 카펜터 그리스컴(Lloyd Carpenter Griscom, 1903.

당시 러일전쟁 선언에 대한 일본의 입장을 당시 국무장관이었던 존 헤이
(John Hay)에게 전달했다. 그 내용은 "전통적인 관계뿐만 아니라 별도로 대
한제국의 존재는 일본의 안위에 필수적이다. 러시아가 만주를 흡수한다면
대한제국의 통합을 유지시키는 일은 불가능하다."라는 것으로 러시아를 견
제하는 태도를 취했다는 점을 확인할 수 있다.66) 헤이는 그리스컴에게 러
시아와 일본 사이에 청국이 중립의 위치를 점할 것을 강력하게 요구했다.
청국인의 동요를 막고, 평화를 유지할 수 있다는 이유였다.67)

또한 그리스컴은 전쟁지역의 제한과 국지화를 요구했는데, 일본 또한
청국 영토 내에서는 전쟁을 벌이지 않겠다는 뜻을 밝혔다. 이렇듯 미국이
앞장서서 청국이 중립을 지켜야 한다는 의견을 제기한 까닭은 러일전쟁
발발시 청이 전쟁터가 되면 미국의 무역에 장애가 되기 때문이었다.68)
1896년에서 1905년 사이에 아시아에 대한 미국의 총 수출액 중에서 청국
과 일본이 42%, 40%를 각각 차지한 반면 대한제국은 0.8%만 차지하고 있
었기에 청에서 미국의 이권 확보는 상대적으로 중요한 의의를 지닌다.69)

러일전쟁 발발시 한반도 내에 전쟁이 발발하는 문제와 관련해서는 미국
에게 손해 볼 것이 없었던 것이다. 당시 가네코 겐타로[金子堅太郎] 남작
이 미국으로 가서 존 헤이와 밀담을 나눈 기록을 살펴보면 다음과 같다.

나는 다시 이번 전쟁에서 일본이 승리할 경우 일본은 미국 및 유럽

6.22.~1905.11.19. 재임), 루크 라이트(Luke E. Wright, 1906.5.26.~1907.8.13. 재임)이
다. 로이드 카펜터 그리스컴까지는 특명전권공사(Envoy Extraordinary and Minister
Plenipotentiary)였고, 루크라이트 이후 특명전권대사(Ambassador Extraordinary and
Plenipotentiary)가 되었다.

66) FRUS, Japan, Mr. Griscom to Mr. Hay, 1904.2.18, p.413.
67) FRUS, Japan, Mr. Hay to Mr. Griscom, 1904.2.10, p.418.
68) 『주한일본공사관기록』 권21, (40) [日本 측 계획에 대한 미국 정부의 견해 (1~2)]
#9 外務大臣 小村→서울 공사, 1904년 1월 10일.
69) 김기정, 앞의 책, 2003, 258쪽.

국가들을 제외하고 동양의 공업과 상업에서 우위를 차지할 것이라는,
최근 러시아 정부와 親露인사들에 의해 통첩된 성명에 대한 장관의 견
해를 물었다. 국무장관은 이 나라의 특정 정치가들과 사업가들이 그와
같은 생각을 품고 있음을 솔직히 시인하면서 덧붙이기를, 자신이 지난
10년 동안 일본의 정책을 면밀히 관찰한 결과 일본의 아시아 정책은 합
중국의 그것과 완전히 일치하며 현재나 미래에 두 나라는 동일한 정책
을 실천하기 위해 함께 일할 수 있으리라는 점을 확언할 수 있다고 했다.
그러므로 그는 아시아에서 갖는 일본의 패권에서 조금의 위험이나 동
양에서 갖는 미국 권익의 손해를 느끼지 않고 있었다.[70]

이처럼 전쟁이 진행되자 미국과 일본은 긴밀한 협조를 이어갔다. 이어
보고된 기밀보고에서는 시어도어 루스벨트(Theodore Roosevelt) 대통령 또
한 다음과 같은 태도를 가지고 있었다.

대통령은 다음과 같은 표현으로 러시아와 일본의 특성을 설명했다.
'러시아는 정말 대국이지만 마치 느리고 성가시며 낡아빠진 기계와 같
다. 러시아는 문명국 중 어떤 외국인도 안전하게 머물 수 없는 유일한
나라인 반면 일본은 최신식으로 현대화된 국가이다.'[71]

---

70) …I again asked Secretary's opinion in regard to the statement lately circulated by Russian Government and pro-Russian people, that in case of Japan's victory in the present war Japan will assume supremacy in industry and commerce of the East to the exclusion of American and European nations. Secretary of State frankly admitted that such idea was being entertained by a certain class of politicians and business men in this country, but he added that by watching himself closely Japan's policy during the last ten years he could say with positive assurance that Japan's policy toward Asia has been perfectly identical with that of United States and at present as well as in future two nations could work together to carry out the same policy. Therefore he did not feel in the Japanese supremacy in Asia a slight danger or detriment to the American interest in the East…(『주한일본공사관기록』 권23, (128) [金子男爵의 美國務長官 會見談], #173, 外務大臣, Komura → Koshi, Seoul, 1904년 4월 1일).
71) President charactorised(characterized의 오자인 듯) Russia and Japan in these words: Russia is indeed a large country but she is slow cumbersome and antiquated

이처럼 국무장관과 대통령은 모두 친일적인 태도를 보이고 러시아에 부정적인 입장을 가지고 있었다.

한편 일본은 미국 언론인들을 주의했다. 외국 언론인들이 일본과 관련하여 불리한 보도를 하지 않도록 콜브란(Corlbran)과 헐버트(Homer Hulbert)를 감시하였다.[72] 주지하듯 헐버트는 1886년 이후부터 육영공원의 교사로 재식해온 선교사이자, 교육자였다. 당시 헐버트는 대한제국이 "불공정하고 강압적으로" 일본에게 대우받고 있다고 믿었고, 미국 거중조정을 발휘해주기를 바랬으며 특정 외국도 그의 동정적인 관심을 지원하고 있었다. 『The Korean Review』의 주필로서 헐버트의 이러한 행동은 자주 있었던 것이 아니며 그는 대한제국에 대한 일본의 행정에 대해 비판하는 대변인 이었다.[73]

이후에도 헐버트는 고종의 지령을 받아 1905년 11월 15일 워싱턴에 편지를 지참하여 미 국무장관 엘리후 루트(Elihu Root)를 만나려고 했으나 만나주지 않았고, 을사늑약이 체결된 이후에야 그를 만났다. 루트는 나중에 고종이 프랑스 공사 閔泳瓚을 통해 을사늑약의 부당함을 미국에 호소한 일에 대해서도 외교권을 박탈당한 국가는 거중조정을 적용할 수 없다는 이유로 단호하게 거절하였다.[74] 또한 일본은 기밀 엄수를 위하여 종군기

---

machinery ; she is the only country among the civilized nations where no stranger can stay safely while Japan is up-to-date and modernized nation(『주한일본공사관기록』 권23, (127) [金子男爵의 美國大統領 會見記], #172, 外務大臣 Komura→Koshi, Seoul, 1904년 3월 31일). 루스벨트가 대한제국에 이와 같은 태도를 취한 배경에 대해서는 나가타 아키후미, 앞의 책, 2007, 95~100쪽 ; 최문형,『국제관계로 본 러일전쟁과 일본의 한국병합』, 지식산업사, 2004, 217~259쪽 참조.

72) 『주한일본공사관기록』 권23, (95)[한국 내 외국신문 보도원 포섭의 件], 往電第99號, 林 公使→東京 小村 大臣, 1904년 2월 6일.

73) KAR Ⅲ, Edwin V. Morgan to Secretary of State, 1905.10.19, p.192.

74) Yur-Bok Lee, ibid, 1982, pp.25~26. 헐버트가 미국으로 귀국하려고 할 때 일본대리 공사는 돈을 써서까지 그가 미국으로 가서 대한제국의 독립을 돕지 못하게끔 귀국을 막으려 했으나 헐버트는 귀국을 강행했고, 일본은 헐버트가 대한제국 독립을 요청하기 전에 보호 조약을 적극 체결하려고 노력하였다(나가타 아키후미, 앞의 책, 2007, 185~186쪽).

자들을 도쿄에 묶어두어 감시하였는데, 이로 인하여 그들의 불만을 사게 되었으며, 루스벨트가 일본의 이와 같은 태도에 우려하게 되는 상황도 있었다.[75]

일찍이 대한제국은 국외중립을 지키려고 했었고, 당시 한·일제휴를 구상하여 러시아의 침입을 저지하려는 목적도 가지고 있었지만, 종래 일본은 대한제국을 병합할 목적을 가지고 있었기 때문에 제휴나 밀약 등은 중요하지 않았다.[76] 1903년 7월 玄尙健이 대한제국의 영구중립화 가능성을 확인하기 위하여 유럽과 일본에 파견되었고, 1903년 9월 3일 주일 특명전권공사 高永喜는 고무라 주타로에게 대한제국의 영토 보전을 위해 국외중립을 시도하였으나 일본은 이를 거절하였다.[77] 이에 대한제국은 러일전쟁 당시 안으로 강한 친러·반일 정책을 취하였다.[78]

미국의 태도는 여전히 매우 모호했다. 알렌은 일본과 러시아가 대한제국의 중립에 대해 아무 반응이 없었고, 영국을 포함한 다른 열강들은 각 나라에 있는 대한제국 외교관을 통해서 대한제국의 국외중립을 인정했다. 다만, 대리인을 시키지 않고 국무장관 존 헤이가 직접 대한제국의 중립을 보장했다는 이야기에 대해 확인하고, 이에 대해 확인해줄 것을 부탁하였으며,[79] 존 헤이는 "단순 인정"을 한 것이라고 밝혔다.[80] 다음 자료를 보면 미국 또한 대한제국의 중립에 대해서 다음과 같은 애매한 입장을 가진 것을 확인할 수 있다.

> 한국의 중립 선언과 관련하여 미국 정부는 중립은 인정하지만 그렇다고 해서 교전국이 옳은지 그른지에 묵살하는 의미는 아니다.[81]

---

75) 나가타 아키후미, 앞의 책, 2007, 78~79쪽.
76) 현광호, 『대한제국의 외교정책』, 신서원, 2002, 177쪽.
77) 서영희, 앞의 책, 2003, 161쪽.
78) 조재곤, 앞의 책, 2017, 37~39쪽.
79) *KAR Ⅲ*, Horace N. Allen to Secretary of State, 1904.1.30, p.116.
80) *KAR Ⅲ*, John Hay to Horace N. Allen, 1904.3.4, p.116.

이 문구만 보면 한국의 중립을 선언한다고 하면서도 미국은 러시아와 일본에 대한 입장 표명 정도는 할 수 있다는 뉘앙스로 생각된다. 알렌의 문서에서도 보이듯이 단순하게 인정을 했다는 정도에서만 그치는 것이 대한제국의 국외중립에 대해 적극적인 동의를 한 것은 아니었다. 또 일본이 러시아의 함대를 인천에서 공격한 것에 대해서 미국에 비난하자 이에 대해서도 어떤 행동도 취하지 않았다.

러일전쟁 동안 의주 근처에서 집이 불탄 한국인을 대신해서 선교사 노먼 클러크 휘트모어(Norman Clark Whittemore)가 일본에 항의하였고, 11명의 한국인들이 각국 대표의 서명을 하여 대한제국의 독립 유지와 관련 동정과 도움을 얻으려는 시도가 있을 것이라고 보고하였다.[82] 존 헤이는 대한제국의 독립은 전쟁을 이야기하는 것들 중에 하나가 되고 있고, 이 상황에서 미국의 지위는 중립이 되어야 한다고 단호하게 언급하였다.[83]

반면, 하야시 곤스케는 친미파와 친하게 지내는 경향을 보였다. 과거 2년간 러시아 공사와 이용익이 득세하였기 때문에 친미파는 정계에서 주요 활동을 하지 못하였지만, 러시아 세력이 약해지고 친미파가 득세하였다.[84]

이하영·이완용 등 일부 친미파들은 미국이 물러난 이후에 나중에 친일로 돌아선 상황을 보면 하야시 곤스케와 친미파의 친분이 이해된다. 그들은 국가를 위해 힘썼다고 하기보다 열강을 적절히 활용하여 출세를 지향했던 것이다. 다만 이하영은 일본의 이권 침탈에 대하여 우려하는 태도를 보이고 나름의 소신을 갖고 대한제국의 이권을 지켜내려고 하는 모습을

81) …Regarding Corea's proclamation of neutrality he said that U.S. Government recognize that proclamation but this does not mean to say whether the action of either belligerent in disregarding it is right or not…(『주한일본공사관기록』 권23, (65)[日本側 國際法違反事項에 관해 美國政府에 日本非難計劃임을 報告], #118, 外務大臣 Komura→Koshi, Seoul, 1904년 2월 26일).
82) Horace N. Allen to Secretary of State, 1905.5.17, p.142.
83) KAR Ⅲ, Alvey A. Adee to Edwin V. Morgan, 1905.5.1, p.121.
84) KAR Ⅲ, Horace N. Allen to Secretary of State, 1904.4.14, p.127.

볼 수 있다.[85]

한일의정서가 체결되고 러일전쟁이 한창 진행 중인 때에 대한제국의 주권은 거의 일본에 넘어간 상태였다. 이때 한일의정서 체결에 대한제국측 입장을 담당한 이들도 다름 아닌 이하영·박정양·윤치호 등 친미파 인물들이었다.

1904년 9월, 하야시 곤스케는 알현을 거부한 고종을 무시하고 강제로 궁에 들어가 그를 만나기도 하였고, 궁의 전화선은 일본 공사관과 연결되어 있어 외부와의 연락도 차단된 상태였다.[86] 또한 자문을 구할 때 일본 정부가 추천한 외국인을 고용하거나, 외국인과 외교업무를 할 때 일본에 반드시 보고해야하는 상황이었다. 그 내용은 다음과 같다.

> 1. 탁지부 고문관을 임명할 때 대한제국은 일본정부가 추천한 일본인을 고용해야 하며, 재정문제와 관련된 것은 그의 충고를 받아들여야 함.
> 2. 외부 고문관을 임명할 때 대한제국은 일본정부가 추천한 외국인을 고용해야 하며, 외국 사건과 관련한 중요한 것들은 그의 충고를 받아들어야 함.
> 3. 어떤 조약을 맺는 것과 관련하여, 특히 외교적인 교섭 혹은 외국인과의 계약 혹은 이권 양도와 관련하여 대한제국은 일본정부와 사전에 협의해야 함.[87]

1번은 8월 18일에 외부대신 이하영과 탁지부대신 박정양 일본 공사 간에 맺은 것이고, 3번은 8월 22일에 맺은 것이다. 9월 29일 메가다는 재정

---

85) *KAR Ⅲ*, Horace N. Allen to Secretary of State, 1904.6.28 ; 8.11, pp.129~130.
86) *KAR Ⅲ*, Horace N. Allen to Secretary of State, 1904.9.6, p.134.
87) *KAR Ⅲ*, Horace N. Allen to secretary of State, 1904.9.10, pp.134~135. 자세한 사항은 『주한일본공사관기록』 권18, (60)[議定書 제6稿 成案과 조인 촉구에 대한 請訓 건], 往電第164號, 林 公使→東京 小村 大臣, 1904년 2월 21일.

고문으로 대한제국에 부임하였다.[88] 이른바 제1차 한일협약 혹은 한일협정서라고 불리는 이 조약에는 친미파들이 대거 참여하였다. 다만 친미파 인물들이 조약 체결에 중요한 역할을 했다기보다 이 시점에 이미 대한제국의 많은 주권이 일본으로 넘어갔다고 볼 수 있다.

러일전쟁이 벌어지자 미 국무장관 존 헤이는 일본이 전쟁에서 승리하려면 내한세국과 동아시아 해역 내에서 우위권을 점하는 선에서 끝나는 것이지 나폴레옹이 했었던 것처럼 모스크바까지 가는 것이 아니라고 밝혔다. 이는 미국의 이익이 침해되지 않는 선에서 일본에 호의적인 입장을 보인 것이었다.[89] 파블로프 공사는 러시아 함대 바리아크(Variag)와 카리예츠(Koreetz)호가 일본의 공격으로 난파되자 이 함대의 선원을 당시 제물포에 있는 미국 상선 자피로(Zaphiro)와 석탄선 폼페이(Pompey)에 옮겨달라고 알렌에게 부탁하였다.

알렌은 이것이 중립 문제와 직결되는 것이기 때문에 일본공사에 물어봐야 한다고 하여 확답을 피했다. 하야시 곤스케는 이 문제에 대해 반대하지는 않았고, 미국 마셜 함장의 빅스버그(Vicksberg)가 러시아 선원들의 탈출을 도왔고, 처음에 배 안에는 공간이 부족해서 상선인 자피로에 들어가도록 하였지만, 상선이 중립을 지켜야 한다는 이유로 영국·프랑스·이탈리아 배에 나눠서 수용하도록 하였다.[90]

---

88) 그의 봉급은 예전 미국 고문관이 받던 300엔에서 1000엔으로 대폭 상승한 금액이었다(KAR III, Horace N. Allen to Secretary of State, 1904.10.12, p.136).

89) 『주한일본공사관기록』 권23, (88)[美 국무장관이 日本의 화려한 緖戰과 함께 만족스러운 終戰을 권유], #138, 外務大臣 小村→서울 공사, 1904년 3월 7일.

90) KAR III, Horace N. Allen to Secretary of State, 1904.3.2, p.118. 1년 전인 1903년 3월 30일 러시아 회사 바룬 군즈버그(Bron de Gunzburg)는 짜르의 아시아 대변인인 우곡(Wogack)장군의 이름으로 미국함대 파견이 있었으면 기쁘겠다고 하였고, 그 이유는 정확하게 밝히지 않았으나, 알렌은 이것이 바람직하지 않다고 보고 미 함대 제독에게 전달하지 않았다(KAR III, Horace N. Allen to Secretary of State, 1903.3.30, p.114).

미국은 러시아에 우호적인 어떠한 행위도 하지 않았으며, 러시아 선원을 구조하는 일도 매우 조심하는 태도를 보임으로써 중립을 훼손하는 어떠한 행위도 하지 않았던 것이다.

그러나 중립주의를 고수하면서도 미국은 대한제국 내의 자국민 보호와 이권 보호에 대해서 철저했다. 예컨대, 1902년 찰스 하운셀 목사(Charles G. Hounshell)가 송도에 건물들을 짓는 것에 대해 미국 정부에 문의했고, 미국은 조미수호통상조약 제6조의 개정을 대한제국에 요청하였다.[91] 조미수호통상조약 제6조에는 "개항장 경계 내에서 건물을 임차하거나 주택을 건축할 수 있다."라고 규정되어 있지만 하운셀을 비롯한 미국선교사들은 한반도 내에서의 선교 활동을 폭 넓게 확장하려는 의도를 가지고 있었다. 알렌은 11월 7일 고종을 알현한 자리에서 개정할 뜻이 없었기에 개정은 실패로 끝났다. 알렌은 하운셀 목사가 "대한제국에 들어온지 몇 달 되지 않아 사정을 모르고 열정만으로 이와 같은 요청을 했다."며 미 국무부에 난색을 표했다.[92]

미국은 미 광산의 중심지역인 안주(평안남도 서북에 위치)에 일본군대가 갔다는 것에 대해 예의 주시했다. 또한 미국 순양함인 신시내티호를 제물포에 가게 하여 미국인 여성과 어린아이들을 태워서 대피시키게끔 하였다.[93] 러일전쟁 직전 감리교 선교회에서는 서울과 인군 거주하는 미국인들이 알렌에 의해 필리핀으로 보내진다는 사실을 접하고 미 국무부에 사실 여부를 물었다. 이에 미국무부는 즉답은 하지 않고, 전쟁이 발발한다면 미국공사관으로부터 선교사들과 그 가족들이 보호 받지 못할 수 있다며 신중한 조처를 취할 것을 당부했다.[94] 당시 한국에 있는 미국인 수는 300

---

91) *KAR III*, John Hay to Horace N. Allen, 1902.7.16, p.175.

92) *KAR III*, Horace N. Allen to Secretary of State, 1902.11.19, p.177.

93) *KAR III*, Horace N. Allen to Secretary of State, 1904.3.9, p.111.

94) …Our missionaries in Corea have been advised to consult with Minister Allen, and when practicable to follow his indications. This movement does not assume to order their movements, but in time of war the legation opportunities for protection are

여 명이었고, 그들 중 200여 명은 서울에, 나머지 100명은 운산금광회사에
거주하고 있었다. 위급한 상황의 경우 경보를 올리거나, 주한미국공사관으
로부터 보호를 받을 수 있도록 하였다.[95]

　한편 미국 광산 회사에서는 미국 금광에 대한 보호를 요청하기도 하였

---

limited by hostile movements and by difficulties of communication, so that prudence
is advisable, having in view the safety of missionaries and their families(『알렌문서』,
R5-B5-15-005)

95) Of these 300 American citizens in Corea, 200 were living in Seoul, the capital, when
active warfare opened on the peninsula. One hundred of these were employed by the
Oriental Consolidated Mining Company, a Yankee concern, at Un-san, in the very theatre
of hostilities. Their camp was heavily armed with riffles and rapid fire machine guns,
but their women and children were in a perilous position. The other hundred Americans
outside Seoul, scattered about the northern part of the peninsula, are mostly missionaries
who have their women and children with them. It has been Dr. Allen's task in the
past week, to convey these defenseless ones to Ping Yang, which city lies midway
on the highway running from Seoul north to Wiju, and at the point where that road
is crossed by another running east and west and concerting Chinampo on the Yellow
Sea with Wonsan on the Sea of Japan. Ping Yang has been thus made the concentration
point, and thither American women with their little ones have been brought into Seoul
as expeditiously as possible. The hundred Americans within the walls of Seoul have
been cautioned to keep their women and children off the streets, around escorts being
provided by our minister for those who have to expose themselves in public places.
Moreover, as a precautionary measure, a tocsin was arranged by Dr. Allen, this to be
sounded in case of imminent danger(『알렌문서』 R5-B5-02-007, 1903년 3월 4일) 서울
에서 활동하고 있는 개신교 선교사들은 레이놀즈(William D. Reynolds) 부부, 벙커
(Dalzell A. Bunker) 부부, 스크랜턴(William B. Scranton) 부부, 언더우드(Horace G.
Underwood) 부부, 게일(James S. Gale) 부부, 벡(Stephen A. Beck) 부부, 웰번(Arthur
G. Welbon) 부부, 밀러(Edward H. Miller) 부부, 빈튼(Cadwallader C. Vinton), 애비슨
(Oliver R. Avison) 부부, 허스트(Jesse W. Hirst), 밀러(Frederick S. Miller) 부부, 밀러
(Hugh Miller) 부부, 샤프(Charles E. Sharp) 부부, 터너(Arthur B. Turner), 배럿(Mary
B. Barrett), 페인(Josephine O. Paine), 프라이(Lulu E. Frey), 커틀러(Mary M. Cutler),
에드먼즈(Margaret J. Edmunds), 캠벨(Josephine P. Campbell), 무스(Jacob R. Moose)
부부, 하운쉘(Charles G. Hounshell), 하운쉘(Josephine C. Hounshell), 하보(Sadie B.
Harbaugh), 스웨어러(Wilbur C. Swearer), 추(Nathaniel D. Chew), 구타펠(Minerva L.
Guthapfel) 등이 있었다(『알렌문서』 R4-L8-08-023b).

는데,96) 운산금광은 완전히 무장한 이들로 구성되었지만 선교사들 가족,
여자들과 어린아이들은 그렇지 못하기 때문이다.97) 알렌은 특별한 지시사
항 없이는 경호대를 보낼 수가 없다고 하였다. 광부들의 폐단과 田結이 줄
어들게 되자, 외국과 교섭한 곳을 제외하고 1904년 10월 10일을 기점으로
개발 중인 광산을 전부 폐쇄하게 되었다.98) 그러나, 미국의 이권확보시도
는 계속되었다. 진남포 주재 부영사 소메야 나리아키[染谷成章]는 미국이
진남포 근처에 석유 탱크를 신설할 계획을 세우고, 일본 평양 - 진남포간
철도 부설을 할 것으로 예상하였다.99)

한편, 당시 일본군이 평양100)에 주둔하였는데 남쪽에는 일본군이, 평양
과 압록강 사이에는 러시아 군이 주둔하고 있어서 일촉즉발의 상황이었다.
이에 알렌은 평양에 있는 미국인 여성과 아이들을 대피시켰다. 주한일본공
사는 제물포에 있는 미국 배인 신시내티호와 빅스버그호에 태워 일본이
제물포에 상륙시 미국인들을 귀환시킬 것을 제안했고, 알렌은 내키지 않았
지만 신시내티호 함장인 메이슨(Mason)과 이야기를 하고 수락하였다.101)

1904년 3월 24일 러시아와 일본의 소규모 접전이 안주 강가에서 일어났
다.102) 3월 28일 일본 기갑연대가 상륙하여 청주에서 러시아와 전투하여

---

96) *KAR III*, Horace N. Allen to Secretary of State, 1904.2.25, p.117.
97) 『알렌문서』 R5-B5-02-007, 1903년 3월 4일.
98) 『승정원일기』 광무 8년(1904) 9월 2일.
99) 『주한일본공사관기록』 권22, [(49)北韓 지방에 日文 電信 개시 건과 平壤·鎭南
浦 간을 연락하고 철도 부설의 의의에 대한 上申], 京公第55號, 在鎭南浦 副領事
染谷成章→特命全權公使 林權助, 1904년 10월 27일.
100) 평양은 제너럴셔먼호 사건이 발생한 이래 초기 선교사들에게 소돔으로 불리던
지역이었다. 이후 아펜젤러를 시작으로 장로교, 감리교 선교사들이 자주 갔었고
특히 마펫(S. A. Moffett) 선교사, 홀 등을 비롯하여 여러 선교사들이 이곳을 방문
하여 복음을 전파하려 하였다(백낙준, 『한국개신교사』 연세대학교출판부, 1973,
221~225쪽). 1904년 4월 기준으로 평양에는 20개의 선교사 가구들이 거주하고 있
었다(KAR III, Horace N. Allen to Secretary of State, 1904.4.5, p.255).
101) *KAR III*, Horace N. Allen to Secretary of State, 1904.3.3 ; 1904.3.16, p.206.
102) *KAR III*, Horace N. Allen to Secretary of State, 1904.3.24, p.112.

청주를 차지하였고 러시아는 의주까지 후퇴하였다.103) 1904년 4월 10일 일
본군은 의주를 차지하였고, 이 시점에서 러시아는 한반도에서 물러났
다.104) 5월 8일 거의 3,000명에 달하는 러시아군이 미국 광산에 도착하고
10일에 안주로 향했다는 것을 보고했다. 1904년 9월 23일 일본은 서울 - 원
산선, 서울 - 의주선, 서울 - 부산선을 설치할 계획을 세웠다. 블라디보스토
크에서 원산이 가까웠기 때문에 러시아는 이에 대해 반발하였다.105)

하야시 곤스케는 고종을 알현하여 어업, 삼림업 등의 이권을 보호받으
려고 했고, 일본은 미국 기업에 대항하기 위하여 영국과 공조하였다.106)
제1차 한일협약이 체결된 이후 일본의 대한제국 침탈이 심해지고 이들의
침탈은 미국 선교사들이 활동하는 황해도의 6개 공동체와 마산포에도 영
향을 주게 되었다.107)

2. 전쟁 중 미관파천 시도와 미국의 대응

1) 미관파천 시도와 알렌의 귀환

이처럼 러일전쟁이 가속화되고, 일본의 위협이 증대될 즈음 1905년 1월
19일에 고종은 마지막으로 미국공사관으로 파천하려 하였다. 그 직전 상황
부터 미국공사관이 대한제국에서 철수하기까지의 과정을 살펴보면 다음과
같다.

---

103) *KAR III*, Horace N. Allen to Secretary of State, 1904.3.30, p.113.
104) *KAR III*, Horace N. Allen to Secretary of State, 1904.4.10, p.113.
105) *KAR III*, Horace N. Allen to Secretary of State, 1904.5.12, p.113.
106) *KAR III*, Horace N. Allen to Secretary of State, 1904.4.14, p.127.
107) *KAR III*, Horace N. Allen to Secretary of State, 1904.12.17, p.138.

〈표 7〉 러일전쟁 도중 미관파천 시도 전후의 상황(1905)

연 월 일	사건	전거
1905.1.5.	군부대신 민영철, 고종의 파천을 막겠다고 일본에 보고	서영희,『대한제국 정치사연구』, 2004.
1905.1.8.	알렌 서울의 상황이 위급함을 미국에 보고	KARⅢ
1905.1.10.	고종, 러시아 군대의 서울 파견 요청	АВПРИ. Ф.150, Оп.493, Д.79, л.4506
1905.1.19.	고종, 러일전쟁 도중 미관파천 요청 시도 실패	KARⅢ
1905.3.20.	모건 공사 임명(실제 부임은 6월 25일), 알렌 미국으로 귀환	KARⅢ
1905.4.2.	미국공사관 참찬관 패독을 훈2등에 서훈함	KARⅢ, 승정원일기
1905.7.17.	가쓰라·태프트 밀약 발효	Raymond ; Taylor denett
1905.8.12.	제2차 영일동맹	FRUS, Japan
1905.9.5.	포츠머스 강화조약 체결	FRUS, Japan, Russia
1905.9.9.	미국대통령, 일본의 대한제국 보호 지지	주한일본공사관기록
1905.11.11.	미국대통령, 대한제국내 미국공사관 철수 여부 일본에 일임	주한일본공사관기록
1905.11.17.	을사늑약(제2차 한일협약) 체결	고종실록
1905.12.16.	미국, 주한미국공사 철수 통보	FRUS, Korea

전거 :『승정원일기』FRUS, KARⅢ, Tyler Dennett, "President Roosevelt's Secret Pact With Japan," Current History XXI (1924), pp.15~21 ; Raymond A. Esthus, "The Taft-Katsura Agreement - Reality or Myth?", Journal of Modern History Vol. XXXI(1959), pp.48~51.

　　러일전쟁이 진행중이던 1904년 말 한국주차군(1904년부터 1910년까지 한반도에 주둔한 일본군)은 2만 명의 규모였다.[108] 이에 고종은 러일전쟁 발발 후 5개월이 되는 시점에 러시아 황제에게 서한을 보내어 일본으로부터 고통을 받고 있다고 하며 비밀리에 보내는 서신을 꼭 경청해달라고 하였다.[109] 1905년 1월 뤼순이 함락되고 일본이 승기를 잡아가자 상황이 급

---

108) 이후 1905년 11월 한국주차군은 23,409명으로 증가한다(운노 후쿠쥬 저, 정재정 역,『한국병합사 연구』, 논형, 2008, 245~247쪽).

109) АВПРИ. Ф.143, Оп.491, Д.52, лл.142-14306(김종헌 역,『러시아 문서 번역집 Ⅱ』, 선인, 2011, 172~173쪽).

박하게 돌아갔다. 고종은 1월 10일 니콜라이 2세에게 서한을 보내 러시아
군대의 서울파병을 요청하였다.

> 귀국(러시아)의 군대가 우리나라에 도착하는 날이면 내응하여 맞아들
> 일 계책을 몰래 마련해 둔 것이 이미 오래되었으며, 이후로 의당 행해야
> 할 일은 전국의 인민들이 곳곳에서 도와 힘과 정성을 다할 것입니다.[110]

그런데 이와 동시에 1905년 1월 19일 아침 고종은 알렌에게 또다시 미
국공사관으로 갈 것을 요청하였다.

> 저는 대한제국의 황제로부터 황제가 미국공사관으로 파천을 간청하
> 는 보고를 그의 고위 관료들 중에 한 명으로부터 받았다는 것을 알려드
> 립니다. 저는 지금까지는 어떠한 요구도 가로막으려고 노력해 왔으며,
> 알현을 요청한 당시 저에게 그러한 제안이 올 때 다양하고도 많은 구실
> 을 만들었고, 이러한 종류의 것은 황제에 의해 저에게 온 것입니다. 저
> 는 모든 기회를 다해 이러한 것들이 완전히 불가능한 것임을 알렸고,
> 오늘 아침 저에게 그 문제가 직면했을 때 이것이 불가능한 것이 명백하
> 기 때문에 이 요구가 다시는 들리기를 원하지 않는다고 했습니다.
> 특정 관원이 1896년 2월 러시아공사관으로의 파천이 있는 시기에 황
> 제를 파천시키는 것에 도움을 준 이후로 잘 지내고 있었고, 그것은 곤
> 경을 겪는 시기에 다른 사람이 이러한 정변으로 인해 이득을 얻기를 원
> 하는 이들에게는 자연스러운 것이라고 생각합니다. 저는 미국공사관과
> 관련된 어떠한 종류의 일도 일어나는 것을 허락하지 않을 것이며 만약
> 황제가 미국공사관 벽을 타고 올라 들어오려고 한다면 저는 그를 내쫓
> 아야만 할 것이고 아마도 이러한 경우 일본은 그를 궁궐에서 먼 곳 중
> 에 하나로 데려갈 것입니다. 이 모든 것들은 황제의 사신으로부터 오늘
> 들은 이야기입니다.[111]

---

110) АВПРИ. Ф.150, Оп.493, Д.79, л.45об(홍웅호 역, 『러시아 문서 번역집 Ⅳ』,
    선인, 2011, 172~173쪽).

알렌은 러일전쟁 직전 상황에 대해서는 고종이 미국공사관으로 오면 위험해질 것이라고 판단한 반면, 러일전쟁 종전 직전에는 고종이 미국공사관으로 파천해올 당시 내쫓아 버리겠다는 의도를 내비쳤다. 이는 고종에 대한 호의적인 인식을 더 이상 유지할 필요가 없다는 알렌의 판단인 것으로 생각된다.

러일전쟁 중 미관파천 시도가 있기 전 당시 한일동맹을 지지했던 군부대신 민영철이 비상시 고종의 파천을 막겠다고 일본에 보고했는데, 이는 폐하의 외국공사관으로의 파천시 측근의 권력독단이 심해지는 아관파천의 경우를 떠올리며 차라리 일본의 요구를 들어주는 것이 낫다는 민씨 세력들의 판단이었다.[112] 김홍륙의 권력독단을 놓고 볼 때 민씨들의 이러한 판단은 자신들의 권력을 유지하는 것에는 도움이 되었으나, 이는 결국 을사늑약을 가속화시키는 결과를 낳았을 뿐이었다.

1905년 3월 25일 고종이 그토록 신뢰했던 알렌이 미국으로 돌아갔다. 1905년 1월 19일 미관파천 시도의 실패 이후 미국은 이제 완전히 대한제국

---

111) I have honor to inform you that I have had a very confidential communication from the Emperor of Korea, through on of his high officials, in which the Emperor is reported as soliciting asylum in this Legation. I have endeavored heretofore to head off any such request, and to that end I have made various excuses of late when it has been suggested to me that I ask for an audience, knowing that something of the kind would be put to me by the Emperor. I have taken every opportunity to show how utterly impossible any such course would be, and when the matter was finally brought to me this morning I made this impossibility so clear that I think the request will not be heard of again. Certain officials fared so well after assisting the Emperor to take refuge in the Russian Legation in Feburary 1896, that it is but natural to suppose that others would wish to profit by some such coup at this time of trouble. I shall not allow anything of kind to take place in connection with this Legation, and should the Emperor scale the wall into this compound, I would have to ask him to withdraw and the Japanese would probably, in that event, take him to one of the distant palaces. All of which I fully explained to the messenger of the Emperor today(*KAR III*, Horace N. Allen to Secretary of State, 1905.1.19, p.190).

112) 서영희, 앞의 책, 2003, 171쪽.

에서 손을 떼기 시작했다는 것을 의미한다. 고종은 알렌에 대해 "대한제국 내에서의 장기 경험과 능력은 이곳에서 미국 정부를 대표하는 가장 큰 적임자"였음을 밝히며 이를 애통하게 여기면서, 그가 남아있다면 기쁘겠다는 전보를 루스벨트 대통령에게 보냈다.[113] 하지만 루스벨트는 알렌의 귀국을 요하는 편지를 고종에게 다음과 전달했다.

> 황제 폐하께
> 알렌은 한동안 특명전권공사 자격으로 폐하 정부 근처에 거주했고, 미국으로 귀국하려고 합니다. 저는 그에게 휴가를 떠나라고 지시했습니다.
> 가장 친밀한 우정의 폐하 정부와의 관계를 발전시키기 위해 지시를 내렸던 앨런 씨는 현재 한미간 우호적 감정을 강화하고자 하는 우리의 진심어린 열망을 전하께 전하기 위해 파견되었습니다. 그가 이전의 지시를 이행한 열정은, 마지막 임무를 폐하께 매너있게 수행할 것이라는 데 의심의 여지가 없습니다.[114]

---

113) *KAR Ⅲ*, Hiung Emperor of Korea to President Roosevelt Washington, 1905.3.25, p.191.

114) To His Imperial Majesty
　　Yi Heung,
　　Emperor of Korea,
　　Great and Good Friend:
　　Mr. Horace N. Allen, who has for some time past resided near the Government of Your Majesty in the character of Envoy Extraordinary and Minister Plenipotentiary of the United States, being about to return to his country, I have directed him to take leave of Your Majesty.
　　Mr. Allen, whose standing instructions had been to cultivate with Your Majesty's Government relations of the closest friendship, has been directed to convey to Your Majesty the assurance of our sincere desire to strengthen the friendly feeling now happily subsisting between Korea and the United States.
　　The zeal with which he has fulfilled his former instructions leaves no doubt that he will carry out this his last commission in a manner agreeable to Your Majesty.
　　Your Good Friend,

고종은 재차 루스벨트에게 알렌의 공사직 유지를 요청했으나 거절당하였다.[115] 1900년 3월부터 서울 공사관 서기관으로 있었던 모건(Edwin V. Morgan)[116] 공사가 알렌의 자리를 대신하게 되었다.[117] 알렌은 공사자리에 해임되면서 자신의 해임된 것을 모건[118]과 헌트[119] 탓으로 돌렸다. 알렌이 일방적으로 콜브란 - 보스트윅사를 도왔다고 헌트가 생각했고, 헌트는 이를 루즈벨트 대통령에게 보고하였던 것으로 생각된다. 모건은 공사자리를 노리면서도 알렌에게 아무 말도 하지 않고,[120] 모건이 루즈벨트와의 개인적인 감정을 이용하여 자신을 해고한 것이라고 의심하였다.[121]

1905년 4월 25일 리튼하우스(Edward E. Rittenhouse)[122] 역시 알렌이 모건으로 교체되는 것에 대해 당혹감을 표시했고, 고종 또한 루즈벨트에게 알렌이 공사직을 유지하게 해달라고 요청했다고 전했다.[123] 코네티컷 주 하원의원 스페리((Nehemiah D. Sperry) 역시 태프트(William H. Taft)에게 편

Theodore Roosevelt.
   (『알렌문서』「R4-L8-08-012」 1905년 3월 29일자).
115) 『알렌문서』「R4-L8-06-036」 1905년 3월 27일자.
116) 재임기간은 1905.6~1905.11이다.
117) 모건으로 교체된 것이 일본에 의한 공작이라는 주장(Arther Judson Brown, Chung, Mckenzie)과 일본에 의한 영향력이 없었다고 주장(Taylor Dennet, Esthus)하는 견해가 있으며 나가타 아키후미는 알렌이나 샌즈가 아닌 모건을 주한 공사로 임명한 것은 대한제국 정부와 친하지 않은 인물을 임명함으로써 일본의 대한제국 지배를 용이하게 하려는 루즈벨트 대통령의 의도가 있었다는 견해를 피력했다(나가타 아키후미, 앞의 책, 2007, 89~94쪽).
118) …The only thing is the ingratitude of an intimate "friend" stabbing one in the back the way Morgan and another friend have done. But such is life…(『알렌문서』「R4-L8-08-021」 1905년 5월 13일).
119) 『알렌문서』「R4-L8-07-029」 1905년 4월 30일.
120) 『알렌문서』「R4-L8-07-019」 1905년 4월 23일자.
121) 『알렌문서』「R4-L8-07-016」 1905년 4월 16일자.
122) 리튼하우스는 콜로라도 주에서 주지사 선거에 출마하려고 노력중이던 인물이었다. 알렌과는 오랜 지인인 것으로 보인다. 『알렌문서』「R4-L8-03-051」.
123) 『알렌문서』「R5-L9-01-016」 1905년 4월 25일자.

지를 써서 알렌을 도우려 했다.[124]

모건은 일본을 배척하는 샌즈와 달리 루스벨트 대통령과 같이 친일적 성향이 있는 까닭에 신임 한국 주재 미국 공사로 임명되었다. 루스벨트는 모건에게 한국에 주재하는 동안 일본 당국과 부단한 접촉을 가지면서 일본의 정책에 따라 도움을 주면서 행동하도록 하였고, 이는 스티븐스에게 전달되었다. 모건은 대한제국의 거중조정 요청 문제와 관련하여 미국이 일본과 러시아 사이에 있어서 평화를 가져오는 중요한 역할을 담당하고는 있지만, 전쟁에 참여하지 않는 제3자의 입장으로는 해결될 문제가 아니라고 보았다. 고종은 두 명의 관원에게 많은 돈을 쥐어 미국에 보내어 대한제국의 입장을 전달하려고 했으나, 일본이 이를 허락하지 않았다.[125]

갑신정변 이후 민영익을 치료해 준 호의적인 모습에서부터, 명성황후 시해사건과 춘생문사건, 그리고 고종에게 닥친 결정적인 위기 때 그를 도와주려는 태도를 보이고, 미관파천 요청을 거부하면서도 미국에 대한 호의적인 인식을 유지하게 한 알렌의 호의적인 모습을, 마치 미국의 본 모습이라고 믿었던 터라 고종은 대단히 실망하였다. 이렇듯 알렌의 본국 소환은 한미관계의 종결을 의미하는 것이었다.

2) 일본의 대한제국 외교권 박탈과 미국의 승인

미국은 러일전쟁 당시 청국의 중립을 지키기 위하여 주러미국대사를 통하여 러시아에 직접 교섭했고,[126] 주미일본대사 다카히라 고로[高平小五郎]는 전쟁시 청국 영토와 관련된 군사 활동의 지점을 제한한 점에 대해 깊은 감사를 표시하였다.[127]

---

124) 『알렌문서』 「R4-L8-07-022a」 1906년 4월 23일자.
125) *KAR III*, Edwin V. Morgan to Secretary of State, 1905.7.20, p.191.
126) FRUS, Japan, Mr. Hay to Mr. Takahira, 1904.2.19, p.420.
127) FRUS, Japan, Mr. Takahira to Mr. Hay, 1904.2.20, p.421.

앞서 살펴본 바와 같이 한일의정서 이후 고종의 외부 전화선을 일본이 통제하여 외부에 연락할 수도 없는 상황일뿐만 아니라, 자문을 구할 때 일본 정부가 추천한 외국인을 고용하거나 외국인과 외교업무를 할 때 일본에 반드시 보고해야하는 상황이었다. 사실상 대한제국의 주권은 일본에게 넘어가 있었다.

한일의정서가 체결되고 러일전쟁이 발발했을 때도 그랬듯이 미국은 을사늑약에 대해서는 관심이 없었고, 자국의 이권을 최대한 보장받으려고 하였다. 헐버트를 포함한 몇몇 선교사들이 을사늑약의 부당성을 알리려고 했을 뿐, 미국은 당시 일본에 친일적인 태도를 보였다.

미국은 일찍이 대한제국의 해관세가 독립적인 부분에 속해 재정 고문 브라운(Mc Leavy Brown)의 통제 하에 있다가 메가다에게 옮겨졌다는 것을 보고했다. 또한 유럽 위원들은 전부 사임할 것이고, 일본인들로 채워질 것이라는 점도 아울러 밝혔다.[128] 사실상의 대한제국의 이권이 모두 일본으로 넘어갔다는 사항들을 보고한 것이었다.

알렌에 이어 미국공사로 임명된 모건은 대한제국과 미국이 맺은 조항과 미국 선교사들의 참여로 인해 미국이 이러한 위기에 가장 도움을 줄 것처럼 비춰진다고 했다. 고종은 특정 관리들을 시켜 자주 미국공사관에 들르게 하여 조미수호통상조약의 첫 번째 조항인 거중조정에 대해 지켜줄 것을 요청했고, 루스벨트 대통령 딸 엘리스 루스벨트의 방문을 열망했다.[129]

러일전쟁 중 미관파천시도가 실패로 끝난 이후에도 고종은 미국 공사 패독(Gordon Paddock)을 여러 번 접견했다. 고종은 3월에 한 번, 5월에 한 번, 6월에 두 번 만났던 것으로 보아,[130] 미국을 통한 외교적 중재를 기대했던 것으로 추측된다.

대한제국의 외교권 박탈을 승인하려는 의미에서 미국에게 기대를 가지

---

128) FRUS, Korea, Minister Morgan to the Secretary of State, 1905.8.28.
129) *KAR Ⅲ*, Edwin V. Morgan to Secretary of State, 1905.10.19, p.148.
130) 『고종실록』 광무 9(1905) 3월 2일 ; 6월 6일 ; 6월 23일.

고 있었던 것은 일본도 마찬가지였다. 일본의 언론은 만장일치로 미국이 러일전쟁의 중재를 해주기를 원했다.[131] 이에 미국 대통령 루스벨트는 주 러미국대사에게 훈령하여 러시아 황제를 알현하고 평화를 권고하게끔 하였 다. 루스벨트는 "현재의 전쟁은 러시아에 아무런 승산이 없고, 이것이 계속 될 때 아시아에서 러시아의 전 영토를 잃게 될 것"이라는 뜻을 밝혔다.[132]

일본에 호의적인 포츠머스 회담 이후 1905년 9월 8일 고무라 주타로는 주미일본공사 다카히라 고로[高平小五郎]와 함께 국무장관 루트를 만나 대 한제국의 외교권을 가져가는 문제에 대해 논의하였다. 이에 대해 루트는 이 문제가 러시아의 침략적 행동을 예방하기 위해 당연한 결과이며 대한 제국의 안녕과 동양의 평화를 위해 당연한 결과라고 하였다. 다음날인 9월 9일 그들은 루스벨트 대통령을 만나서 회담하고, "러시아가 음모를 꾸미는 것을 막기 위해서는 대한제국의 외교권을 인수해야 한다."고 하였다. 루스 벨트 대통령 역시 "평화조약 결과 그렇게 될 것을 예상하였으며, 장래 화 근을 제거하기 위해서 이 외에 다른 대책이 없으며, 일본이 그렇게 해도 충분히 신뢰할 수 있다."고 함으로써[133] 일본의 미국에 대한 지배를 완전 히 인정하였다.

이어 11월 2일에 대통령은 은밀히 다카히라 고로를 만나서 몇 가지 사 항에 대해 전달했다. "영일동맹에 대해 지지하는 입장을 프랑스에 보인 것"과 "미국이 필리핀인들에게 일부 가혹하게 한 부분이 있으니, 일본은 한국인을 다룰 때에 있어서 불필요한 적대감을 야기시키지 말라."고 했다. 이에 대해 일본은 영일동맹을 지지해 준 미국에 감사를 표하고, 대한제국

---

131) Despatches from U.S. Ministers to Japan, 1855-1906, Vol.80, No 276, Mr. Griscom to Mr. root.

132) 『주한일본공사관기록』권25, (2) [러·일 戰 강화 알선을 위한 駐美 高平 公使에 대한 訓令 건], 來電第131號, 東京 小村→林 公使, 1905년 6월 9일(發).

133) 『주한일본공사관기록』권24, (1) [美國大統領의 일본 한국보호에 찬성 件], 來電 第217號, 東京 桂→林 公使, 1905년 9월 15일.

에 대해 어떻게 통제할 것인지에 입장표명을 했다.134)

1905년 11월 17일 일본에 의해 대한제국의 외교권이 박탈되었다.135) 이어 일본은 대한제국내 영국·미국·독일·프랑스·오스트리아·이탈리아·청국·벨기에·덴마크 등 9개 공사에게 공사관 철퇴를 요청하였고, 일본은 미국정부가 솔선해서 공사관들을 철수시켜 줄 것을 희망하였다.136)

미국은 공사관 철수를 가장 먼저 진행할 뿐만 아니라, 그 와중에 최대한의 이권을 확보하려고 노력하였다. 미국은 조미수호통상조약 14번째 조항인 최혜국 대우의 예를 들어 일본이 선점한 우선권을 미국 시민들에게도 줄 것을 강조했다.137) 9월에 한일항해조약이 체결되자 이 역시 최혜국 대우를 통해 그 이권을 분배 받을 것을 강조했다.138) 이에 미국은 일본, 영국 등과 황해도 遂安의 광산 임차 문제에 대해 논의하였다.139) 수안 금광은 가장 역사가 오래된 금광으로 대한제국시 궁내부 소속으로 되어 있었으나, 채굴되는 양이 많아지자 1900년 11월 일본이 무단점거하였고, 일본의 영향력이 점차 커지자 영국과 합동으로 수안금광특허권 교섭을 재개하기도 하였으며 영국·미국과 함께 합작회사를 설립하기도 한 바 있었다.140)

---

134) 『주한일본공사관기록』 권24, (15)[미국 대통령에 대한 謝意와 한국에 대한 일본의 정책을 전달], 292호, 桂→서울 公使, 1905년 11월 6일.

135) 『승정원일기』, 광무 9(1905) 11월 18일(양력) 어제의 일을 막지 못했다는 이하영의 사직 상소를 통해 11월 17일이 을사늑약이 체결되었던 것으로 알 수 있다. 고종실록에는 해당 날짜의 기록이 누락되어 있다.

136) 『주한일본공사관기록』 권24, (109)[韓日協約에 의한 在韓 각국 공사관 철퇴 요청 통고했다는 來電], 來電歐第259號, 東京 桂 大臣→京城 公使 1905년 11월 25일(發). 26일(着). 실제로 영국 또한 다른 열강의 공사관 철수 문제에 관여하였다. 영국은 러시아에 우호적이었던 프랑스의 공사관 철수 당위성을 적극 주장하였다(한승훈, 「을사늑약을 전후한 영국의 대한정책」, 『한국사학보』 30, 2008, 407쪽).

137) FRUS, Korea, Minister Morgan to the Secretary of State, 1905.8.16.

138) Despatches from U.S. Ministers to Japan, 1855-1906, Vol.80, Japanese-Korean Navigation agreement, Mr. Griscom to Mr. root 1905.8.24.

139) KAR Ⅲ, Edwin V. Morgan to Secretary of State, p.267.

140) 이배용, 앞의 책, 1984, 184~187쪽.

주한미국공사관 철수는 빠르게 이루어졌다. 1905년 11월 13일에 루스벨트 대통령은 대한제국 내 미국 공사의 철퇴를 희망하는지 아닌지에 대해서 일본에 물어보았고, 어떤 식이건 간에 일본의 형편에 맞도록 처치하라고 하였다.141) 이는 일본이 다음과 같이 타국 공사관으로의 파천에 대해 경계하고 있었기 때문이기도 하였다.

본 공사가 이달 2일 歸任하여 궁중과 정부 상황을 보건대 누구 할 것 없이 두려운 생각에 쫓겨 불안한 생각을 하고 있는 것 같고 그 중 잡배들은 이 기회를 틈타서 음모를 기도하고 있다. 이와 같다면 이 나라의 사정으로 보아 상식 이외의 불상사를 연출하게 될지도 알 수 없으며 가령 外館 파천과 같은 일은 열국 사신 중 이것을 맞아들이려는 의사가 없음은 물론이겠지만 잡배들의 蠱計로 황제를 속여 무리하게 외관 파천을 행하게 된다면 우리의 사정으로는 외관상 매우 좋지 못한 결과가 될 것이다.142)

일찍이 일본은 1904년 미국공사관 호위병이 늘어나, 고종의 잦은 파천 시도를 우려한 바 있었다.143) 이와 같은 일본의 우려에 부응하듯 11월 24일 미국은 대한제국에 있는 모든 권한과 자산, 외교적인 것들을 동경에 있는 외교 공사관으로 모두 옮길 것을 상의했다. 또한 미국 관리들은 대한제

---

141) 『주한일본공사관기록』 권24, (22)[日本의 對韓 정책에 대한 美國大統領의 견해 전달 件]來電歐第240號, 東京 桂→京城 公使, 1905년 11월 13일(發).
142) 本使本月二日歸任宮中並二政府ノ情況ヲ見ルニ就レモ危惧恐怖ノ念二驅ラレ 不安ノ思ヲ爲セルモノゝ如ク就中雜輩等ハ機二乘シ陰謀ヲ企テツゝアリ斯 テハ當國柄常識以外ノ椿事演セストモ限ラス縱ヘゝ外館播遷ノ事如キ列國 使臣中之ヲ迎フルノ意ナキハ勿論ノ事ナルモ雜輩ノ蠱計(蠱計의 오자인듯)皇 帝ヲ詐キ無理二外館播遷ノ擧二出テナハ我方ノ立場トシテハ外觀上甚タ面 白ナラサル結果ヲ成スヘク…(『주한일본공사관기록』 권26, (297)[伊藤 大使 來韓 전후사정 및 한국 황제 알현 전말 보고 건], 第437號, 林 公使→桂 外務大臣 1905년 11월 10일 오후 8시(發)).
143) 『주한일본공사관기록』 권23, 王電第16號 1904년 1월 5일.

국에서 모두 철수하고 미국으로 돌아갈 것을 지시 받았다.144) 이에 따라
공사관 자산과 문서들은 서울에 있는 미국 영사관으로 옮겨진 이후에, 점
진적으로 철수할 계획을 세우고 있었다. 마지막 주한 미국 공사였던 모건
(Edwin V. Morgan)은 이와 관련해서 3건의 별첨을 다루었다. 앞으로 대한제
국과 미국간의 일들은 동경에 있는 미국공사관에서 다뤄질 것이라는 내용
이었다.145) 이어 이토 히로부미는 주한 미국 공사의 철수를 지시하였다.146)

미국에서도 마찬가지였다. 주미한국공사관 金潤晶은 이완용으로부터 지
시를 받고 공사관의 자산과 모든 문서들을 일본으로 이양했고,147) 미국은
12월 16일자로 주미공사관의 폐쇄를 통보했다.148) 또한 주일미국대리공사
헌팅턴 윌슨 또한 미국공사관 철수와 더불어 대한제국에서의 외교는 일본
공사관에서 취급한다는 점을 외무성에 통지하였다.149)

그럼에도 불구하고 고종은 친일적인 기조를 유지하였던 미국에 지속적
으로 을사늑약이 무효임을 밝히고자 하였다. 먼저 을사늑약 이전 고종은
李承晩을 세계평화회의에 참가시키도록 하였고, 이에 대한 상당 금액을 지
출하기로 되어 있었지만, 김윤정의 비협조적 태도로 거부당하였다.150) 또

144) FRUS, Korea, the secretary of State to Minister Morgan, 1905.11.24.
145) FRUS, Korea, Minister Morgan to the Secretary of State, 1905.11.28.
146) 『주한일본공사관기록』권24, (107)[駐韓 美國公使館 撤退에 관한 件], 來電歐第
    257號, 東京 桂→京城 公使, 1905년 11월 25일.
147) FRUS, Korea, Yun Chung Kim to the Secretary of State, 1905.12.16.
148) FRUS, Korea, Secretary of State to the Yun Chung Kim, 1905.12.16.
149) 운노 후쿠죠, 앞의 책, 2008, 282쪽.
150) 『주한일본공사관기록』권26, (171)[미국에서의 세계평화회의에 李承晩을 참가시
    키도록 하는 궁중밀의 건], 第268號, 林 公使→東京 桂 大臣 1905년 7월 13일
    ; 김윤정은 이승만이 민영환에게 추천하여 주미대리공사에 임명되었다. 이승만
    은 미국으로 가 윤병구와 함께 루스벨트 대통령을 만나 30분간의 회담 끝에 대
    한제국의 독립청원서가 국무부를 통해 직접적으로 전달되면 러·일 강화회의 때
    그것을 제의한다고 약속받고, 김윤정에게 공식적으로 청원서를 보내길 원했으나,
    김윤정은 당시 대한제국으로부터 훈령이 없으면 하지 않는다는 이유로 거절하였
    다. 나가타 아키후미는 김윤정이 일본과 내통하고 있었기 때문에 이러한 태도를

한 워싱턴으로 파견된 프랑스 주재 한국공사 閔泳瓚은, 을사늑약은 일본에
의한 협박으로 이루어졌으며 무효가 되어야 한다고 주장했다. 그러면서 조
미수호통상조약의 제1조항인 거중조정을 언급하면서 미국이 도와주기를
원했다.

그러나 미 국무장관 엘리후 루트(Elihu Root)는 1904년 2월 23일(한일의
정서), 8월 22일(제1차 한일협약체결)에 이미 대한제국의 권한이 일본에게
거의 넘어가 버렸기 때문에 조약의 거중조정 적용은 불가능하다고 했
다.[151] 당시 미국 대통령 루스벨트의 동아시아정책은 일본 없이는 구축될
수 없으며 대한제국은 모든 국제조약체제에서 퇴출시켜야 한다는 논리를
가지고 있었기 때문이다.

민영찬의 독립호소는 『Evening Star』에도 실렸다. 이 신문의 12월 11일
판에 의하면 민영찬은 거의 30분 동안 회담을 가지고 대한제국의 일에 대
해 이야기했고, "자신의 임무가 비공식적인 것이므로 직접적인 요구는 하지
않았으나, 미국이 대한제국의 존재에 대해 공식적으로 인정해주면 고종이
매우 감사할 것"임을 분명하게 했으며 민영찬이 이번 임무에서 어떤 성과
를 얻은 것 같지 않다고 밝혔다. 12월 13일 판에 의하면 헐버트가 을사늑약
당시 강압적이고 부당한 상황에 대해 폭로한 사실을 다루었다. 『The Wa-
shington Post』 12월 12일자에서도 이와 같은 비슷한 내용을 실었다.[152]

보였다고 보고 있다(나가타 아키후미, 앞의 책, 2007, 160~166쪽). 심지어 일본공
사가 장차 김윤정을 영사관 직원으로 채용하여 봉급을 주자고 요청할 정도였다
(서영희, 앞의 책, 2003, 207쪽).
151) 『주한일본공사관기록』 권24, (288)韓帝密使 閔泳瓚에 관한 件, 送第11號, 外務
大臣 加藤高明→在韓 特命全權公使 林權助, 1906년 1월 25일 ; FRUS, Korea,
Secretary of State to Mr. Min Yeung-Than, Special Envoy without credentials,
1905.12.19, p.629.
152) 최정수, 앞의 논문, 2013, 163~165쪽 ; 1905년의 루스벨트 개인 문서를 보면 조선
인을 멸시하는 경향이 매우 강하였고, 문명국은 비문명국을 지배해야 한다는 신
념을 가지고 있었다. 그에게 있어서 일본은 조선보다 훨씬 상위에 있는 문명국이
었다(김기정, 앞의 책, 2002, 168~197쪽).

또한 베델은 『Korea Daily News』라는 일간 신문을 간행하여 일본군의 비밀을 폭로하였고, 헐버트의 『Korea Review』 또한 일본의 부당한 기사를 게재하였다. 이러한 보도가 장래 일본에 불이익이 될 것이라 생각하여 영국인 하치가 발간한 주간 신문 『서울 프레스』에 돈을 주어 일본에 대한 우호적인 기사를 내게 하였다.[153] 청일전쟁 때와 마찬가지로 자국에 대한 불리한 기사 발송을 방해하려는 일본의 의도였다. 또한 일본은 끝까지 고종이 타국 공사관으로 파천하는 것을 경계하였다.

고종은 1906년 2월경 다시 한 번 미국에 의지하기 시작하였다. 미국 변호사를 선임하여 독립을 하기 위한 그의 희망은 다음과 같았다. 우선 일본의 절대적 지배를 없애고, 외교를 담당할 대표자로도 유지하기 바랬다. 또한 미국이 거중조정을 지켜주길 바라며, 미국 의회가 이 사건에 대한 법적 발표를 하라고 다음과 같은 사실을 알리고자 하였다.

> (1) 미국과의 조약에서 나타난 사항(역자 주:거중조정)은 고려되지 않았다.
> (2) 일본은 1904년 2월 21일 대한제국의 독립과 황실의 통합을 해쳤다.
> (3) 일본은 대한제국의 독립의 모든 가능성을 박탈했으며, 황제를 조선총독의 지배 하에 두고 한반도를 실질적으로 흡수하였다.
> (4) 이러한 조치는 대한제국과 합의에 근거한 것처럼 보이지만, 이러한 합의는 불가항력적이었으며 황제로 하여금 불쾌감을 안겼다.[154]

---

153) 『주한일본공사관기록』 권26, (209) [베델·헐버트 발간지에 대항하기 위한 보조금 지급 승인 요청 건], 第311號, 林 公使→東京 桂 大臣, 1905년 8월 18일.
154) (1) American treaty promises have not been regarded in this matter.
　　(2) That Japan has violated her solemn covenant of February 21, 1904 to maintain the independence of Korea and the integrity of the Imperial House.
　　(3) That the Japanese have removed all vestige of independence from Korea except the bare and meaningless treaties: That they have put the Emperor under the control of a Japanese governor, and that they have practically absorbed the Koreans peninsula.
　　(4) That this action seems to be based upon agreements with Korea, but that these

하지만 알렌은 미국과 영국은 한국문제가 "대단히 성가신 것"으로 판단하고 이를 없앤 것을 기쁘게 생각한 것이라고 전망하였다. 언론은 한국에 대해 호의적일 수는 있지만, 미국의 일본 언론사가 강하고 조직력이 뛰어나기 때문에 이도 여의치 않을 것이라고 판단하였다.

을사늑약 체결 이후에 미국이 헐버트, 알렌, 민영찬을 통한 고종의 을사늑약 무효화 운동은 실패로 끝나게 되었고,[155] 고종의 미국변호사 선임을 통한 독립호소도 실패한 것으로 보인다. 주요한 사건이 발생할 때마다 미관파천을 시도하여 미국을 통해 자주 독립과 개화를 꿈꾸던 고종의 시도도 끝나게 되었다. 다만 을사늑약 이후 루스벨트에서 태프트로 바뀐 이후 만주를 중립화하려는 미국의 시도에 대하여, 일본이 눈치를 보고 한일병탄을 주저하게 만들었다는 주장을 고려할 때,[156] 을사늑약 이후 또 다른 고종의 미국에 대한 일방적 구애가 있을 가능성이 있어 보인다. 이는 후속 연구로 남겨둔다.

그러나 러일전쟁기 고종이 미국뿐만 아니라 프랑스 공사관으로의 파천을 시도했다는 점, 알렌문서에 보이듯 미국공사관 외에 제물포로 피신하려고 했다는 점, 전쟁이 발발하자 러시아 군대를 받아들일 준비가 되었다고 보고된 점 등을 보았을 때, 이 시기 고종의 파천 시도는 세력 개편을 위한 의도가 있었던 그 이전의 파천과는 다르게 본인의 안위를 위한 것으로 보인다.

한편 알렌은 1901년 대한제국 정부가 광산채굴권을 금지했음에도 불구하고, 이에 반대하는 보고를 내었다. 또한 광산채굴 계약을 연장하였고, 설

---

agreements were forced upon the Emperor much to his distaste quite against his will. That it was forces majeure(『알렌문서』「R2-B3-03-038」1906년 2월경).

155) 미국은 헐버트와 한국특사의 원조 요청을 거절하였고, 언론만 헐버트의 인터뷰에 주목하는 듯 하였지만, 이들 역시 일본의 대한정책을 지지하는 입장이었다. 이에 대해서는 한철호, 「헐버트의 만국평화회의 활동과 한미관계」, 『한국독립운동사연구』 29, 2007, 202~214쪽이 자세하다.

156) 최문형, 앞의 책, 2004, 417~418쪽.

탕사업 계약서 초안을 작성해 주었다.[157] 이로써 미국은 주한미국공사를 철수한 이후에도 한반도에서 이익을 가져갈 수 있었다.

1904년 알렌이 모스에게 보내는 편지에는 "아마도 그들은 스펀지가 마른 것 같다고 하지만 아직 (짜낼) 습기가 남아있다."[158]라는 내용이 있었다. 이는 한반도에서 미국의 이익을 끝까지 짜내려는 알렌의 의지가 담겨져 있는 내용이었다. 알렌의 이러한 의도를 모르고 고종은 계속해서 미국에게 의지를 하였고, 결국 대한제국의 외교권은 일본에 의해 박탈당했고 한미관계는 종결되었다.

---

157) 『알렌문서』 R4-L8-06-028b, Horace N. Allen to George P. Morgan 1905년 3월 23일.
158) …Perhaps they think the sponge is squeezed dry, but I fancy there is some moisture yet…(『알렌문서』 R4-L8-01-005 Horace N Allen to James R. Morse 1904년 6월 7일).

제8장

결론

　조선과 미국의 접촉은 1840년 경부터였다. 최한기의『지구전요』에서 미국을 소개한 것을 보면 미국이라는 나라에 대한 관심이 표명되긴 했으나 대부분 미국에 대해 명확히 알지는 못했고 그에 대한 태도도 미온적이었다. 조선에서 미국인식이 본격적으로 형성된 것은 아니었다. 양국 간의 본격적인 접촉은 1871년 신미양요였다. 흥선대원군의 쇄국정책 속에서 군사적 충돌인 신미양요가 발생하면서 미국이라는 나라를 재인식하게 되는 것이다. 신미양요는 흥선대원군의 집정 시절 발발하였으므로 양국 간 외교관계에 큰 진전을 보이지는 못했지만, 흥선대원군 하야 이후 고종이 정치 전면에 나서면서 고종의 대미인식에 큰 영향을 끼쳤다.

　신미양요 이후 조선은 미국을 洋賊으로 인식했지만, 미국은 이러한 조선의 적대적 반응에도 불구하고 지속적으로 조선에 경제적 통상을 요구하고 그 뜻을 관철시키려고 하였다. 특히 1880년 이후 미국 전권대사인 슈펠트의 활약으로 미국에 대한 조선의 인식은 호의적으로 전환되었다. 그 결과가 1882년 朝美修好通商條約의 체결이다. 또한 조선에서 호의적 미국관이 형성된 것은 조선 최초의 신문이자 관변적 성격을 가진 신문인『漢城旬報』의 여러 기사를 통해 확인된다.

　이러한 고종의 대외 인식 변화는『조선책략』의 유입이 그 원인 중 하나였고 미국에 대한 호의적인 관심도 점증시켰다. 그러나 이는 미국의 대조선 정책에 대한 적극성이 있었기 때문에 가능한 것이었다. 1880년 4월과 9월 사이에 있었던『승정원일기』와 슈펠트의 개인기록 등을 살펴보면 고종이 미국에 대한 호의적 관심을 가지게 된 것은 미국인의 역할이 상당했던 것으로 확인된다. 이렇게 형성된 고종의 호의적 미국인식이『한성순보』

에 고스란히 반영되어 있었다는 점은 주지의 사실이다.

고종은 1883년에 미국에 報聘使를 파견하여 정부 고위 관료들로 하여금 미국의 선진 문물을 배우게 하였고, 1887년에는 워싱턴에 사절단을 파견하여 정식 외교 관계를 맺게 하였다. 관료들의 복명 중 미국에 대한 인식은 매우 호의적이었으며, 이는 고종의 미국인식에도 큰 영향을 끼쳤다. 또한 미국인 선교사들의 호의적인 태도는 고종이 마치 그것이 미국 본연의 모습인 양 착각하게 만들었다.

이렇듯 신미양요로 적대적인 감정을 가지고 있었던 미국에 대해 고종 친정 이후 차츰 변화된 그의 대외인식과 더불어『조선책략』과 호의적 관심은 조미수호통상조약체결로 나타났고, 그 관심의 지속은 고종이 미국공사관으로의 파천을 요청하게 된 배경이라고 할 수 있다.

그동안은 俄館播遷이 외국 공사관 피신에 최초로 성공한 것으로 파악되었다. 그러나 고종은 이러한 시도 이전에 이미 미국을 '긴급할 때 도와줄 수 있는 진정한 친구', '사심 없는 친구'라고 할 정도로 호의적 관심을 보였고, 이러한 고종의 생각은 청일전쟁 직전 고종이 美館播遷을 요청하게 되는 상황으로 이어지게 된 것이다. 즉 고종은 春生門事件과 아관파천 이전에 이미 미관파천을 시도했던 것이다.

조선에서 미국을 대표하는 주한미국공사관원 허드(Augustine Heard)와 씰(John M. B. Sill) 등도 조선이 열강의 사이에서 위급한 상황에 처해있음을 이미 알고 있었다. 이들은 미국이 조선, 즉 고종을 도와준다면 고종이 위험에서 벗어날 수 있고, 미국 또한 자신들의 영향력을 증대시킬 수 있다고 생각했다. 고종 또한 미국을 다른 열강과 달리 조선을 적극적으로 지원해 줄 우방으로 생각하였다. 고종은 미국에 사관 파견을 요청하고 국방문제를 함께 논하거나, 주한미국공사를 미국에 파견하기도 하는 등의 친미정책을 펼쳤다. 특히 러젠드르(Legendre), 그레이트하우스(Greathouse) 등의 미국인들을 요직에 등용하였고, 친미 세력인 李采淵 등을 등용하였다. 고종은 청과 일본의 영향력에서 벗어나기 위해 친미정책을 적극적으로 추진하고자 했다.

이러한 상황 속에서 신정왕후(조대비)와 이를 빙자한 청국의 조선 내정간섭은 고종에게 위협이 되었다. 마침 동학농민운동으로 국내에서 위급한 상황이 벌어지자 미국은 해군 훈련을 요청했고, 고종은 이를 빌미로 미국 함대가 자주 와주기를 바랬다. 또한 신정왕후 장례식 당시 미군이 고종을 호위해 줄 것을 요청했다. 허드는 제물포에 정박시키고 있었던 미국 함대의 미군들을 신정왕후 장례식에 파견하였다.

그러나 이는 표면적인 것일 뿐이었다. 고종이 미국에 많은 의지를 하고 있었던 것에 비해 미국의 반응은 크지 않았다. 미국은 조선과의 우호 관계를 유지하고자 했으나 조선에서 영향력을 행사하고 있었던 청·일을 인식하면서 조선에 적극적인 도움을 주지는 않았다.

이러한 미국의 조선에 대한 정책적 입장은 청일전쟁 직전 고종의 미관파천 요청이 실패로 돌아가는 원인 중 하나였다. 고종은 1894년 청일전쟁 발발 직전 미국공사관으로의 파천을 처음 요청하게 된다. 조선은 전쟁을 감지하고 서울 주재 공사들에게 청일 양국군의 동시 철병을 권유하게끔 하였지만 요구는 받아들여지지 않았다. 고종은 왕족들과 고위 관료들에 대한 망명을 미국에 긴급하게 요청하였다.

그러나 미국은 조선의 내정에 미국이 물리력을 수반하여 강력하게 개입할 수 없다는 이유로 고종의 미관파천을 거절했다. 이는 고종이 조미수호통상조약 이후 반복되는 미국의 불간섭주의와 국제정세를 인식하지 못했을 뿐만 아니라, 미국을 통하여 조선 자주권을 확보하기 위한 어떠한 계획도 세워놓지 않은 상황에서 미국공사관으로의 파천을 시도했다는 한계를 가지고 있었다. 자신의 파천을 요청한 당일(1894년 7월 5일(양력))에 영국 공사관으로도 파천을 시도했다는 기록이 보인다는 점은 이를 여실히 보여주는 바다.

외국인들의 기록에 의하면 조선에서는 각 고문관들의 월급이 체불되었고, 매관매직이 성행했다고 하였다. 정부의 관리는 신정왕후 국상으로 말미암아 외국인들에게 월급을 줄 수가 없다고 직접 밝히기도 하였다. 주한 미국공사 측에서 본 고종의 성향은 "대체로 개혁의지가 있지만, 청과 일본에 가로 막혀 하지 못하고 서구 열강의 의견을 무분별하게 받아들여 자신의 판단을 내리지 못하는 경향이 있다."고 밝혔다. 이는 고종이 아무런 대책 없이 미국공사관으로의 파천을 시도하게 된 원인 중 하나였다.

청일전쟁 직전 미관파천이 시도로 끝나자, 고종은 미국에 군함파견까지 요청했다. 특히 친미 세력 중의 주요 인물이었던 이채연은 조선에 미국 함대를 불러오려고 적극적으로 노력했고, 고종 또한 이채연의 이러한 움직임이 성사될 것에 큰 기대를 걸고 있었다. 당시 일본군도 조선에 도착하고 청국과 일본이 각국의 군대 철수에 대한 합의점을 찾지 못하게 되자, 고종은 미국이 양국의 군대 철수에 대한 합의점을 찾게 해주는 구심점 역할을 해주지는 않을까 기대했던 것으로 보인다. 그러나 이 역시 허드의 거절로 실패로 돌아갔다.

당시 미국은 동아시아 국제관계에 있어서 소극적인 태도를 보였다. 영국은 러시아 견제를 위해 미국과 협력하여 일본을 철수시켜 자국의 이권이 보호받게 하는 것이 최선이었지만, 미국은 그에 대해 적극적인 태도를 보이지 않았다. 주한미국공사 씰이 조선에서 미국의 이권과 자국민의 보호를 위해 경비병에 대한 증원을 요구했고, 미국 정부의 지침에 반한 행동을 잠깐 했지만, 미국무부에 의해 저지당하였다. 미국은 양국 간 정치적 문제에 대해서는 개입하려고 하지 않았다. 이것은 조선에만 국한된 것이 아니었다. 청국도 마찬가지였다. 미국은 청국의 이권문제에만 관여했고, 정치적 문제에 대해서는 관여하지는 않았다.

한편, 일본은 조선의 소식이 외부에 흘러들어가지 않도록 각별히 신경을 썼다. 청일전쟁이 일본의 승리로 기울어지자, 일본은 대조선 정책의 해가 될 것을 우려하여 뉴욕 월드신문 특파통신원의 기사발송 방해공작을 펴기도 하였다. 주한미국공사 씰은 한동안 청일전쟁의 전황을 모르고 있었다. 이런 상황에서 일본은 청일전쟁이 조선의 독립을 위해 일으킨 전쟁이라고 주장하는 한편, 일본이 조선의 독립에 개입한다고 생각하는 미국에 대해 적극적으로 로비하였다. 일본은 서양 국가들에게 거듭 현 시점에서 자신들의 병사를 철수할 수 없는 이유에 대해 설명하였고, 주일미국공사 던(Edwin Dun)은 전쟁가능성이 없다고 미국무부에 보고하기도 하였다. 미국은 처음부터 친일적인 태도를 가지고 있었던 것은 아니다. 미국은 처음 일본에 전쟁 위험성에 대해 경고하기는 했지만, 이후 중립적인 입장을 취하였던 것이다.

청일전쟁을 승리로 이끈 일본은 조선에서의 주도권을 완전히 확보하는 듯 보였지만, 삼국간섭과 명성황후를 비롯한 민씨세력들의 引俄拒日 정책으로 방해받게 되었고 이에 명성황후 시해사건을 일으키게 된다. 조선에 있던 미국인들은 이에 대해 적극 항의했지만, 미국은 주한미국인들에게 중립을 지킬 것을 당부하였다. 씰의 적극적인 항변에도 불구하고 미국의 태도는 엄정하였다.

청일전쟁이 끝나고 일본이 조선에서의 세력을 펼치려고 하자 러시아·독일·프랑스 등이 이에 제동을 걸었고, 조선에서도 명성왕후가 인아거일 정책으로 일본의 위협에 제동을 걸자 명성황후 시해사건이 발생하였던 것이다. 신변의 위협을 느낀 고종을 궁 밖으로 대피시키려고 했던 춘생문사건이 발생하였다. 이 사건은 林最洙와 李道徹 등 궁내부 인사들이 주도적으로 일으켰지만, 당시 미국인 선교사 및 고문관들이 대거 고종의 곁에 있었고, 참여 인사 중 많은 수가 미국공사관으로부터 도움을 받으려고 하였다. 특히 尹雄烈은 미국통인 아들 尹致昊를 통해 미국공사관의 지원을 받으려 하였고, 당시 이를 감지한 알렌은 미국공사관을 하루 종일 열어두기도 하였다. 씰은 춘생문사건을 주도했던 8명을 미국공사관으로 도피시켰지만

미국무부의 반대는 매우 심하였다. 윤치호는 돌변하는 미국의 태도에 난색
을 표하기도 하였다.

이때까지는 조선 주재 미국인들이 어느 정도 개입하여 호응하는 경향을
보였지만, 이후 고종의 미관파천 요청에서 미국의 이러한 태도는 전혀 찾
아볼 수 없다. 아관파천 전후로 친러파 金鴻陸이 집권한 이후 조정의 인사
권은 모두 그에게 있었고, 이에 반발하는 대신들은 전부 좌천되었다. 게다
가 공격적인 친러인사 쉬뻬이에르가 집권하게 되자 고종은 마음대로 개혁
을 할 수 없는 상황에 이르렀다. 이렇게 되자 고종은 다시 한 번 미국공사
관으로 파천을 요청하였다. 대한제국을 선포한지 얼마되지 않은 상황에
서 고종의 이러한 미국공사관 파천요청은 그가 얼마만큼 미국에 의지하
고 있는지를 보여주는 상황이며, 당시 자주개혁의 한계를 여실히 보여주
는 바다.

알렌은 고종의 미관파천 요청을 거부하였고, 미국무부 역시 이에 대해
경계하여 실패하고 말았다. 문제는 러시아와 김홍륙이 미관파천 시도를 알
게 되자 친러파의 압박은 더욱 심해졌고, 급기야 고종은 궁내부 대신들로
하여금 김홍륙 제거를 지시하게 된다. 그러나 김홍륙의 제거는 찰과상을
입은 정도에서 실패로 끝나게 되었고 고종은 더욱 궁지에 몰렸다. 그런데
마침 로젠 - 니시협정으로 러시아 세력이 대한제국에서 주춤하게 되었고
러시아 공사도 쉬뻬이에르에서 마튜닌으로 교체되었다. 이에 고종은 김홍
륙 제거를 시도하여 성공하였고(김홍륙 독차사건), 친미파 이채연을 다시
한성판윤에 기용하였다. 알렌은 김홍륙 독차사건 이후에 출범한 새 내각에
워싱턴을 다녀온 경험이 있는 朴定陽·閔泳煥·閔商鎬을 임명하여 독립협
회가 매우 만족하고 있다는 내용을 미국무부에 보고하기도 하여 대한제국
에서 다시 친미세력이 정권을 주도하는 것처럼 보였다.

하지만 이는 매우 일시적인 것이었다. 보부상을 중심으로 한 황국협회
의 반발로 인해 독립협회는 탄압을 받게 되었고, 고종은 이를 통해 친미내

각을 해산시키기에 이르렀다. 러시아 득세기 미관파천 시도에 대한 책임을 회피했던 趙秉式과 친러파 閔種默이 새 내각에 기용되었다는 사실은 다시 수구화되는 과정을 보여주는 것이었다.

김홍륙 제거작전 이후 친미파 이채연의 한성판윤 재기용과 그의 재임 시 한성판윤자격으로 독립협회와 갈등을 해결해야 하는 상황은 당시 복잡한 사회 정황을 보여주는 지표일 뿐만 아니라 고종이 수구세력을 기용하면서도 미국에 계속 의지하고 있는 모습을 보여주는 것이었다.

여러 차례 미관파천이 시도로 끝났음에도 불구하고 고종은 계속 미국에 의지하려 하였다. 1898년 미서전쟁 이후 미국이 적극적인 동아시아 정책을 펼치게 되자 미국은 이권에 저해가 될 것을 우려한 나머지 청국 영토보전 문제에 개입하였고, 이를 알게 된 고종은 그러한 영토보전을 대한제국에도 적용해 줄 것을 바랐다. 1899년에 정부 주요 대신의 저택에 폭탄 투척 시도가 일어나서 고종이 왕립도서관으로 대피하는 사건이 일어나는 한편, 대외적으로는 1900년 의화단사건으로 만주를 둘러싼 열강의 갈등이 첨예화되었다. 이러한 상황 속에서 고종은 미국에 독립을 보전해줄 것을 요청하는 한편, 미국공사관 피신을 위해 내탕금 100만 원을 미국공사에 위탁하기도 하였다. 또한 미국의 병력을 파견 받아 의화단사건에 대처하려는 움직임이 일본에 의해 정탐되기도 하였다.

고종은 미군 100명이 미국공사관에 주둔하고 있었던 1904년 1월을 전후하여 또 다시 미국공사관으로 파천을 요청하였다. 일본은 이 때 고종의 잦은 파천시도에 우려감을 표했다. 이 시점부터 고종의 미관파천 요청은 미국에 의지하여 대한제국의 독립을 보전하기 위한 의도보다는 고종 본인의 안위를 위한 것이 더 컸던 것으로 확인된다. 이것은 당시 고종이 프랑스 공사관으로도 파천을 시도했었고, 지방으로의 피난도 고려했던 정황에서 그 의도가 확인된다. 러일전쟁 직전 미관파천 요청은 청일전쟁 직전보다도 일본의 위협이 더욱 노골화되었다. 하야시 곤스케는 고종의 타 공사관 파천 시도 소식이 들리자, 두 차례에 걸쳐 경고했다.

당시 고종은 미국이 원하던 의주의 개시문제를 두고 러시아의 눈치를 보며 시간을 끌고 있었다. 이러한 상황에서 러일전쟁의 전운이 감돌았는데, 전쟁발발을 전후해 미국이 원하던 의주의 개방을 결정하고 미국공사관으로 파천을 요청하였으나 또 다시 미국의 거절로 실패하였다.

그런데 설상가상으로 이 시기 미국이 운영하던 전차의 운전자 폭행사건이 일어나 민중과 이 전차를 지키려는 미군들이 갈등을 벌이는 등 당시 내부적으로 한미관계가 악화되는 사건이 발생하였지만, 고종의 미국에 대한 기대는 계속 이어졌다. 고종은 趙民熙를 통하여 지속적으로 미국에 독립보전 요청을 하였지만, 미국은 이미 1904년 2월 당시부터 일본에 호의적인 태도를 보여주었다.

미국에서는 멕킨리(William McKinley) 대통령이 암살당하고, 친일적 태도를 가지고 있었던 시어도어 루스벨트(Theodore Roosevelt)가 대통령에 취임하게 된다. 이로 인해 대한제국에 개입한 열강에 대해 중립적 태도를 견지하던 미국은 점차 일본의 대외정책을 지지하는 방향으로 기울어지게 되었다. 러일전쟁이 가속화 되고, 일본의 위협이 증대될 쯤에 고종은 미국공사관으로 파천하려고 하였다. 이와 함께 러시아에 군대 파견을 요청하였다. 고종이 미관파천을 시도하면서 러시아에게 군대파견을 요청한 것은 미국을 통한 대한제국의 자주개혁을 펼치기 힘들다는 고종의 생각이 반영된 것이라 볼 수 있다. 고종은 이미 여러 차례 미관파천의 실패를 통해 미국의 태도와 입장을 경험했기 때문이다. 이는 역설적으로 미관파천 요청 역시 미국을 통한 개혁의지의 실현보다는 고종 본인의 안위를 위한 것이 컸다고 볼 수 있는 것이다. 고종이 미국공사관으로 여러 차례 파천 요청을 했을 때 유화적인 태도를 보였던 알렌의 태도 또한 이 시점에 있어서는 매우 단호하였다.

청일전쟁과 러시아득세기, 러일전쟁 전후를 한 고종의 미관파천 시도는 미국에 의해 철저히 거부되었다. 고종은 미국무부의 비협조적인 태도에도 불구하고 조선에 지속적으로 호의를 표명한 알렌과 같은 조선주재미국인들에게 희망을 걸었던 것이다. 다시 말해 고종은 조선주재미국인들이 표명하는 호의적인 관심을 통해 언젠가는 미국이 열강으로부터 조선의 안위를 보장해 주고 독립을 도와줄 것이라는 기대를 가졌다. 그러나 이는 미국의 이권을 확보하는 것에 도움을 준 것일 뿐이었다. 의화단사건이 발생할 때 고종은 미국에 병력파견을 요청했지만, 미국은 병력파견은 거부하면서 광산채굴권은 온전히 확보하였다. 미국인들은 조선의 기대를 역이용하여 의주 개방을 하는 것에도 성공을 거두었다.

1880년 조선책략의 도입 이후 고종이 친미인식은 조미수호통상조약 이후 외교사절단의 파견을 거치면서 점차 강화되었다. 신정왕후 승하 이후 미군 파견을 요청하고, 갑오개혁 이후에 워싱턴에 파견했던 친미세력들을 요직에 등용하는 등 그의 친미인식은 점차 공고화되었다. 이러한 상황에 청일전쟁, 러일전쟁 등 동아시아 정세를 뒤흔드는 사건들이 발생할 때마다 고종은 미국공사관으로의 파천을 요청하게 되었던 것이다. 그의 친미인식이 유지될 수 있었던 배경에는 조선내의 미국공사관들이 그에게 직접적인 도움을 주지 않고, 외교적인 언행을 하면서 친근한 태도를 보였고, 고종은 이것이 미국의 본 모습인 것으로 믿고 계속 미국에 의지했다.

청일전쟁기 미국공사관에 파천을 요청하고 다시 영국공사관에 파천을 요청한 점, 러일전쟁기에도 미국공사관에 파천을 요청하면서 프랑스공사관에 파천을 요청하고 지방으로도 피난을 요청했던 점은 그의 신변 안전을 도모하기 위한 것으로 생각된다. 또한 고종의 미관파천 시도는 미국을 축으로 한 외교적 전략이었으며, 당시의 한미관계를 가장 단적으로 보여주는 예라고 할 수 있겠다.

참고문헌

1. 자료

1) 한국측사료

『高宗實錄』(http://sillok.history.go.kr)
『舊韓國外交文書』(http://www.krpia.co.kr)
『구한말조약휘찬』, 1964, 국회도서관 입법조사국
『同文彙考』(http://contents.nahf.or.kr)
『매천야록』(황현 저, 이장희 교주, 『이장희전집 6권(매천야록 1)』, 경인문화사, 2011)
『미행일기』(박정양 저, 한철호 역, 『미행일기』, 국외소재문화재재단, 2014)
『承政院日記』(http://db.itkc.or.kr)
『雙忠集』(신미양요기념사업회, 『쌍충집』, 1984)
『尹致昊日記』(국사편찬위원회 편집부, 『윤치호일기5~6』, 탐구당, 1971)
『朝鮮事務書』(http://contents.nahf.or.kr)
『籌辦夷務始末』(http://contents.nahf.or.kr)
『韓末近代法令資料集』(송병기 외 2명 편『韓末近代法令資料集 I-IX』, 국회도서관)
『독립신문』
『매일신문』
『제국신문』
『漢城旬報』
『皇城新聞』

2) 일본측사료

『駐韓日本公使館記錄』(http://db.history.go.kr)
『在韓苦心綠』(한상일 역, 『서울에 남겨둔 꿈』, 건국대학교 출판부, 1993)
『蹇蹇錄』(무쓰 무네미쓰 저, 김승일 역, 『蹇蹇錄』, 범우사, 2016)
『日本外交文書』(https://www.jacar.go.jp)

3) 중국측사료

『淸季中日韓關係史料』(中央硏究院近代史硏究所, 『淸季中日韓關係史料』, 1986)

4) 구미사료

『뮈텔주교일기』(한국교회사연구소, 2008)

『알렌의 일기』(Horace N. Allen 저, 김원모 역, 『알렌의 일기』, 단국대학교 출판부, 2017)

『알렌문서』(건양대학교 김현숙교수님팀 근대 전환기 알렌문서)

『프랑스외무부문서』(국사편찬위원회, 프랑스외무부문서5·6, 2003)

George C. McCune and John A. Harrison, eds., Korean-American Relations, 1883 ~1886, Berkeley: University of California Press, 1951 Spencer J. Plamer, ed., Korean-American Relations 1887~1895, Berkeley: University of California Press, 1963.

Scott S. Burnett, ed., Korean-American Relations, 1896~1905(Honolulu University of Hawaii Press, 1989.

Park Il keun ed, ANGLO-AMERICAN DIPLOMATIC MATERIALS RELATING TO KOREA, 집문당, 1982(박일근, 『근대한국관계 영미외교자료집』, 1982, 집문당)

George C. McCune and John A. Harrison, eds., Korean-American Relations,

Papers relating to the foreign relations of the United States, with the annual message of the president, transmitted to Congress December 2, 1895 Part II Washington, D.C.: U.S. Government Printing Office, 1895.

United States Department of State Foreign relations of United States, 1894.

Appendix I Washington, D.C.: U.S. Government Printing Office, 1894.

United States Department of State

Papers relating to the foreign relations of the United States, with the annual message of the president, transmitted to Congress December 2, 1895 Part I Washington, D.C.: U.S. Government Printing Office, 1895.

United States Department of State

Papers relating to the foreign relations of the United States, with the annual message of the president, transmitted to Congress December 2, 1895 Part II Washington, D.C.: U.S. Government Printing Office, 1895.

United States Department of State

Papers relating to the foreign relations of the United States, with the annual message

of the president transmitted to Congress December 7, 1896, and the annual report of the secretary of state
Washington, D.C.: U.S. Government Printing Office, 1896.

United States Department of State
Papers relating to the foreign relations of the United States, with the annual message of the president transmitted to Congress December 6, 1897 Washington, D.C.: U.S. Government Printing Office, 1897.

United States Department of State
Papers relating to the foreign relations of the United States, with the annual message of the president transmitted to Congress December 5, 1898 Washington, D.C.: U.S. Government Printing Office, 1898.

United States Department of State
Papers relating to the foreign relations of the United States, with the annual message of the president transmitted to Congress December 5, 1899 Washington, D.C.: U.S. Government Printing Office, 1899.

United States Department of State
Papers relating to the foreign relations of the United States, with the annual message of the president transmitted to Congress December 3, 1900 Washington, D.C.: U.S. Government Printing Office, 1900.

United States Department of State
Papers relating to the foreign relations of the United States, with the annual message of the president transmitted to Congress December 3, 1901 Washington, D.C.: U.S. Government Printing Office, 1901.

United States Department of State
Papers relating to the foreign relations of the United States, with the annual message of the president transmitted to Congress December 2, 1902 Washington, D.C.: U.S. Government Printing Office, 1902.

United States Department of State
Papers relating to the foreign relations of the United States, with the annual message of the president transmitted to Congress December 7, 1903 Washington, D.C.: U.S. Government Printing Office, 1903.

United States Department of State
Papers relating to the foreign relations of the United States, with the annual message of the president transmitted to Congress December 6, 1904 Washington, D.C.: U.S. Government Printing Office, 1904.

United States Department of State

Papers relating to the foreign relations of the United States, with the annual message of the president transmitted to Congress December 5, 1905 Washington, D.C.: U.S. Government Printing Office, 1905.

(이하 http://digicoll.library.wisc.edu/FRUS/Search.html)

김종헌 역, 『근대한러관계 연구 러시아 연구 번역집 Ⅰ』, 선인, 2008.

이원용 역, 『러시아 문서 번역집 Ⅲ』, 선인, 2011.

황 현 저·이장희 역주, 『역주 매천야록 2권』, 경인문화사, 2011.

정 교 저·김우철 역주, 『대한계년사 3권』, 소명, 2004.

H.N. 알렌 저, 신복룡 역주, 『조선견문기(한말 외국인 기록 4)』, 1999.

W.F. 샌즈 저, 신복룡 역주, 『조선비망록(한말 외국인 기록 18)』, 1999.

2. 연구 논저

1) 저서

A. 말로제모프 저, 석화정 역, 『러시아의 동아시아 정책』, 지식산업사, 2002.

강상규, 『19세기 동아시아의 패러다임 변환과 한반도』, 논형, 2008.

_____, 『19세기 동아시아의 패러다임 변환과 다중거울』, 논형, 2012.

_____, 『조선정치사의 발견』, 창비, 2013.

구선희, 『한국근대 대청정책사연구』, 혜안, 1999.

국방부전사편찬위원회, 『병인·신미양요사』, 국방부전사편찬위원회, 1982.

국제역사학회의 한국위원회, 『한미수교 100년사』, 1982.

권오신, 『미국의 제국주의 : 필리핀인들의 시련과 저항』, 문학과지성사, 2000.

권오영, 『최한기의 학문과 사상연구』, 집문당, 1999.

권혁수, 『근대 한중관계사의 재조명』, 혜안, 2007.

김기정, 『미국의 동아시아 개입의 역사적 원형과 20세기 초 한미 관계 연구』, 문학과 지성사, 2003.

김명호, 『초기 한미관계의 재조명』, 역사비평사, 2005.

_____, 『환재 박규수 연구』, 창비, 2008.

김성혜, 『재위 전기 고종의 통치활동』, 선인, 2013.

김세민, 『한국 근대사와 만국공법』, 경인문화사, 2002.

김영수, 『미쩰의 시기-을미사변과 아관파천-』, 경인문화사, 2012.

김용구, 『세계관 충돌과 한말외교사, 1866~1882』, 문학과 지성사, 2001.

김원모, 『한미수교사』, 철학과 현실사, 1999.

_____, 『한·미 외교관계 100년사』, 철학과 현실사, 2002.

_____, 『개화기 한미 교섭관계사』, 단국대학교 출판부, 2003.

김윤희, 『이완용 평전』, 한겨레출판사, 2011.

김종학, 『개화당의 기원과 비밀외교』, 일조각, 2017.

김현숙, 『근대 한국의 서양인 고문관들』, 한국연구원, 2008.

김홍식 외, 『대한제국의 토지제도』, 민음사, 1990.

김홍수, 『한일관계의 근대적 개편과정』, 서울대학교 출판부, 2009.

문일평, 『한미오십년사』, 탐구당, 2016.

민경배, 『알렌의 선교와 근대한미외교』, 연세대 출판부, 1991.

박 보리스 드미트리예비치 저, 민경현 옮김, 『러시아와 한국』, 동북아역사재단, 2010.

박일근, 『근대한미외교사』, 박우사, 1968.

_____, 『미국의 개국정책과 한미외교관계』, 일조각, 1981.

박종근 저, 박영재 역, 『청일전쟁과 조선』, 일조각, 1988.

박종효, 『한반도 분단론의 기원과 러·일 전쟁』, 선인, 2014.

백낙준, 『한국개신교사(1832~1910)』, 연세대학교 출판부, 1973.

서영희, 『대한제국 정치사 연구』, 서울대학교 출판부, 2005.

손정숙, 『한국 근대 주한 미국공사 연구』, 한국사학, 2003.

송병기, 『근대한중관계사연구』, 단국대학교 출판부, 1987.

_____, 『조선, 미국과의 첫 만남』, 고즈윈, 2005.

신복룡, 『동학사상과 갑오농민혁명』, 선인, 2006.

신용하, 『갑오개혁과 독립협회운동의 사회사(신용하 저작집34)』, 일조각, 2001.

_____, 『독립협회연구(上)』, 일조각, 2006.

유영렬, 『개화기의 윤치호 연구』, 한길사, 1986.

유영익, 『갑오경장연구』, 일조각, 1990.

_____ 외, 『한국인의 대미인식』, 민음사, 1994.

육군 군사연구소, 『한국군사사 9(근·현대)』, 육군본부, 2012.

이광린, 『한국개화사의 제문제』, 일조각, 1986.

이민식, 『근대한미관계사』, 백산자료원, 2001.

이민원 외 4명, 『고종시대 정치리더십연구』, 한국학중앙연구원 출판부, 2017.

이민원, 『명성황후 시해와 아관파천』, 국학자료원, 2002.

이배용, 『구한말 광산이권과 열강』, 한국연구원, 1984.

이보형 외, 『한미수교 100년사』, 국제역사학회의 조선위원회, 1982.

이승렬, 『제국과 상인』, 역사비평사, 2007.

이완범, 『한반도 분할의 역사』, 한국학중앙연구원 출판부, 2013.

이완재, 『박규수연구』, 집문당, 1999.

이태진, 『고종시대의 재조명』, 태학사, 2000.

이태진·김재호 외 9명, 『고종황제 역사 청문회』, 푸른역사, 2005.

이헌주, 『강위의 개화사상 연구』, 선인, 2018.

장영숙, 『고종의 정치사상과 정치개혁론』, 선인, 2005.

조재곤, 『그래서 나는 김옥균을 쏘았다』, 푸른역사, 2005.

_____, 『한국 근대사회와 보부상』, 혜안, 2001.

_____, 『한국군사사』, 국방부 군사편찬위원회, 2012.

_____, 『전쟁과 인간 그리고 '평화' - 러일전쟁과 한국사회 - 』, 선인, 2017.

최덕규, 『제정 러시아의 한반도 정책 1891~1907』, 경인문화사, 2008.

최문형, 『한국을 둘러싼 제국주의 열강의 각축』, 지식산업사, 2001.

_____, 『러시아의 남하와 일본의 조선침략』, 지식산업사, 2007.

_____, 『국제관계로 본 러일전쟁과 일본의 한국병합』, 지식산업사, 2004.

최병옥, 『개화기의 군사정책연구』, 경인문화사, 2000.

한국역사연구회 근대사분과 토지대장연구반, 『대한제국의 토지조사사업』, 민음
사, 1995.

한철호, 『친미개화파연구』, 국학자료원, 1999.

_____, 『한국 근대 개화파와 통치기구 연구』, 선인, 2009.

_____, 『한국근대 주일한국공사의 파견과 활동』, 푸른역사, 2010.

현광호, 『대한제국의 대외정책』, 신서원, 2002.

_____, 『고종은 외세에 어떻게 대응했는가』, 신서원, 2011.

후지무라 미치오 저·허남린 옮김, 『청일전쟁』, 소화, 1997.

Yur-Bok Lee and Wayne Patterson, One Hunred Years of Korean-American Relations,
1882-1982, The University of Albama Press, 1882.

Tyler Dennett, "President Roosevelt's Secret Pact With Japan," Current History XXI,
1924, Raymond A., Esthus, "The Taft-Katsura Agreement - Reality or
Myth?", Journal of Modern History Vol. XXXI, 1959.

Fred Harvey Harrington, God Mammon and the Japanese - Dr. Horace N. Allen and
Korean-American Relations, 1884-1905, The University of Wisconsin Press
Madison, Wisconsin, 1944(해링턴 著 이광린 校註, 『개화기의 한미관계』,

일조각, 1973).

Yur-Bok Lee and Wayne Patterson, One Hunred Years of Korean-American Relations, 1882-1982, The University of Albama Press, 1982.

한철호, 『미국의 대한정책(1834~1950)(한림대학교 아시아문화연구소 자료총서1 Department of State, U.S. Unites States Policy Regarding Korea(1834~1950)』, 한림대학교 출판부, 1987.

곽태환, 존 체이, 조순성, 섀넌 맥퀸 편저, U.S-Korean Relations 1882-1982, 경남대학교 극동문제연구소, 1982.

中塚明, 『歷史の僞造をただす 戰史から消された日本軍の「朝鮮王宮占領」』, 高文硏, 1997(나카츠카 아키라 저·박맹수 역, 「1894년 경복궁을 점령하라」, 푸른역사, 2002.

岩波新書, 『韓國倂合史の硏究』, 岩波書店, 2000(운노 후쿠쥬 저·정재정 옮김, 『한국병합사연구』, 논형, 2008).

田保橋潔, 『近代日鮮關係の硏究(下卷)』, 1944(타보하시 기요시 저·김종학 역, 『근대 일선관계연구 하』, 2016).

長田彰文, 『セオドア·ルーズベルトと韓國 韓國保護國化と米國』, 未來社, 1996 (나가타 아키후미 저·이남규 역, 『미국, 한국을 버리다』, 기파랑, 2007).

原田敬一, 『日淸戰爭』, 弘文館, 2008.

A. 말로제모프 저·석화정 역, 『러시아의 동아시아 정책』, 지식산업사, 2002.

2) 논문

강만길, 「대한제국의 성격」, 『창작과 비평』 13-2, 1978.

강상규, 「고종의 대외인식과 외교정책」, 『한국사시민강좌』 19, 1996.

_____, 「박규수와 고종의 정치적 관계 연구」, 『동양정치사상사』 11-1, 2012.

구선희, 「청일전쟁의 의미 - 조·청 '속방' 관계를 중심으로 -」, 『한국근현대사연구』 37, 2006.

권오영, 「최한기의 서구제도에 대한 인식」 『한국학보』 62, 1991.

김소영, 「용암포사건에 대한 대한제국의 위기의식과 대응」, 『한국근현대사연구』 31호, 2004.

김영수, 「러시아군사교관 단장 뿌짜따와 조선군대」, 『군사』 61, 2006.

_____, 「명례궁약정과 한러비밀협정을 통해본 모스크바대관식」, 『역사와 현실』 106, 2017.

_____, 「주한 러시아공사 쉬뻬이에르의 외교활동과 한국정책」, 『역사학보』 233, 2017.

_____, 「춘생문사건 주도세력 연구」, 『사림』 25, 2006.

김원모, 「미국의 대한 거중조정(居中調停)(1882-1905)」, 『사학지』 8, 1974.

_____, 「미국의 최초 조선개항시도(1866-69)」, 『사학지』 10, 1976.

_____, 「시위드(William Henry Seward)의 팽창주의정책 연구(1861-69)」, 『사총』 20, 1976.

_____, 「초기 한·미 교섭의 전개(1852~66)」 『논문집』 10, 1976.

_____, 「미국의 조선원정과 제1차 조미전쟁(1871)」, 『동양학』 8, 1978.

_____, 「로저스함대의 내침과 어재연의 항전」, 『동방학지』 29, 1982.

_____, 「페비거의 탐문항행(探問航行)과 미국의 대한포함외교(1868)」, 『동방학지』 35, 1983.

_____, 「슈펠트의 탐문항행(探問航行)과 조선개항계획(1867)」, 『동방학지』 35, 1983.

_____, 「서광범 연구(1859~1897)」, 『동양학』 15, 1985.

_____, 「조선 보빙사의(報聘使) 미국사행 (1833) 연구(상)」, 『동방학지』 49, 1985.

_____, 「조선 보빙사의(報聘使) 미국사행 (1833) 연구(하)」, 『동방학지』 50, 1986.

_____, 「미국의 친일정책이 일본의 한국침략에 미친 영향」, 『미소연구』 1, 1987.

_____, 「장인환의 스트븐즈 사살사건 연구」, 『동양학』 18, 1988.

_____, 「알렌의 한국독립보전정책(1903)」, 『동양학』 20, 1990.

_____, 「조미조약 체결 연구」 『동양학』 22, 1992.

_____, 「이홍장의 열국입약통상권고책과 조선의 대응(1879~1881)」, 『동양학』 24, 1994.

김원수, 「러일전쟁의 발단과 의주 개방 문제」, 『한일관계사연구』 11, 1999.

김윤희, 「대한제국기 황실재정운영과 그 성격」, 『한국사연구』 90, 1995.

김정기, 「1882년 조미수호통상조약과 이권 침탈」, 『역사비평』 17, 1992.

김진희, 「백인의 의무」, 『미국사연구』 19, 2004.

김현철, 「청일전쟁시 미국의 대한반도 전략분석 ─공사관 활동을 중심으로─」, 『軍史』 47, 2002.

남궁곤, 「미국 고립주의 외교의 사회적 배경」, 『한국정치학회보』 35, 2001.

도면회, 「정치사적 측면에서 본 대한제국의 역사적 성격」, 『역사와 현실』 19, 1996.

문일웅, 「대한제국 성립기 재일본 망명자 집단의 활동(1895~1900)」, 『역사와 현실』 81, 2011.

박맹수, 「19세기 말 동아시아 전쟁에 대한 일본인의 '왜곡된' 기억」, 『역사와 현실』 51, 2004.

_____, 「동학농민혁명기 재조일본인의 전쟁협력 실태와 그 성격」, 『한국독립운동사연구』 36, 2010.

박성래, 「中國近代의 西洋語 通譯史: 1883년부터 1886년까지」, 『국제지역연구』 7-1, 2003.

박일근, 「한미수호조약에서 본 미·중의 대한외교정책 - 고종의 밀사외교를 중심으로 - 」, 『조선정치학회보』 11, 1977.

박한민, 「조일수호조규 체제의 성립과 운영 연구(1876년~1894년)」, 고려대학교 박사학위 논문, 2017.

서진교, 「대한제국기 고종의 황제권 강화정책 연구」, 서강대학교 박사학위 논문, 1998.

석화정, 「청일전쟁 전황(戰況)과 '조선의 독립' 문제에 대한 열강의 정책」, 『軍史』 102, 2017.

손승철, 「1872년 일본의 왜관점령과 조선침략」, 『軍史』 28, 1994.

손정숙, 「구한말 주한 미국공사들의 활동과 개인문서 현황」, 『이화사학연구』 30, 2003.

_____, 「주한 미국 임시대리공사 포크 연구(1884-1887)」, 『한국근현대사연구』 31, 2004.

_____, 「주한 미국공사 알렌(H. N. Allen)의 외교활동(1897~1905)」, 『이화사학연구』 31, 2004.

송병기, 「광무개혁연구」, 『사학지』 6, 1972.

_____, 「19세기 말의 연미론 연구」, 『사학연구』 28, 1978.

_____, 「김윤식·이홍장의 보정부 천진회담 상; 조미조약 체결(1882)을 위한 조청교섭 」, 『동방학지』 44, 1984.

_____, 「김윤식·이홍장의 보정부 천진회담 하; 조미조약 체결(1882)을 위한 조청교섭 」, 『동방학지』 45, 1984.

신용하, 「'광무개혁론'의 문제점 - 대한제국의 성격과 관련하여」, 『창작과 비평』 13-3, 1978.

신효승 「1871년 미군의 강화도 침공과 전황분석」, 『역사와 경계』 93, 2014.

엄찬호, 「연미론을 통해 본 고종의 균세정책」, 『사학연구』 58·59합집, 1999.

_____, 「고종의 대외정책 연구」, 강원대학교 박사학위 논문, 2000.

_____, 「韓末 高宗의 中立化政策 연구」, 『강원사학』 22·23합집, 2008.

오연숙, 「대한제국기 궁내부특진관의 운용」, 『사학지』 31, 1998.

오영섭, 「고종과 춘생문 사건」, 『향토서울』 68, 2006.

오진석, 「한성전기회사의 설립과 경영변동」, 『동방학지』 139, 2007.

이완범, 「필리핀 혁명과 미국」, 『한국정치학회보』 30, 1996.

이우진, 「태프트·가쓰라 비망록의 평가」, 『한국정치외교사학회회보』 32, 1993.

이헌주, 「1880년대 초반 강위의 연미자강론」, 『한국근현대사연구』 39, 2006.

장경호, 「고종대 한성판윤 이채연의 정치성향과 활동」, 『향토서울』 85, 2013.

_____, 「고종의 반청인식과 조선주재 미국인들」, 『강원사학』 26, 2014.

_____, 「아관파천 전후 정치권력 변화와 김홍륙 독차사건 재검토」, 『한국근현대사연구』 81, 2017.

_____, 「청일전쟁 직전 고종의 대미의존 심화와 美館播遷 시도」, 『한국근현대사연구』 86, 2018.

_____, 「명성황후 시해사건과 춘생문사건 당시 미국의 태도」, 『강원사학』 31, 강원사학회, 2018.

_____, 「대한제국 선포 직후 고종의 미관파천(美館播遷) 시도」, 『한국학』 42-2, 2019.

_____, 「19세기 말~20세기 초중반 미국 유학생들의 명단과 졸업 후 활동」, 『한국민족운동사연구』, 105, 2020.

장유승, 「19세기 지식인의 정체성 변화와 그 배경 – 槐庭 吳相奎의 생평과 근대문명 인식」, 『고전문학연구』 41, 2012.

장희흥, 「대한제국기 내시 강석호의 활동」, 『사학연구』 89, 2008.

정경민, 「조선의 초대 주미조선공사 파견과 친청노선 강화」, 『역사와 현실』 96, 2015.

정경희, 「미국 헌법의 제정과 연방공화국의 건국」 『역사학보』 198, 2008.

정동귀, 「20世紀 初頭에 있어서의 美國의 對韓政策과 韓國의 對應」, 『한국정치학보』 16, 1982.

정재정, 「일본의 대한 침략정책과 경인철도 부설권의 획득」, 『역사교육』 77, 2001.

조재곤, 「1894년 일본군의 조선왕궁(경복궁) 점령에 대한 재검토」, 『서울과 역사』 94, 2016.

_____, 「세치혀의 출세와 비참한 최후 한말 러시아어 통역관 김홍륙」, 『내일을 여는 역사』 32, 2008.

조항래, 「「조선책략」을 통해 본 방아책과 연미론 연구」, 『현상과 인식』 6-3, 1982.

주진오, 「독립협회의 주도세력과 참가계층」, 『동방학지』 77-79, 1993.

최정수, 「태프트 - 가쓰라협정의 국제법적 기원 - 미일중재조약과 헤이그협약(1899) - 」,
    『서양사론』 118, 2013.
최진욱, 「고종 능행의 정치적 의미」, 『鄕土서울』 91, 2015.
한승훈, 「19세기 후반 조선의 대영정책 연구」, 고려대학교 박사학위 논문, 2015.
_____, 「19세기 후반 조선의 대외정책 기조와 그 실현」, 『한국근현대사연구』 83,
    2017.
_____, 「을사늑약을 전후한 영국의 대한정책」, 『한국사학보』 30, 2008.
한종수, 「주미 조선공사관 개설과 '자주외교' 상징물 연구」, 『역사민속학』 44, 2014.
한철호, 「初代 駐美全權公使 朴定陽의 美國觀: 『美俗拾遺』(1888)를 중심으로」,
    『한국학보』 18, 1992.
_____, 「최초의 미국대학 졸업생 이계필의 일본·미국 유학과 활동」, 『동국사학』
    37, 2002.
_____, 「개화기 관료지식인의 미국 인식 - 주미 공사관원을 중심으로 - 」, 『역사
    와 현실』 58, 2005.
_____, 「아관파천의 전주곡, 춘생문 사건의 진상과 그 영향」, 『내일을 여는 역사』
    19, 2005.
_____, 「헐버트의 만국평화회의 활동과 한미관계」, 『한국독립운동사연구』 29,
    2007.
_____, 「대한제국 외교고문 스티븐스의 이중계약과 그 의미」, 『사학연구』 98, 2010.
현광호, 「대한제국기 징병제논의와 그 성격」, 『한국사연구』 105, 1999.
_____, 「대한제국기(1897~1904) 망명자문제의 정치 - 외교적 성격」 『사학연구』
    58·59, 1999.
_____, 「대한제국의 군사외교」, 『한국민족운동사연구』 30, 2002.
_____, 「대한제국기 주한러시아공사의 활동」, 『역사학보』 190, 2006.
_____, 「義和團사건 이후 일본의 대한정책」, 『역사와 담론』 45, 2006.
_____, 「딘스모어 미국공사의 조선외교 인식과 활동」, 『역사학보』 210, 2011.
_____, 「미국공사 허드의 조선 인식과 외교 활동」, 『인문과학』 94, 2011.
홍준화, 「대한제국기 차관교섭 실패의 원인분석」, 『한국사학보』 13, 2002.
_____, 「대한제국기 조선의 차관교섭과 국제관계」, 고려대학교 박사학위 논문,
    2007.
George B. Young, "Intervention Under the Monroe Doctrine: The Olney Corollary,"
    Political Science Quarterly, Vol. 57, No. 2 (Jun, 1942)
Yur Bok, Lee, "The United States and the Sino-Japanese War of 1894-1895" Journal
    of Social Science and Humanities, 43(June 1976)

Andre C. Nahm, "U.S Policy and the Japanese Annexation of Korea", U.S-Korea Relations 1882~1982, 1982, Institute for Far Eastern Studies Kyungnam University, pp.34~53 ; Hong Yol Yoo, "The Unwritten Part of Korean-American Diplomatic Relations" Korean Quarterly 5

Robert E. Reordan, "The Role of George Clayton Foulk in United States-Korean Relations, 1884-1887", Ph. D. Dissertation, Fordham University, 1955.

찾아보기

장경호

1987년 경기 하남 출생.
강원대학교 사학과 졸업. 강원대학교 대학원 문학석사.
한국학중앙연구원 한국학대학원 문학박사.
서울역사편찬원 전임연구원 역임.
현재 강원대학교 강원전통문화연구소 선임연구원.
강원대학교 삼척교양교육센터 강사.

저서

『쉽게 읽는 서울사 - 개항기편 - 』, 『강원도사 제20권(의병·독립운동)』(이상 공저) 外

논문

「청일전쟁 직전 고종의 대미의존 심화와 美館播遷 시도」, 「대한제국 선포 직후 고종의 美館播遷 시도」,
「명성황후 시해사건과 춘생문사건 당시 미국의 태도」, 「갑오개혁 이후 한성부 警務廳 巡檢의 역할과 실무 활
동」, 「19세기 말~20세기 초중반 미국 유학생들의 명단과 졸업 후 활동」, 「제2차 세계대전시기 미군에 종군한
북미한인2세 연구」, 「6·25전쟁기 카투사 제도 운영과 한국 육군으로의 배치」, 「대한독립애국단 강원도단의
결성과 영동지역 지부 확대」, 「1905~1910년 전후 강원 영동지역 사립학교 설립과 졸업생들의 활동」 外

고종의 미관파천(美館播遷) 시도와 한미관계(1894~1905)

2021년 08월 17일 초판 인쇄
2021년 08월 27일 초판 발행

지 은 이 　장경호

발 행 인 　한정희
발 행 처 　경인문화사
편 집 부 　유지혜 김지선 박지현 한주연 이다빈
마 케 팅 　전병관 하재일 유인순
출 판 신 고 　제406-1973-000003호
주 　　　소 　경기도 파주시 회동길 445-1 경인빌딩 B동 4층
대 표 전 화 　031-955-9300 　팩 　　　스 　031-955-9310
홈 페 이 지 　http://www.kyunginp.co.kr
이 메 일 　kyungin@kyunginp.co.kr

ISBN 978-89-499-4981-9 　93910
값 19,000원